高 等 职 业 教 育
电子商务类专业
新形态一体化教材

直播运营与推广

赖良杰 郭 瑜 赵 娜 主编

朱 勤 漆苗峰 邱 孟 副主编

清华大学出版社
北京

内 容 简 介

本书按照直播电商实际运营的核心流程进行内容架构,采用项目式编写体例,通过知识讲解和实战训练,全面系统地讲解了直播电商的操作思路、方法以及主流直播电商平台的具体运营策略等。全书共七个项目,包括认识直播电商、直播活动人货场的筹备、直播活动策划、直播引流推广、直播活动实施、直播后期运营、直播复盘与数据分析。本书附有微课视频资源,这些资源将结合实际不断更新。

本书教培一体、结构清晰、实用性强,既可作为高等职业院校电子商务及相关专业学生的教学用书,也可作为互联网营销师直播销售员的职业技能培训教材,还可供涉足直播电商的企业、个人、创业者等参考使用。

图书在版编目(CIP)数据

直播运营与推广 / 赖良杰,郭瑜,赵娜主编.

北京 : 清华大学出版社,2024.8. -- (高等职业教育

电子商务类专业新形态一体化教材). -- ISBN 978-7

-302-66832-9

Ⅰ. F713.365.2

中国国家版本馆 CIP 数据核字第 2024X75L96 号

责任编辑:左卫霞
封面设计:傅瑞学
责任校对:袁 芳
责任印制:曹婉颖

出版发行:清华大学出版社

    网   址:https://www.tup.com.cn,https://www.wqxuetang.com

    地   址:北京清华大学学研大厦 A 座   邮   编:100084

    社 总 机:010-83470000   邮   购:010-62786544

    投稿与读者服务:010-62776969,c-service@tup.tsinghua.edu.cn

    质量反馈:010-62772015,zhiliang@tup.tsinghua.edu.cn

    课件下载:https://www.tup.com.cn,010-83470410

印 装 者:三河市人民印务有限公司

经   销:全国新华书店

开   本:185mm×260mm   印   张:14.25   字   数:344 千字

版   次:2024 年 10 月第 1 版   印   次:2024 年 10 月第 1 次印刷

定   价:49.00 元

产品编号:102498-01

党的二十大报告指出："必须坚持科技是第一生产力、人才是第一资源、创新是第一动力，深入实施科教兴国战略、人才强国战略、创新驱动发展战略，开辟发展新领域新赛道，不断塑造发展新动能新优势。"职业教育是科教兴国战略、人才强国战略的重要组成部分。当前，直播电商飞速发展，但专业的直播电商运营人才缺乏，这在一定程度上阻碍了行业发展。本书以工作任务为导向，基于职业院校电子商务专业教学标准，紧扣《国家职业教育改革实施方案》基本要求，对接《互联网营销师国家职业技能标准（2021年版）》，将课程思政融入教材，落实职业教育立德树人的根本任务。本书融入行业发展新技术、新理论，具有更强的时代性和可操作性，能更好地让学生掌握直播电商理论，掌握最新的直播电商操作技能。

本书以党的二十大精神为引领，让学生树立新的发展目标，苦练技能，成为爱岗敬业、德技双馨的社会主义事业建设者。本书注重培养学生的综合职业能力，将教学内容与职业技能、综合素质培养有机结合，结构新颖，主要具有以下特色。

1. 思政融入，贯穿全程

本书将"立德树人"思想融入一言一句、一案一技之中，为每个学习任务设置素养目标，并将思政育人案例通过"价值领航"融入每个项目，贯穿全过程，实现思政内容全覆盖。

2. 贴合市场，实战性强

本书紧密结合市场趋势和实战需求，为学生提供了一套全面的电商直播活动学习方案。全书贯穿直播活动各个环节，内容涵盖认识直播电商、直播活动人货场的筹备、直播活动策划、直播引流推广、直播活动实施、直播后期运营、直播复盘与数据分析等，每一环节都经过精心梳理，确保理论知识与实战技巧有机结合。每个活动结束都安排有实战训练，经过理论学习和实战训练，学生能够迅速投身于直播电商活动中，真正做到学以致用。

3. 赛教融合，标准对接

本书通过"赛教融合——技能竞赛大比拼"对接全国职业院校技能大赛直播电商赛项技术标准，将大赛直播策划、直播运营、直播复盘三大模块竞赛内容融入教学内容，将大赛评价标准引入课堂教学评价中，提升学生技能水平。

4. 书证融通，教培一体

本书通过"书证融通——证书考点大揭秘"将《互联网营销师国家职业技能标准（2021年版）》中对五级/初级工、四级/中级工、三级/高级工的知识要求和技能要求融入其中，同时适用于院校学生和企业员工培训，实现教培一体。

5. 资源丰富，配套同步

本书附有微课视频资源，读者可以扫描书中二维码随时随地观看视频，学习直播电商知识和技能。教材后续资源将结合实际不断更新，并通过网站平台实时发布，扫描本页下方二维码即可登录该平台。

本书特邀西南财经大学帅青红教授审稿。本书由赖良杰、郭瑜、赵娜担任主编，主编负责教材的编写组织、全书总纂和定稿。本书具体编写分工如下：四川矿产机电技师学院赖良杰、赵娜、漆苗峰、彭利平负责编写项目一～项目四，成都工贸职业技术学院郭瑜、内江市高级技工学校朱勤、内江职业技术学院沈珂负责编写项目五～项目七。四川矿产机电技师学院邱孟负责全书微课视频的剪辑和后期制作、PPT 模板设计。四川矿产机电技师学院胡东垚、杜泽艳，内江市高级技工学校卢莉在本书编写过程中协助部分项目编写，进行素材收集、PPT 制作修改、校稿等工作。本书在编写过程中，得到诸多企业及人员的大力支持，如成都连麦科技有限公司创始人夏继业、四川快邦企业管理咨询有限公司总经理唐培、内江市电子商务协会，在此谨表示衷心的感谢！本书在编写的过程中，参阅、借鉴了很多教材、论文和网页中的观点及素材，在此，向所有参考文献的作者表示诚挚的谢意。

由于编者水平有限，书中不足之处在所难免，恳请各位专家和读者批评指正。

编　者

2024 年 3 月

直播运营与推广在线
开放课程

CONTENTS

目 录

认识直播电商

直播电商是指通过直播平台进行商品展示和销售的一种商业模式。它结合了线上直播和电子商务的特点,通过直播形式展示商品,与观众进行实时互动,并提供在线下单购买的功能。直播电商的流行源于社交媒体的普及和直播技术的发展。通过直播平台,商家可以直接与潜在客户进行实时沟通,演示商品的使用方法,介绍商品的独有特点,并回答观众提出的问题。观众可以通过弹幕、点赞、评论等方式与主播互动,提供反馈和意见。

➡ 思维导图

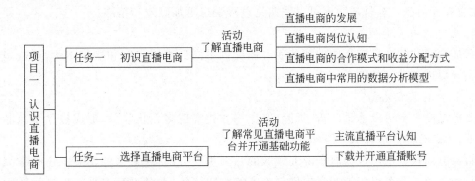

任务一 初识直播电商

📚 学习目标

知识目标:了解直播电商的特点和模式、直播电商发展的历程及驱动力、直播电商的岗位需求、直播运营与推广的岗位职责以及直播电商常用的数据分析模型。

能力目标:能够利用网络平台进行直播资料的查找。

素养目标:树立正确的职业价值观,遵守职业道德。

活动 了解直播电商

活动描述

小张是电子商务专业的在校大学生,立志通过所学专业知识推动家乡乡村振兴,近几年随着直播电商的快速发展,小张计划成立一个农产品直播创业团队,通过网络平台开展农产品直播销售。请同学们查阅资料，了解并熟悉直播相关信息并思考回答以下问题：直播团队组建规则有哪些？并举例说明自己参与过的直播电商。

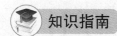 知识指南

一、直播电商的发展

（一）直播电商的特点

直播电商是将直播技术与电子商务模式相结合的一种商业模式，其特点如下。

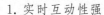

直播电商的特点

1. 实时互动性强

直播电商能够为购物行为带来实时互动，能够通过直播视频等形式对商品进行展示、介绍、演示，同时也可以在直播过程中与观众进行互动，解答疑问，提供更多购物帮助。

2. 营销属性强

直播电商不仅进行商品展示，也充满了各种有趣、独特的营销手段。这些营销手段往往可以带给消费者更多的惊喜和尝试的机会，从而更容易取得他们的信任，提高销售效果。

3. 购物透明度高

在直播电商平台上，消费者不仅可以看到商品的展示和介绍，还可以实时了解商品的价格、优惠券等信息。这种透明度可以使购物过程变得更加高效和精准。

4. 引导消费导向强

直播电商往往会面向不同的消费者群体提供不同的直播内容和购物体验，通过多样的形式引导促进消费者的购买行为。

5. 平台利益多元化

直播电商平台可以通过广告、货源、佣金等方式实现多元化收益，形成独立于商品本身的利润，为平台的经济模式打下坚实的基础。

直播电商模式已经成为电子商务领域的一个重要方向，在未来的发展中还有很大的潜力。直播电商模式可以为消费者提供更丰富的购物体验，并帮助商家更好地进行品牌推广和销售。图 1-1 所示为电子商务专业学生正在做直播。

图 1-1　电子商务专业学生正在做直播

（二）直播电商的发展历程及驱动力

1. 直播电商的发展历程

（1）初期探索阶段（2014—2016 年）。2014 年，淘宝推出了直播功能，但当时的直播并未与电商结合，只是纯粹的社交直播。2016 年左右，一些电商平台开始尝试将直播技术与电商模式相结合，例如淘宝直播、拼多多直播等。

（2）快速爆发阶段（2017—2018 年）。2017 年，淘宝直播成为主流，通过淘宝直播的超级品牌日、"双 11"等活动，在直播电商中取得了良好的成绩。2018 年，搭载了直播电商功能的小程序快速崛起，通过将直播电商与微信生态相融合的方式，直接打通了微信的流量入口，创造了更多商业机会。

（3）多元化发展阶段（2019 年至今）。2019 年，直播电商成为中国电商市场的焦点之一，产值也持续增长。同年，短视频直播、音频直播等多种直播形式的出现，进一步提高了直播电商的曝光量和多样性。

（4）国际化拓展阶段（2020 年至今）。直播电商迅速开拓国际市场，并在国际市场上取得了不俗的成绩。同时，一些全球性的大品牌开始积极尝试直播电商，带来了该领域的国际化发展趋势。

直播电商经历了初期探索、快速爆发、多元化发展和国际化拓展等阶段，随着技术、市场、消费者需求的持续发展，直播电商的发展前景非常广阔。

2. 直播电商的驱动力

直播电商之所以能够快速崛起和迅速发展，其驱动力主要来自以下三个方面。

（1）消费者需求的变化。随着社会的进步和人们生活水平的提高，消费者对商品和服务的品质、个性化和服务体验的要求也越来越高。直播电商作为一种新型的线上购物方式，可以在互动性、营销性和购物透明度等方面给消费者带来更全面、便捷、高效的购物体验，从而满足消费者的精神需求和实际需求。

（2）商家营销策略的变化。商家要在市场竞争中保持领先地位需要经常寻找新的营销方式来提高销售效果。直播电商作为一种线上销售方式，具有与传统销售方式不同的营销特点，可以通过互动、直观、透明的形式与消费者产生更深入的联系，加强品牌和产品的曝光度和知名度，吸引更多消费者的关注并激发购买欲望。

（3）技术的进步和创新。直播电商所依托的直播技术近年来在不断地创新和进步，例如，高清画面、增强互动、人工智能等技术的应用，使直播电商更加符合消费者的购物需求。同样，各个电商平台针对直播进行技术升级改进，对直播流程进行梳理，通过数据分析等方式提高营销效果，推动直播电商行业逐步发展和壮大。

直播电商的快速崛起离不开消费者需求、商家营销策略和技术的进步创新等驱动力，未来随着各个方面的提升和完善，直播电商的行业前景越加看好。

（三）直播电商管理办法

直播电商管理办法用于规范行业发展和保护消费者权益，主要内容如下。

1. 建立平台制度，强化平台责任

平台应建立明确的直播上架审核制度，对直播内容进行审查，杜绝虚假宣传、误导消费等行为。

2．加强直播主播资质审核

直播主播应进行实名认证，需要提交个人信息和资质证明。平台应对直播主播资质进行审核，确保直播主播具备合法资质和能力。

3．加强直播产品质量管理

直播电商应对所销售产品进行质量检测，确保产品符合国家相关标准，并对无证产品、虚假宣传等行为进行严格管理。

4．加强交易和支付安全管理

平台应采取相应措施和技术手段，确保交易和支付的安全，防范欺诈行为。

5．建立投诉处理机制，维护消费者权益

平台应建立投诉受理渠道，及时处理消费者投诉，保障消费者合法权益。

6．强化行业自律，促进行业健康发展

加强行业自律机制，定期组织行业商讨会议，达成行业共识，促进行业的健康有序发展。

直播电商管理办法是规范直播电商行业的相关行为，保护消费者权益，促进行业的健康有序发展，要求平台和直播主播遵守相关法律、法规和行业规范，增强责任和自律意识。

二、直播电商岗位认知

（一）直播电商岗位

随着直播电商的快速发展，行业中涌现出了许多新的岗位，目前直播电商行业主要的工作岗位如下。

1．直播达人

直播达人负责进行直播推销和产品展示，需要具备良好的口才、形象和展示能力。

2．直播导师

直播导师负责对直播达人进行辅导和培训，提高其推销和展示能力，需要具有专业的直播技术和销售知识。

3．直播策划

直播策划负责策划直播内容和推广方案，需要具有良好的市场营销素质和创意能力。

4．直播技术人员

直播技术人员负责直播技术的支持和维护，需要具备专业的技术知识和技能。图1-2所示为直播前的设备调试。

5．直播运营

直播运营负责平台推广、用户维护、监督直播内容等工作，需要具有敏锐的市场洞察力和优秀的沟通能力。

6．电商销售经理

电商销售经理负责商家的合作招募、产品选择和销售管理等工作，需要具备商业洞察力和出色的人际沟通能力。

7．数据分析师

数据分析师负责对直播数据进行分析和解读，并提出运营建议，需要具备较强的数据处理和分析能力。

从直播技术、市场营销、数据分析到电商销售等方面,直播电商行业需要拥有一定技能和知识的人才不断涌现,是一个不断拥有新鲜工作岗位的行业。图1-3所示为主播和果农共同直播农产品。

图1-2 直播前的设备调试

图1-3 主播和果农共同直播农产品

(二)直播运营与推广的岗位职责

直播电商的运营和推广是整个直播电商生态链中相当重要的环节,以下是直播运营和推广的主要职责。

1. 直播推广策略的制定和执行

制定有效的直播推广策略,包括各种推广渠道的运营管理、社交媒体推广、代言人推广及各种促销活动等,并负责执行和推广计划。

2. 直播平台和内容的管理和运营

负责直播平台的日常管理和运营,包括直播内容策划、节目制作和发布等。

3. 直播数据的监测和分析

负责监测直播数据,包括直播浏览量、直播用户互动数、购买转化率、用户画像等,制定营销策略并执行。

4. 直播达人的招募和培训

负责招募优秀的主播和达人,安排培训课程,提高其在直播推销、内容制作、产品导购等方面的能力。

5. 直播活动的策划与执行

负责直播宣传活动的策划、执行和效果追踪,带领团队与商家合作推广。

6. 直播平台与商家的协调

负责直播平台和商家之间的业务沟通和协调,维护商家合作关系,提高营销效果。

直播运营和推广的职责是非常重要的,需要具备市场营销素质、分析能力、判断力和良好的合作沟通能力等多项能力。

二、直播电商的合作模式和收益分配方式

(一)直播电商的合作模式

1. 平台自主开展直播电商

这种模式是电商平台自主开展直播电商业务,通过招募达人、网红等明星为代表人物来展示产品和助力推广销售。例如,淘宝直播通过签约一批明星达人来推销某个品牌或单品。

2. 品牌与网红合作开展直播电商

品牌通过与明星、网红等合作,以其高关注度和粉丝数量来进行代言和推销。这种模式通常是品牌主导,利用网红的影响力为产品做宣传和推广,从而获得更多消费者的关注,激起其购买欲望。

3. 电商平台与品牌合作

一些电商平台利用自身资源和渠道优势与品牌进行合作,开展直播电商。这种模式通常是电商平台对外招募品牌,提供品牌介绍、直播导师、店铺装修、推广渠道等方面的支持。通过品牌的推广和直播导师的引导,最终达到推销商品的目的。

4. 直播电商第三方服务商合作

直播电商第三方服务商是指一些专门的直播电商公司,可以为品牌提供一站式的解决方案。例如,直播电商服务供应商可以为品牌提供直播技术支持、达人推荐、营销策略设计等服务。

直播电商的合作模式是多种多样的,不同的合作方可以根据各自的需求和优势进行搭配,以取得最佳的效果。

(二)直播电商的收益分配方式

1. 分成模式

电商平台和直播达人、网红、商家等按照预先约定好的分成比例分配收益。例如,某电商平台与某直播达人合作,平台分成为 60%,达人分成为 40%,即销售额的 60% 归平台,40% 归直播达人。

2. 推广返佣模式

商家或品牌通过各种渠道进行推广,并对其推广者给予返佣。例如,在淘宝直播中,商家可以通过苏宁推广、淘宝客等推广渠道,向其他用户进行推广,苏宁或淘宝客等推广者为商家推广成功后被给予返佣。

3. 按照提供服务的类型和时间进行结算的服务费用方式

例如,直播技术服务商向电商平台提供技术支持和服务,直接按照服务时间和服务类型向平台收取服务费用。

需要注意的是,在不同的合作模式下,直播电商的收益分配方式可能是不同的。各方可以根据实际情况进行协商和调整,以达到共赢。

四、直播电商中常用的数据分析模型

1. SWOT

SWOT 是一种常用的战略分析工具,用于评估一个组织、项目或个人的优势、劣势、机会和威胁。SWOT 代表以下四个要素。

数据分析模型

(1)优势(strengths):组织、项目或个人在内部具有的相对优势资源。这些资源可以是技能、知识、资金、品牌声誉、专利等。优势因素有助于实现目标和竞争力。

(2)劣势(weaknesses):组织、项目或个人在内部存在的相对劣势和不足之处。这些因素可能是缺乏关键技能、有限的资源、低品牌认知度等。劣势因素可能会阻碍实现目标和竞争力。

(3) 机会(opportunities)：外部环境中可能有利于组织、项目或个人的发展和成功的有利条件。这些条件可以是市场趋势、新兴技术、政策变化、市场需求等。机会因素可以被利用来实现目标和增强竞争力。

(4) 威胁(threats)：外部环境中可能对组织、项目或个人的发展和成功构成威胁的不利条件。这些条件可以是竞争对手的崛起、市场变化、法规限制、经济不确定性等。威胁因素可能会影响目标的实现和竞争力。

SWOT 分析的目的是识别和评估内外部因素对组织、项目或个人的影响，以便制订相应的战略和行动计划。通过充分利用优势和机会，同时解决劣势和威胁，可以提高组织、项目或个人的竞争力和成功率。

2. PEST

PEST 是一种分析外部宏观环境因素对组织或行业影响的框架。PEST 模式代表政治(political)、经济(economic)、社会(social)和技术(technological)因素。

(1) 政治因素涉及政府政策、法规和政治稳定对组织或行业的影响。这包括税收政策、贸易规定、劳动法和政府稳定性等方面。

(2) 经济因素包括整体经济状况，如通胀率、利率、汇率和整体经济增长。这些因素可能影响消费者购买力、企业投资决策和市场需求。

(3) 社会因素考虑到文化、人口统计和社会趋势对组织或行业的影响。这包括人口统计数据、消费者态度和行为、生活方式趋势和社会规范等因素。

(4) 技术因素是指技术进步和创新对组织或行业的影响。这包括技术变革速度、研发活动、自动化和技术基础设施的可用性等方面。

通过分析这四个因素，组织可以识别外部环境中的潜在机会和威胁，并相应调整其战略。

3. 波特五力

波特五力(Porter's five forces model)是由迈克尔·波特(Michael Porter)提出的一种竞争分析框架，用于评估行业竞争的激烈程度和行业的吸引力。该模式基于五个关键因素，包括竞争对手的威胁、新进入者的威胁、替代品的威胁、供应商的议价能力和买家的议价能力。

(1) 竞争对手的威胁：同一行业内其他竞争对手与本组织的竞争程度。如果市场上存在大量强大的竞争对手，行业的竞争将更加激烈，利润可能受到压缩。

(2) 新进入者的威胁：潜在的新竞争对手进入行业对现有组织造成的威胁。如果进入门槛低，新竞争对手可能会加剧行业竞争，降低利润。

(3) 替代品的威胁：其他产品或服务可以替代组织所提供的产品或服务，对组织造成的威胁。如果存在很多替代品，组织可能面临价格竞争和市场份额的损失。

(4) 供应商的议价能力：供应商对组织的产品或服务价格和质量的影响力。如果供应商较少且强大，他们可能会对价格和供应条件进行议价，对组织造成压力。

(5) 买家的议价能力：买家对组织产品或服务价格和质量的影响力。如果买家较少且集中度高，他们可能会要求更低的价格和更好的服务条件，对组织造成压力。

通过分析这五种力量，组织可以了解行业竞争的激烈程度，识别潜在的机会和威胁，并制定相应的竞争策略。

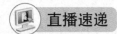直播速递

中国网络直播行业高速发展

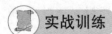实战训练

名称　调研直播电商岗位需求

实训背景　2020年,我国正式在"互联网营销师"职业下增设"直播销售员"工种。越来越多毕业生选择尝试或者从事直播销售、互联网营销等职业。根据项目一任务一中的活动描述,小张首先需要了解直播电商有哪些岗位、岗位要求是什么。

实训要求　浏览各大招聘网站,收集整理直播电商相关岗位,了解各岗位特点和适用人群,并完成填写直播电商相关岗位信息收集表。

任务分析　通过对直播电商岗位调研能够尽快地了解电商岗位职责和相关要求,在这个过程中可以尽快找到适合自己的岗位,这样才能扬长避短,从而早点做好职业规划。

操作要点

(1)熟悉表1-1中的相关信息。

(2)浏览各大网站,收集整理直播电商相关岗位信息。

(3)填写直播电商相关岗位信息收集表。

任务实施　以小组为单位,按照实训要求完成表1-1。

表1-1　直播电商相关岗位信息收集

岗 位 名 称	岗 位 职 责	岗 位 需 求

任务二　选择直播电商平台

目前国内比较常见的直播电商平台包括淘宝直播、抖音直播、快手直播、拼多多直播、小红书直播等。

学习目标

知识目标:了解常见的直播平台(抖音、快手、淘宝、拼多多、小红书)。

能力目标:能够在手机上下载安装直播平台,并会开通最基本的直播账号和基本功能。

素养目标：培养职业价值观和职业情怀。

活动　了解常见直播电商平台并开通基础功能

活动描述

小张在对直播电商了解的基础上，准备选择合适的电商平台。在本任务中主要学习对比各种主流直播电商平台的特点，选择一家平台进行注册并开通基础功能，为农产品直播销售做好准备。

知识指南

一、主流直播平台认知

1. 抖音直播平台认知

抖音于2016年上线，是一款风靡全球的音乐创意短视频社交软件，以"记录美好生活"为品牌口号，用户可以通过选择歌曲、海量原创特效和滤镜，拍摄音乐短视频，形成自己的作品，也可找到涵盖生活妙招、美食做法、旅行攻略、科技知识、新闻时事、同城资讯等各种实用内容。抖音包含短视频、商家自播、主播带货等多种功能，致力于满足商家达人多形式变现需求，众多抖音创作者通过短视频、直播等丰富的内容形式，给用户提供个性化、高品质的体验。直播是抖音平台的功能之一。抖音直播平台如图1-4所示。

抖音直播
平台认知

图1-4　抖音直播平台

抖音电商是抖音旗下电商平台，致力于成为用户发现并获得优价好物的平台，众多抖音创作者通过短视频、直播等丰富的内容形式，给用户提供个性化、高效的消费体验。旗下抖店是电商商家实现一站式经营的平台，为商家提供全链路服务。抖音电商致力于成为用户发现并获得优价好物的首选平台。同时，抖音电商积极引入优质合作伙伴，为商家变现提供多元的选择，短视频、商家自播、主播带货满足商家达人多形式变现需求。

抖音直播平台具有以下特点。

（1）用户基础庞大。抖音是全球范围内广受欢迎的短视频社交平台，拥有庞大的用户基础,这使抖音直播平台具有潜在的受众群体和市场。

（2）实时互动性。抖音直播平台允许主播与观众进行实时互动,观众可以通过评论、点赞和送礼物来与主播进行互动。这种实时互动性增强了用户参与感和黏性。

（3）内容多样化。抖音直播平台上的内容非常丰富多样,涵盖了各种类型的内容,如音乐表演、舞蹈、美妆教程、游戏直播等。这使用户可以根据自己的兴趣选择观看内容。

（4）易于使用和分享。抖音直播平台的用户界面简洁明了,易于使用和浏览。用户可以轻松地分享直播内容到其他社交媒体平台,扩大内容的传播范围。

（5）诸多商业化机会。抖音直播平台为主播提供了商业化机会,通过与品牌合作、接受礼物和打赏等方式,主播可以获得直播平台收入。这为创作者和商家提供了一种有效的推广和销售渠道。

抖音直播平台具有用户数量庞大、实时互动性、内容多样化、易于使用和分享以及诸多商业化机会等特点。这些特点使抖音直播平台成为一个受欢迎的直播平台,吸引了众多用户和创作者的参与。

2. 快手直播平台认知

快手直播平台是快手公司旗下的一项直播服务,可以让用户通过手机直接进行视频直播。快手直播平台于2016年上线,成立三年即成为中国最大的短视频直播平台之一。快手直播平台如图1-5所示。

快手直播平台认知

快手直播平台是一个展示自己、互动社交、获得收益的良好平台,得到越来越多人的关注和喜爱。

快手直播平台具有以下特点。

（1）大众化用户群体。快手是中国具有影响力的短视频社交平台之一,拥有庞大的用户群体。快手直播平台吸引了各种年龄段和兴趣爱好的用户,使直播内容多样化。

（2）本地化内容。快手直播平台注重本地化内容,允许用户根据地理位置和兴趣选择观看特定地区的直播内容。这使用户可以更好地了解和参与当地的文化和生活方式。

（3）社交互动性。快手直播平台注重用户之间的社交互动。观众可以通过评论、点赞、送礼物等方式与主播进行实时互动,增强了用户的参与感和黏性。

（4）强调才艺表演。快手直播平台广泛展示各种才艺表演,如歌唱、舞蹈、乐器演奏、绘画等。这使有才艺的用户可以通过直播平台展示自己的才华,并与观众分享。

（5）短视频和直播融合。快手直播平台将短视频和直播功能融合在一起,用户可以通过直播展示自己的生活、才艺和经历,并将这些内容保存为短视频进行分享。

（6）诸多商业化机会。快手直播平台为主播提供了商业化机会,通过与品牌合作、接受礼物和打赏等方式,主播可以获得直播收入。这为创作者和商家提供了一种有效的推广和销售渠道。

快手直播平台具有大众化用户群体、本地化内容、社交互动性、强调才艺表演、短视频和直播融合及诸多商业化机会等特点。这些特点使快手直播平台成为一个受欢迎的直播平台,吸引了众多用户和创作者的参与。

3. 淘宝直播平台认知

淘宝直播平台是淘宝推出的一项直播服务,该服务由于平台的强大流量入口,成为国内

图 1-5　快手直播平台

图 1-6　淘宝直播平台

具有一定影响力的直播平台之一。淘宝直播平台如图 1-6 所示。

淘宝直播平台可以为商家提供直播营销的功能。商家可以通过淘宝直播实现产品展示、品牌推广、直播销售等一系列营销目的,从而吸引更多的用户关注和购买。此外,淘宝直播平台也为主播提供了一系列激励措施。例如,通过直播间内虚拟礼品的赠送来刺激直播的观众互动行为,并给予主播一定的收益。

淘宝直播平台通过各类直播模式,例如,购物直播、生活直播、游戏直播等,满足了用户的直播需求,同时,这也让淘宝直播平台成了一个具备高度互动性、购物体验感和娱乐性的平台。

淘宝直播平台具有以下特点。

(1)商业化导向。淘宝直播平台是一个以商业化为导向的直播平台,旨在帮助商家推广和销售产品。主播可以通过直播展示和介绍商品,吸引消费者并促成交易。

(2)商品展示和购买。淘宝直播平台允许主播在直播中展示和介绍各种商品,包括服装、美妆、家居用品等。观众可以通过直播平台直接购买商品,提供了便利的购物体验。

(3)实时互动性。淘宝直播平台允许观众与主播进行实时互动,通过评论、点赞和发送礼物等方式与主播互动。这增强了用户的参与感和黏性,提高了购买商品的决策动力。

(4)品牌合作和推广。淘宝直播平台与各种品牌进行合作,主播可以通过合作推广品牌产品,并与品牌合作举办特别活动。这为主播和品牌商提供了共赢的商业机会。

(5)粉丝经济。淘宝直播平台鼓励主播建立自己的粉丝群体,通过争取忠实粉丝的支持和打赏来获得收入。粉丝经济成为直播平台的重要组成部分,主播可以通过粉丝经济获得更多的商业机会。

(6)专业化运营支持。淘宝直播平台提供专业化的运营支持,包括直播技巧培训、数据分析和推广资源等,帮助主播提高直播效果和吸引更多观众。

淘宝直播平台具有商业化导向、商品展示和购买、实时互动性、品牌合作和推广、粉丝经济以及专业化运营支持等特点。这些特点使淘宝直播平台成为一个重要的电商直播平台,为商家和主播提供了推广和销售产品的机会,同时也为消费者提供了便捷的购物体验。

4.拼多多直播平台认知

拼多多直播平台是拼多多推出的一项直播服务,类似于淘宝直播平台,也是通过直播实现产品展示、品牌推广、直播销售等一系列营销目的。拼多多直播平台如图 1-7 所示。

拼多多直播平台有多种直播形式,例如,直播带货、直播特卖、直播拍卖等。拼多多直播平台着重关注价格优惠的商品和特卖活动,让用户更容易在直播间内发现优质的商品,享受到更多的实惠和优惠。

拼多多直播平台具有以下特点。

(1)团购模式。拼多多直播平台以团购模式为特点,用户可以通过参与拼团来获得更低的价格。这种团购模式吸引了大量用户的参与,增加了用户的购买决策动力。

(2)低价商品。拼多多直播平台以低价商品为特点,平台上有大量的低价商品供用户选择。这使拼多多直播平台成为追求实惠和性价比的用户的首选平台。

(3)社交互动性。拼多多直播平台允许用户在直播过程中进行实时互动,包括评论、点赞、分享等。这增强了用户的参与感和黏性,也为用户提供了交流和分享的机会。

(4)优惠券和红包。拼多多直播平台常常提供优惠券和红包等促销活动,用户可以通过参与直播获得更多的优惠和福利。这增加了用户参与直播的动力,也增强了用户的购买欲望。

(5)农产品和特色商品。拼多多直播平台注重农产品和特色商品的销售,提供了更多的选择和机会给农民和小商家。这也使用户可以购买到更多地道和特色的商品。

(6)用户分享和推广。拼多多直播平台鼓励用户通过分享和推广活动来吸引更多的用户和粉丝。用户可以通过分享直播内容、邀请好友等方式获得奖励,增加了用户参与和推广的积极性。

拼多多直播平台以团购模式、低价商品、社交互动性、优惠券和红包、农产品和特色商品以及用户分享和推广等特点吸引了大量用户的参与。这使拼多多直播平台成为一个受欢迎的购物平台,为用户提供了实惠的购物体验。

5. 小红书直播平台认知

小红书直播平台以时尚、美妆、生活等品类为主,提供了丰富多样的直播内容。此外,小红书直播平台注重打造更加真实、原生态的直播形式,让用户更容易从中感受到产品和品牌的魅力。小红书直播平台如图 1-8 所示。

图 1-7　拼多多直播平台

图 1-8　小红书直播平台

小红书直播平台也非常关注直播内容的品质和主播的专业度,会为主播提供专门的培训和辅导,提高直播的品质和专业度。小红书直播平台还与社交内容创作者合作,推出更多有趣的直播内容,为用户带来更多的娱乐和购物体验。

小红书直播平台具有以下特点。

（1）精选内容。小红书直播平台注重精选内容，通过筛选和推荐高质量的直播内容，提供给用户有价值的观看体验。这使用户可以在直播平台上找到有趣和有用的内容。

（2）社区氛围。小红书直播平台建立了一个积极向上的社区氛围，鼓励用户分享和交流。用户可以通过评论、点赞和分享等方式与主播和其他用户互动，增强了用户的参与感和归属感。

（3）美妆和时尚导向。小红书直播平台以美妆和时尚为主导，提供了大量与美妆、时尚和生活方式相关的直播内容。这使小红书直播平台成为时尚爱好者和美妆达人的首选平台。

（4）独特的购物体验。小红书直播平台与电商平台合作，用户可以在直播过程中直接购买推荐的商品。这为用户提供了便捷和独特的购物体验，同时也促进了用户对推荐商品的信任和购买欲望。

（5）与 KOL 和明星合作。小红书直播平台与一些知名的 KOL（key opinion leader，关键意见领袖）和明星进行合作，他们在直播中分享自己的经验并推荐商品。这增加了直播的吸引力和影响力，吸引了更多用户的关注和参与。

小红书直播平台以精选内容、社区氛围、美妆和时尚导向、独特的购物体验以及与 KOL 和明星合作等特点吸引了大量用户的参与。这使小红书直播平台成为一个备受关注的时尚和美妆直播平台，为用户提供了有价值的观看和购物体验。

6.微信视频号直播平台认知

微信视频号直播平台是腾讯在微信生态系统中推出的一项直播服务，主要内容覆盖时尚、娱乐、游戏、体育等多个领域，旨在为用户提供更多元化的直播内容和互动体验。

微信视频号直播平台通过智能推荐和个性化推荐等方式，让用户更加方便快捷地浏览到对自己感兴趣的直播内容。同时，直播平台还可以提供清晰、流畅的直播画面和互动功能，增强用户观看直播的体验感。微信视频号直播平台如图 1-9 所示。

微信视频号直播平台具有以下特点。

（1）社交关系。微信视频号直播平台与微信社交平台紧密结合，用户可以通过微信好友关系进行直播互动。观众可以在直播过程中进行评论、点赞和分享，与主播和其他观众进行实时互动。

微信视频号　　　微信小商店

图 1-9　微信视频号直播平台

（2）广泛的用户群体。微信是中国最大的社交媒体平台之一，拥有庞大的用户群体。微信视频号直播平台吸引了广泛的用户群体，包括个人用户、媒体机构和品牌商，提供了多样化的直播内容。

（3）个人品牌建设。微信视频号直播平台为个人用户提供了建立个人品牌和影响力的机会。个人用户可以通过直播分享自己的知识、经验和技能，吸引粉丝和观众的关注，并形成自己的影响力。

（4）与媒体和品牌合作。微信视频号直播平台与媒体机构和品牌商进行合作，提供了更多的直播内容和商业机会。品牌商可以通过与主播合作进行产品推广和品牌宣传，媒体机构可以通过直播提供新闻和娱乐内容。

（5）便捷的分享和传播。微信视频号直播平台与微信社交平台紧密连接，用户可以轻松地将直播内容分享给微信好友和朋友圈,扩大内容的传播范围。这使直播内容更容易被发现和分享,增加了曝光度和影响力。

微信视频号直播平台以社交关系、广泛的用户群体、个人品牌建设、与媒体和品牌合作以及便捷的分享和传播等特点吸引了大量用户的参与。这使微信视频号直播平台成为一个受欢迎的直播平台,为用户提供了丰富多样的直播内容和互动体验。

二、下载并开通直播账号

1. 下载直播软件的渠道

(1) 应用商店。直接打开手机自带的应用商店(例如,App Store、华为应用商店、小米应用商店等),搜索要下载的直播软件名称,点击下载安装即可。

(2) 直播软件官网。进入要下载的直播软件的官方网站,查找到下载链接或扫描相应二维码进行下载安装。

(3) 第三方应用市场。通过第三方应用市场(例如,豌豆荚、360 手机助手等)搜索要下载的直播软件,并进行下载安装。

需要注意的是,在上述下载方式中,建议下载正版应用程序,以确保设备安全。此外,在进行下载安装前,最好先了解该直播软件的相关评价和安全性等方面的信息。

2. 开通直播账号

(1) 下载并安装该直播平台的应用程序。

(2) 打开应用程序并进行注册,通常需要提供手机号码、邮箱地址、用户名等相关信息进行注册。

(3) 完成注册后,需要进行账号设置和认证。一般来说,需要上传真实头像和个人信息,并进行实名认证等操作,以确保账号真实有效。

(4) 创建直播房间,并设置直播主题、公告等相关信息。在创建直播房间时,可以选择自己喜欢的直播主题,例如,娱乐、游戏、美食等,并按照相关要求进行房间设置。

(5) 点击开始直播,即可进入直播房间并开始直播。在直播过程中,可以进行互动、留言等操作,与观众建立良好的互动关系,并在观众的支持下创造更优质、有趣的直播内容。

农产品直播卖货,这几个平台很适合

名称　开通抖音直播账号与商品橱窗

实训背景　想要通过直播平台进行直播带货,必须先有账号并开通带货权限,经过前期理论学习,小张学习了各大直播主流平台,于是决定在抖音平台上开通直播账号,进行直播测试。

实训要求 能够在抖音平台上开通直播账号,完成直播测试。掌握开通抖音直播账号及相关设置的步骤。能够进行一次简单的直播测试,并能够开通商品橱窗。

任务分析 开通直播账号和带货权限是进行网络直播带货的第一步,每个平台都有不同的要求。必须先详细了解平台规则和要求,再按照规定开通账号功能,本任务是要完成直播前的准备工作。

操作要点

(1) 在应用商店下载抖音 App。

(2) 根据软件提示,完成账号注册。

(3) 打开软件首页,选择"我"→"抖音创作者中心"→"全部"→"主播中心"→"去开播"选项完成开通任务并测试直播功能。

(4) 查阅平台说明,了解"商品橱窗"功能开通要求。

开通抖音商品橱窗功能需要先满足三个要求。

① 公开发布视频数大于 10 条。

② 抖音账号粉丝数量大于 1000。

③ 实名认证。

(5) 申请商品橱窗功能,具体操作:打开软件首页,选择"我"→"抖音创作者中心"→"全部"→"电商带货"选项。

任务实施 以个人为单位,按照实训要求开通抖音直播账号,并对任务实施情况进行评价,填写表 1-2。

表 1-2 任务评价

序　号	评 分 内 容	分　值	得　分
1	正确下载抖音 App	25	
2	成功注册	25	
3	开通直播账号	25	
4	完成直播测试	25	

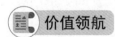

价值领航

"企业自播＋达人合作"多平台全面开花——直播电商或将成为茶叶新零售的机遇

思考与讨论:

(1) 文中谈到"企业自播＋达人合作",请谈谈你的看法。

（2）茶企如何在电商平台上体现社会责任和道德价值观，推动健康茶文化的传播和弘扬？

赛教融合——技能竞赛大比拼

近年来举办的各级各类直播电商相关竞赛中都对选手的市场分析能力和文字表达能力提出了明确要求，其中中华人民共和国第二届职业技能大赛四川省选拔赛互联网营销项目赛项，要求选手能根据背景资料完成市场信息分析、数据分析，选出直播所需商品。新疆维吾尔自治区第一届职业技能大赛互联网营销师项目要求考察参赛选手文字表达、创意策划、法律意识等素养。

在实际操作中，背景资料分析和数据分析主要从以下两个方面进行。

1. 分析工具的选用

对于多而杂的数据信息，可以借助 Excel 表中数据菜单进行详细的分析，从而提炼更加准确有效的信息。

2. 数据关键指标的选用

在赛项提供的背景材料里面会有多种指标参数，选用指标时就要结合背景材料抓取符合要求的数据，如有的要求点击量、有的要求展现量等，因此要结合背景文案选取关键的数据指标。

书证融通——证书考点大揭秘

对接《互联网营销师国家职业技能标准（2021 年版）》对应等级技能要求见表 1-3。

表 1-3　对接《互联网营销师国家职业技能标准（2021 年版）》对应等级技能要求

工　种	工　作　内　容	工种等级	技　能　要　求
选品员、直播销售员、视频创推员、平台管理员	1.2 设备、软件和材料准备	五级	1.2.2 能下载安装直播软件
	1.3 风险评估	五级	1.3.2 能判断营销过程中法律、法规风险

注：该表内容来源于《互联网营销师国家职业技能标准（2021 年版）》第三部分工作要求。

过关秘籍：掌握营销过程中法律、法规的风险点、常见的直播软件平台应用。

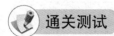 通关测试

一、单项选择题

1. 直播电商的核心优势之一是（　　）。

　　A. 预先录制的视频展示　　　　　　　　B. 实时互动性

　　C. 漫长的购买决策过程　　　　　　　　D. 较低的价格优势

2.（　　）最能体现直播电商的营销特点。

　　A. 商品的静态图片展示　　　　　　　　B. 实时解答消费者疑问

　　C. 缺乏营销手段　　　　　　　　　　　D. 传统的广告投放

3. 直播电商平台实现利益多元化的主要途径不包括（　　）。

　　A. 广告收入　　　　B. 商品销售差价　　　　C. 佣金收入　　　　D. 货源供应费用

4. 直播电商快速崛起的主要原因之一是（　　　）。
    A. 消费者需求的降低　　　　　　　　B. 商家营销策略的保守
    C. 技术的进步和创新　　　　　　　　D. 物流成本的增加

5. （　　　）不是直播电商满足消费者需求的方面。
    A. 购物透明度高　　　　　　　　　　B. 购物过程繁琐
    C. 互动性强　　　　　　　　　　　　D. 营销属性强

6. （　　　）不属于直播电商运营和推广的主要职责。
    A. 直播推广策略制定和执行　　　　　B. 直播内容策划与发布
    C. 物流配送管理　　　　　　　　　　D. 直播数据监测和分析

7. 负责直播平台和商家之间业务沟通和协调的职位是（　　　）。
    A. 数据分析师　　　　　　　　　　　B. 直播平台协调员
    C. 主播　　　　　　　　　　　　　　D. 直播运营与推广专员

8. 抖音的主要功能不包括（　　　）。
    A. 拍摄音乐短视频　　　　　　　　　B. 发布生活妙招和美食做法
    C. 提供在线购物平台（如淘宝、京东）　D. 商家自播和主播带货

9. 在下载直播软件时，（　　　）途径最可能保证软件的安全性。
    A. 第三方应用市场　　　　　　　　　B. 直播软件官网
    C. 未经认证的下载链接　　　　　　　D. 社交媒体分享链接

10. 开通直播账号时，（　　　）是确保账号真实有效的关键。
    A. 下载直播软件　　　　　　　　　　B. 搜索直播主题
    C. 实名认证　　　　　　　　　　　　D. 创建直播房间

二、多项选择题

1. 直播电商的特点有（　　　）。
    A. 实时互动性强　　　　　　　　　　B. 购物过程复杂
    C. 营销属性强　　　　　　　　　　　D. 购物透明度高

2. 直播电商的驱动力包括（　　　）。
    A. 消费者需求的变化　　　　　　　　B. 商家营销策略保守
    C. 技术的进步和创新　　　　　　　　D. 物流网络的完善

3. 直播电商中，（　　　）均满足消费者需求。
    A. 提供个性化服务体验　　　　　　　B. 降低商品品质要求
    C. 实时互动解答疑问　　　　　　　　D. 透明的价格和优惠信息

4. 直播电商运营和推广的主要职责包括（　　　）。
    A. 制定并执行直播推广策略　　　　　B. 直播平台的日常管理和内容发布
    C. 直播达人的招募与培训　　　　　　D. 物流配送和售后服务

5. 直播数据的监测和分析对于直播电商运营和推广的重要性体现在（　　　）。
    A. 评估直播效果　　　　　　　　　　B. 制定营销策略
    C. 预测市场趋势　　　　　　　　　　D. 安排物流配送

6. 抖音平台为创作者提供了（　　　）主要功能或内容形式。
    A. 短视频拍摄与发布　　　　　　　　B. 直播

C. 海量原创特效和滤镜　　　　　　D. 电商平台购物链接

7. 在下载直播软件时,可以考虑(　　　)。

A. 应用商店　　　　　　　　　　　B. 直播软件官网

C. 社交媒体广告链接　　　　　　　D. 第三方应用市场

8. 直播账号的开通过程中,涉及(　　　)主要步骤。

A. 下载并安装直播软件　　　　　　B. 搜索直播内容

C. 注册账号并设置信息　　　　　　D. 实名认证与创建直播房间

三、判断题

1. 直播电商平台的实时互动性是其与传统电商的主要区别之一。　　　　　　(　　)

2. 直播电商平台的购物透明度低,消费者难以获取实时价格信息。　　　　　　(　　)

3. 直播电商的快速发展完全依赖于技术的进步和创新。　　　　　　　　　　　(　　)

4. 商家通过直播电商可以加强品牌和产品的曝光度和知名度。　　　　　　　　(　　)

5. 直播运营与推广专员只负责直播推广策略的制定,不需要执行这些策略。　　(　　)

6. 直播电商的运营和推广过程中,与商家的协调和合作是非常重要的。　　　　(　　)

7. 抖音的品牌口号是"记录美好生活",用户可以通过选择歌曲、特效和滤镜来拍摄个性化的音乐短视频。　　　　　　　　　　　　　　　　　　　　　　　　　　　　　(　　)

8. 所有第三方应用市场都提供正版直播软件,用户可以放心下载。　　　　　　(　　)

9. 开通直播账号时,设置直播主题和公告是直播前必要的准备工作。　　　　　(　　)

10. 快手直播平台主要关注才艺表演,不涉及其他类型的内容展示。　　　　　　(　　)

直播活动人货场的筹备

在熟悉直播营销活动的基本流程后,从人、货、场三个维度做直播活动的准备。人是指组建直播团队,打造主播人设;货是指直播选品和直播间排品;场是指搭建和配置直播场景。

➡ 思维导图

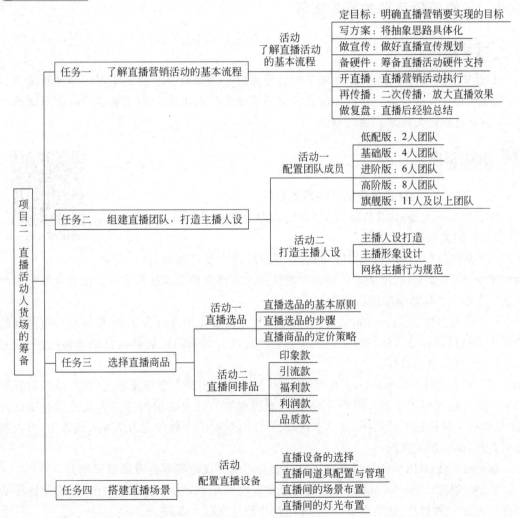

思维导图内容:

项目二 直播活动人货场的筹备

- **任务一 了解直播营销活动的基本流程**
  - 活动 了解直播活动的基本流程
    - 定目标:明确直播营销要实现的目标
    - 写方案:将抽象思路具体化
    - 做宣传:做好直播宣传规划
    - 备硬件:筹备直播活动硬件支持
    - 开直播:直播营销活动执行
    - 再传播:二次传播,放大直播效果
    - 做复盘:直播后经验总结

- **任务二 组建直播团队,打造主播人设**
  - 活动一 配置团队成员
    - 低配版:2人团队
    - 基础版:4人团队
    - 进阶版:6人团队
    - 高阶版:8人团队
    - 旗舰版:11人及以上团队
  - 活动二 打造主播人设
    - 主播人设打造
    - 主播形象设计
    - 网络主播行为规范

- **任务三 选择直播商品**
  - 活动一 直播选品
    - 直播选品的基本原则
    - 直播选品的步骤
    - 直播商品的定价策略
  - 活动二 直播间排品
    - 印象款
    - 引流款
    - 福利款
    - 利润款
    - 品质款

- **任务四 搭建直播场景**
  - 活动 配置直播设备
    - 直播设备的选择
    - 直播间道具配置与管理
    - 直播间的场景布置
    - 直播间的灯光布置

任务一　了解直播营销活动的基本流程

直播营销在整个直播活动中有着举足轻重的作用,熟悉直播营销流程对于直播活动有着非常重要的意义。本任务将介绍直播营销活动的基本流程。

学习目标

知识目标:熟悉直播营销流程(定目标、写方案、做宣传、备硬件、开直播、再传播、做复盘)。

能力目标:在观看直播时,能够区分直播营销中的各个环节并能够总结各环节的核心经验。

素养目标:形成尊重知识产权和网络安全意识,在收集网络资料时不点击不明链接,预防网络诈骗。

活动　了解直播活动的基本流程

活动描述

在选择直播电商平台活动中,同学们已经完成了注册直播平台的学习。开通直播平台后,直播流程是什么样的? 如何才能完成整场直播呢? 在本活动中主要学习电商直播的流程,学会在直播之前梳理直播流程。

知识指南

直播流程:定目标

一、定目标:明确直播营销要实现的目标

定目标要满足 SMART 原则,该原则的内容包括具体性、可衡量性、可实现性、相关性和时限性等。

(1) 具体性(specific):用具体的语言清楚地表明要达到的目标,营销目标要明确,不能笼统、不清晰。例如,"借助此次直播营销提高品牌官方微信公众号的粉丝数量"就是一个具体清晰的目标。

(2) 可衡量性(measurable):营销目标应该是数量化的或行为化的,应该有一组明确的数据作为衡量目标是否达到标准。例如,"利用此次直播营销让店铺的日销售额达到 20 万元"是一个可衡量的目标。

(3) 可实现性(attainable):目标要客观,是通过付出努力能完成的。例如,品牌商开展的上一场直播吸引了 5 万人观看,于是品牌商将此次直播要吸引的用户人数设定为 100 万人,显然这个目标很不切实际,难以实现;而将吸引观看的人数设定为 7 万人或者 10 万人则相对合理,是可能实现的。

(4) 相关性(relevant):直播营销目标要与品牌商设定的其他营销目标相关。

(5) 时限性(time-bound):目标的达成要有时间限制,这样才有督促作用,避免目标的实现被拖延。例如,直播结束后 36 小时内新品销量突破 5 万件。

二、写方案：将抽象思路具体化

（1）直播目标：明确直播需要实现的目标、期望吸引的用户人数等。

（2）直播简介：对直播的整体思路进行简要的描述，包括直播的形式、直播平台、直播特点、直播主题等。

（3）人员分工：对直播运营团队中的人员进行分工，并明确各人员的职责。

（4）时间节点：明确直播中各个时间节点，包括直播前期筹备的时间点、宣传预热的时间点、直播开始的时间点、直播结束的时间点等。

（5）预算：说明整场直播活动的预算情况，包括直播中各个环节的预算，以合理控制和协调预算。

三、做宣传：做好直播宣传规划

为了达到良好的营销效果，在直播活动开始前，直播运营团队要对直播活动进行宣传。在宣传中要注意以下几个方面。

（1）选择合适的宣传平台：直播运营团队需要分析目标用户群体的上网行为习惯，选择在目标用户群体活跃的平台发布直播宣传信息，为直播尽可能多地吸引目标用户。

（2）选择合适的宣传形式：直播运营团队要选择符合宣传媒体平台特点的信息展现方式来推送宣传信息，如文字＋图片、文字＋短视频、九宫格图、创意信息长图等形式。

（3）选择合适的宣传频率：主播运营团队可以在用户能够承受的最大宣传频率的基础上设计多轮宣传。如果过于频繁地向用户发送直播活动宣传信息，可能引起他们的反感。

四、备硬件：筹备直播活动硬件支持

为确保直播顺利进行，在开始直播前，直播运营团队需要筹备必要的硬件，包括场地选择、直播设备、直播辅助设备等。

（1）场地选择：直播营销活动的场地分为室外场地和室内场地。直播运营团队要根据直播营销活动策划的需要选择合适的直播场地，选定场地后要对场地进行适当的布置，为直播营销活动创造良好的直播环境。

（2）直播设备：在直播筹备阶段，直播团队要将直播使用的手机、摄像头、灯光、网络等直播设备调试好，防止设备发生故障，以免影响直播活动的顺利进行。

（3）直播辅助设备：直播辅助设备包括直播商品、直播活动宣传物料（直播宣传海报、主播宣传贴纸等）、直播中需要用到的道具（商品照片、趣味实验要用到的工具、计算器）等。

五、开直播：直播营销活动执行

做好直播前的一系列筹备工作后，接下来就是正式执行直播营销活动。直播营销活动的执行可以进一步拆解为直播开场、直播过程和直播收尾等环节，各个环节的操作要点如下。

（1）直播开场：通过开场互动让用户了解本场直播的主题、内容，使用户对本场直播产生兴趣，并停留在直播间。

（2）直播过程：借助营销话术、发红包、发优惠券、才艺表演、投票等方式，进一步加深用户对本场直播的印象，让用户长时间留在直播间，并产生购买行为。

（3）直播收尾：向用户表示感谢，并预告下场直播的内容，引导用户关注直播间，将普通用户转化为直播间的忠实粉丝，引导用户在其他媒体平台上分享本场直播或本场直播中推荐的商品。

六、再传播：二次传播，放大直播效果

直播结束并不意味着整个直播工作的结束。在直播结束后，主播运营团队可以将直播活动的视频进行二次加工，并在抖音、快手、微信、微博等平台上进行二次传播，最大限度地放大直播效果。

七、做复盘：直播后经验总结

在直播营销中，复盘就是直播运营团队在直播结束后对本次直播进行回顾，评判直播营销的效果，总结直播的经验教训，为后续直播提供参考。下面是一般的直播复盘流程。

（1）收集数据和反馈信息：收集直播活动的相关数据，如观看人数、观看时长、互动评论等。同时，可以通过评论、留言或问卷调查等方式收集观众的反馈信息和意见。

（2）分析数据和观众反馈：分析收集到的数据和观众的反馈，了解观众的兴趣点、喜好和意见。通过数据分析和观众反馈，识别直播的亮点和改进的方向。

（3）总结关键要点：总结直播中的关键要点和亮点，包括内容的创新性、互动的活跃度、观众的参与程度等，确定直播中成功的因素和需要改进的方面。

（4）执行改进措施：根据改进计划，执行具体的改进措施，包括改进直播的内容创意、提升互动体验、优化技术设备等方面。

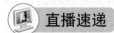
直播速递

以内容带电商，深度拓展达人矩阵，促成品销双增长

实战训练

名称　分析一场完整的直播

实训背景　小张在开通了直播平台后，计划向优秀的直播间学习。他准备先对标优秀的直播账号，向这些账号进行学习，所以小张选择了一个销售农产品的直播账号进行跟踪学习，学习他的直播过程，分析直播内容。

实训要求　完整观看一场关于农产品方面的直播，从直播主题、直播前准备、直播平台等方面着手，对直播过程中的关键环节进行详细分析，包括开场、介绍产品、演示功能、回答观众提问等，并填写相关表格。

任务分析　只有掌握了直播流程，才能在后期直播中让整场直播完整、流畅，同时也能发现各阶段的问题，在自己的直播中有效地避免此类问题发生。

操作要点

（1）选取一个粉丝数量超过3000的直播账号，观看其收看量较高的一场直播。

（2）记录直播过程中的直播主题、直播平台、开场、介绍产品、演示功能等内容。

（3）将直播过程中收集的信息填入相应的表格中。

任务实施 以小组为单位，按照实训要求分析一场完整的直播，填写表2-1。

表 2-1 直播过程信息分析

分 析 内 容	描 述 记 录	备 注
直播主题		
直播前准备		
直播平台		
直播开场		
介绍产品		
演示功能		
回答观众提问		

任务二　组建直播团队，打造主播人设

组建直播团队是直播运营推广的重要环节。招聘适合的人员，包括主播、摄像师、导演、策划人等。其中，主播是直播运营的核心，需要挑选形象好、口才好、有一定知名度或粉丝基础的人才。组建直播团队需要考虑多个方面因素，并要根据具体需求建立专业的规划和运营策略，从而打造出更加符合营销目标和观众需求的主播人设，进而提高直播的效果。

 学习目标

知识目标：了解团队配置的规格；了解主播人设打造的三个维度，熟悉网络主播行为规范。

能力目标：能够独立进行人员的合理搭配；能够从1～2个维度打造合适的主播人设。

素养目标：培养乐观的心态，能够承受人员搭配失败的挫折；培养职业价值观，养成求真务实的行事作风。

活动一　配置团队人员

 活动描述

要进行一场成功的直播，直播团队人员的配置非常关键。在本活动中主要学习直播团队人员的配置，不同数量的人员配置，其特点各异，了解其人员构成及担任的职务和分工。

 知识指南

一、低配版：2人团队

2人团队一般分工如下。

（1）运营和推广岗位：负责运营和推广，包括制定直播推广策略、管理和运营直播平台、监测和分析直播数据等。

（2）主播和销售岗位：负责主持直播节目，展示和销售产品。主播需要具备一定的产品知识和直播技能,以吸引更多的观众来关注。

2人团队成本较为低廉,同时也能够快速进入市场,开展业务。不过,在具体操作时,此团队需要具备较为综合的直播技能才能更好地开展直播营销活动,同时需要遵循行业规范,保护消费者权益,做好售后服务,提升用户满意度,这样才能在竞争激烈的直播电商市场中立于不败之地。

二、基础版:4人团队

(1)运营和推广岗位:负责制定直播推广策略,管理和运营直播平台,并监测和分析直播数据。

(2)营销和销售岗位:负责制定产品营销策略,策划各种主题直播,展示和销售产品,并与供应链生产厂商进行供应链管理,确定产品品质。

(3)视频制作岗位:负责拍摄和制作直播的视频内容,为主播提供技术支持,并协调直播节目现场拍摄。

(4)客户服务岗位:负责与观众互动,提供关于直播产品的咨询服务,处理售后问题,提高观众黏性和用户满意度。

直播4人团队中的团队成员,需要具备较高的专业素质和直播电商的运营技能。在分工中需要保障一人一位,在公司成长过程中必须注重团队资源的协同运作,做出实质性的贡献。

三、进阶版:6人团队

直播6人团队相比于4人团队,更具有资源优势,同时可以考虑进一步细化分工以应对在直播电商应用中更具挑战性的问题。下面是直播6人团队的一般分工。

(1)运营和推广岗位:负责制定直播推广策略,管理和运营直播平台,并监测直播数据。

(2)营销和销售岗位:负责制定产品营销策略,策划各种主题直播节目,展示和销售产品,并与供应链生产厂商进行供应链管理,维护产品品质。

(3)视频制作岗位:负责拍摄和制作直播的视频内容,为主播提供技术支持,并协调直播节目现场拍摄。

(4)社交媒体运营岗位:负责社交媒体的运营,与社交媒体代理公司合作,加强电商网站和社交媒体的联系,增加网站流量和提高用户黏性。

(5)客户服务岗位:负责与观众互动,提供关于直播产品的咨询服务,处理售后问题,提高观众黏性和用户满意度。

(6)数据分析岗位:负责直播数据的收集、管理和分析,为运营决策提供依据,为整个组织提供建议。

直播6人团队在分工上更加细化,能够更好地应对挑战,提供更优质的服务。在团队管理上也要注重互相间的协同合作,确保团队成员的积极参与。

四、高阶版:8人团队

直播8人团队在组织规模上比较大,涉及主播、制片人、技术团队和其他专业人员。下面是直播8人团队的一般分工。

(1)主播:负责直播内容的策划、主持和表演。主播需要具备良好的口才和表达能力,能够吸引观众的注意力并传递内容。

直播8人团队分工

（2）摄像师：负责直播过程中的拍摄工作,确保画面清晰、稳定和美观。摄像师需要熟悉摄像设备的操作和调节,能够抓住重点瞬间和切换不同的拍摄角度。

（3）编辑师：负责直播后期的剪辑和后期处理工作,制作出精良的直播回放。编辑师需要具备视频剪辑和后期制作的技能,能够将直播素材进行整理、剪辑和特效处理。

（4）技术支持：负责直播设备的设置和维护,确保直播平台和设备的正常运行。技术支持人员需要熟悉直播设备和软件的操作,能够快速解决技术问题。

（5）互动策划：负责与观众的互动和策划互动环节。互动策划人员可以设计有趣的互动活动、回答观众的问题和管理礼物打赏等。

（6）社交媒体运营：负责直播活动在社交媒体平台上的推广和宣传,管理直播活动的社交媒体账号和互动。

（7）观众服务：负责与观众的沟通和回应,回答观众的问题和提供支持。观众服务人员需要具备良好的沟通能力和快速响应的能力。

（8）数据分析：负责收集和分析直播数据,评估直播活动的效果和观众反馈。数据分析人员可以通过数据分析和报告提供有关直播活动的见解和建议。

8 人团队配置适用于大型直播活动、专业直播节目或商业直播活动,每个人在团队中承担特定的角色和职责,共同协作完成一个成功的直播活动。具体的分工可以根据实际情况和需求进行调整和补充。

五、旗舰版：11 人及以上团队

（1）主播（1 人）：开播前熟悉直播流程、商品信息,以及直播脚本内容;介绍、展示商品,与用户互动,活跃直播间气氛,介绍直播间福利;直播结束后,做好复盘,总结话术、情绪、表情、声音等。

（2）副播（1 人）：协助主播介绍商品,介绍直播间福利,主播缺席时担任临时主播。

（3）助理（1 人）：准备直播商品、使用道具等。

（4）策划（1 人）：规划直播内容;确定直播主题;准备直播商品,做好直播前的预热宣传;规划好开播时间段,做好直播间外部导流和内部用户留存等。

（5）编导（1 人）：编写商品脚本、活动脚本、关注话术脚本、控评话术脚本,做好封面场景策划、下单角标设计、妆容服饰道具等。

（6）场控（1 人）：做好直播设备,如摄像头、灯光等相关设备的调试;负责直播中控台的后台操作,包括直播推送、商品上架,监测直播实时数据等;接受并传达指令,例如,若直播运营有需要传达的信息,场控在接到信息后要传达给主播和副播,由他们告诉用户。

（7）运营（2 人）：营销任务分解、货品组成、品类规划、结构规划、直播间数据运营、活动宣传推广、粉丝管理等。

（8）店长导购（2 人）：辅助主播介绍商品特点,强调商品卖点,为用户"种草"商品,同时协助主播与用户互动。

（9）拍摄剪辑（1 人）：负责视频拍摄、剪辑（直播花絮、主播短视频,以及商品的相关信息）,辅助直播工作。

（10）客服（2 人）：配合主播与用户进行在线互动和答疑;修改商品价格,上线优惠链接,转化订单,解决发货、售后等问题。

11 人及以上的直播团队,功能更强大,更适合大型电商企业,可以化繁为简,以统一管理为主导思路,协调各个部门的工作与协作,包括数据综合利用和全链条管理。

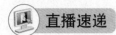 **直播速递**

直播团队怎么分工? 最全直播团队搭建及岗位职责详解

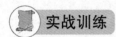 **实战训练**

名称　组建直播团队

实训背景　直播带货需要优秀的电商团队,一个优秀的直播团队可以带领直播间实现销售目标。小张同学计划组建一个 4 人组的直播团队,服务乡村振兴,为家乡农产品出一份力。团队成员包括主播、运营、策划、设计等职位。

实训要求　熟悉电商直播相关岗位要求,推荐适合自己的岗位并阐述理由,推荐岗位可以是多个,并填写小组分工表。

任务分析　直播电商相关岗位较多,只有熟悉明白每个岗位的要求,并结合自身性格特点、特长等,才能找到适合自己的岗位。

操作要点

(1)以组为单位讨论并记录主播、运营、策划、设计等岗位人员的要求。

(2)结合自身性格特点、爱好专长等推荐适合自己的岗位,并说明理由。

(3)填写表 2-2。

任务实施　请以小组为单位,按照实训要求组建直播团队,填写表 2-2。

表 2-2　小组分工

直播岗位	岗 位 要 求	小组分工(组员名字)	理　　由
主播			
运营			
策划			
设计			

活动二　打造主播人设

 活动描述

在直播团队人员的配置中,主播人设的打造非常关键。在本活动中主要学习如何打造主播人设,学习主播人设的基本类型、主播人设策划以及打造主播人设的基本步骤,同时学习如何遵守网络主播行为规范。

知识指南

主播人设的
基本类型

一、主播人设打造

1. 主播人设的基本类型

主播人设的基本类型可以分为以下几种。

（1）活力型。活力型主播充满活力，性格开朗，拥有良好的口才和演讲能力。他们往往善于引导气氛，可以很好地推动直播进程，吸引观众关注。

（2）温暖型。温暖型主播亲切友好，温柔细致，拥有出色的细心和耐心。他们关注细节，善于引导用户情感，能够赢得用户的信任和喜欢。

（3）专业型。专业型主播具有专业的技能和知识，往往拥有独特的行业视角和深入的行业洞见。他们能够突显自己的专业素养，提供高质量的直播内容。

（4）新潮时尚型。新潮时尚型主播具有时尚的个性和审美，有独特的风格，与时俱进，紧跟时代潮流的发展。

（5）幽默搞笑型。幽默搞笑型主播具有幽默感和搞笑的天赋，他们的直播内容趣味性强，能够吸引用户的注意力，提升用户黏性。

（6）实力型。实力型主播拥有出众的技能和实力，往往展现出才华横溢、风采十足的自我形象，可以为自己赢得高人气和忠实粉丝，成为圈内的急先锋。

不同类型的主播人设背后都有各自的目标受众，需要根据主播的形象和性格，以及直播的主题和风格，来确定主播的定位。然后，通过不断的实践和调整，提升主播的技能和专业素养，打造出符合市场需求的主播形象。

2. 主播人设策划

主播的人设策划需要根据直播目标、用户画像、市场竞争和自身能力等方面进行优化和改变，下面是一些基本的策划步骤。

（1）确定直播主题。主题直接关系到直播的用户画像，要根据实际情况和市场需求确定直播主题，这是最基本的策划工作。

（2）客户群体分析。可以通过市场调研、数据分析等方式，深入了解目标用户的行为特征、消费习惯和心理需求等，以便更好地制定人设策略。

（3）人设形象定位。确定自己的人设形象，包括外在形象、性格特征、口才演讲等方面，具体人设形象定位应基于主题和用户画像，打造出个性鲜明、符合市场需求的人设形象。

（4）品牌价值构建。在人设形象的基础上构建个人品牌价值，通过客观的、持续的、有意义的直播内容，快速累积粉丝，赢得口碑和市场认可，提高个人品牌价值和知名度。

（5）技能和素养提升。通过持续学习、培训和实践，提升自身的技能和素养，包括口才、演讲能力、形象等方面，以提高自己的竞争力，更好地实现人设策划的目标。

（6）粉丝关系维护。通过每场直播的互动和交流，及时收集粉丝的反馈和需求，针对性做出调整，持续加强与粉丝的联系，提高用户黏性和互动性。

通过人设策划，可以清晰地了解自己在直播市场的定位和目标，以更好地实现直播事业的成功。

3. 打造主播人设的基本步骤

打造主播人设的基本步骤可以概括为以下几点。

（1）确定直播主题和类型。根据市场需求和自身兴趣爱好等因素，确定适合自己的直播主题和类型，例如，游戏、美妆、音乐、健身等，图 2-1 所示为首届"你好，大主播"大赛获奖选手展示。

打造主播人设的步骤

图 2-1　首届"你好，大主播"大赛获奖选手

（2）分析目标用户画像。了解自己的用户群体，包括年龄、性别、兴趣爱好、消费习惯等信息，有利于更好地打造吸引用户的人设。

（3）确定个性化人设形象。根据直播主题和目标用户画像，确定主播的人设形象，包括外在形象、性格特征、口才演讲等方面，要有个性化和差异化的特点。

（4）建立品牌形象。通过定期直播、活动策划等方式，进行个人品牌的宣传和推广，提高知名度和受欢迎程度，打造优质品牌形象。

（5）提升专业素养。不断学习和培训，提高自身的专业素养和技能，例如，游戏技能、化妆技巧、健身知识等，提高直播内容的质量和数量。

（6）维护用户关系。通过各种途径，例如，私信、粉丝互动、赞赏奖励等，与观众建立良好的互动关系，提高用户参与度和黏性。

二、主播形象设计

（一）主播形象打造

在直播行业，主播扮演着商家或企业与用户产生联系的关键角色，其表现非常影响直播的吸引力。因此，主播的形象是决定直播成败的关键因素。

1. 主播形象管理原则

（1）以直播定位为基础。考虑以下问题：单场直播的核心目标用户群是谁？要向用户传递什么样的理念？直播销售的产品属性是什么？以什么样的形式向用户展示？

（2）要与直播间统一风格。主播形象妆容、穿搭等方面要与品牌、产品的风格相统一；主播的形象要适应节气和热点；要与直播间的搭建风格相符合。

（3）遵守直播平台的相关规则和规范，严格遵守法律和道德底线。主播开展直播活动应遵守相关法律、法规和部门规章、规范性文件、行业公约的规定，坚持正确导向，弘扬社会主义核心价值观，遵循公序良俗，传递社会正能量，内容积极健康、向上向善，保证直播及互动环境绿色、健康、文明、有序。

2. 主播妆容打造

主播妆容打造应遵循以下四个原则。

（1）适度使用美颜功能。

（2）选择较为清新简约的妆容风格。

（3）突出主播特点、适合直播风格的妆容，避免过于夸张。

（4）与品牌或产品形象相符合。

3. 主播着装设计

主播着装设计要注重颜色的搭配，一般由道具造型师进行搭配。若主播自己搭配，注意要搭配得体，符合妆容、品牌或产品形象，简约而大方，符合时令时节。

（二）建立良好的第一印象

不管是在现实生活中，还是在视频中，良好的第一印象总能给观众带来好感。观众对主播有了良好的第一印象，自然会愿意继续观看直播，这样主播才有机会在直播时进行产品推销或者线下引流。怎样才能在观众中建立良好的第一印象呢？具体方法如下。

（1）妆容得体。得体的妆容是主播获得观众良好第一印象的关键。如果主播是女性，最好能够妆容精致，并在直播时打开美颜，力求将自己最好的状态展现给观众。如果是男性主播，则可以从衣着方面入手，切记要衣着得体，不要穿着奇装异服。因为观众的审美各不相同，所以贴合大众审美的服饰是最好的。

（2）用语礼貌。主播在直播时，一定要注意文明用语，不说带有贬义内涵的词汇、用词客观而无偏颇，这样可以减少直播内容所带来的争议。

（3）做好表情管理。良好的表情管理可以给观众留下良好的第一印象。主播在直播时，放松脸部肌肉、自然微笑，能增加观众的好感。

（4）声音柔和。柔和的声音可以带给人亲切感。所以主播在直播时，切记不要大喊大叫，应该吐字清晰且语气柔和，这样直播的效果才会更好。

三、网络主播行为规范

（1）合法合规。网络主播需要遵守国家和地方的法律、法规，遵守网络道德和道德规范，不发布不良信息。

（2）不传播谣言。网络主播应在确认信息真实性后再进行发布或转发，不马虎转发信息，不随意传播谣言。

（3）不低俗炒作。网络主播应把握自己的行为边界，不通过低俗炒作获取用户的关注，注重个人形象和口碑。

（4）坚持原创。网络主播在创作直播内容时，应根据自己的特点和兴趣创作，打造出独特的风格和内容，尽量减少抄袭行为。

（5）正面向上。网络主播的言行和行为应当是正面向上的，维护社会正常秩序，不给社会带来负面影响。

（6）诚实守信。网络主播应当遵守承诺，不随意违背承诺，建立良好的信誉度，以便提高用户黏着度和口碑。

（7）维护用户权益。网络主播应当保护好用户权益，维护用户合法权益，不得侵犯观众隐私，不得泄露用户隐私信息。

根据这些基本的行为规范，网络主播能够在工作中遵守法律、法规，打造出独特的直播风格和内容,提高自己的信誉度和用户黏着度,最终使自己的直播事业成功。

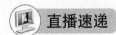直播速递

农产品直播卖货技巧,速来围观

实战训练

　　名称　设定主播人设

　　实训背景　小张计划在直播电商平台进行农产品电商销售,前期组建直播团队后,根据团队分工,由小丽来担任团队的主播,为了更好地实现直播间的销售目标,主播必须有鲜明的人物设定。

　　实训要求　根据团队主播的性格特征,找到平台对标主播账号,根据对标账号设定主播人设,填写主播人设信息表。

　　任务分析　主播人设要与销售的产品风格一致,它能够帮助主播建立粉丝认同、提升直播效果、增加品牌价值和商业合作机会,扩大影响力。一个适合的人设不仅能够使主播在竞争激烈的市场中脱颖而出,还能够为他们的职业发展带来长期的利益。

　　操作要点

　　(1)根据直播产品和主播性格特点,找到平台对标主播账号。

　　(2)观察记录对标账号的主播形象、语言、行为、专业术语。

　　(3)填写主播人设信息表,包括账号名、简介、头像、背景图、人设类型和人设关键词。

　　任务实施　以小组为单位,按照实训要求设置主播人设,填写表2-3。

表2-3　主播人设信息

账号类型	账 号 名	简 介	头 像	背 景 图	人 设 类 型	人设关键词
对标账号						
本人账号						

任务三　选择直播商品

　　在选择直播商品时,需要综合考虑各商品类型、商品品质、商品竞争力,因此,需要选择市场上具有较大竞争力的商品,如新品、独家商品、促销商品等。选择符合战略方向的直播商品,有利于推动公司的发展和营销战略的实现。主播对商品的认可和信心相当重要,主播是推广商品的重要人才,如果主播对商品的质量有信心并有自己的推广灵感,那么商品会更容易受到观众的认可。

学习目标

知识目标：熟悉直播选品的基本方法和原则，了解直播商品的类型（印象款、引流款、福利款、利润款和品质款）。

能力目标：在不同的环境和情境中，能够选择合适的商品作为直播商品；能够根据商品特点合理地安排商品的排序。

素养目标：在直播选品中，培养公平公正的选品原则及对职业精神和价值的认同感。

活动一　直播选品

活动描述

在"组建直播团队，打造主播人设"任务中学习了直播团队的组建以及主播人设的打造。在本活动中主要围绕直播选品进行学习，学习直播选品的基本原则、步骤和直播商品的定价策略。

知识指南

一、直播选品的基本原则

（1）以用户为核心。了解目标受众的需求、兴趣和购买偏好。选择与目标受众相关的产品，以提高吸引力和购买意愿。

（2）优质可靠。选择品质好、可靠的产品。直播中的产品质量和性能直接影响观众对产品的信任度和购买决策。

（3）新颖独特。选择具有新颖性和独特性的产品。直播中的独特产品容易引起观众的兴趣和好奇心，增加购买的欲望。

（4）适应直播场景。选择适合直播场景的产品。考虑产品的展示方式和互动性，确保产品能够在直播中有效展示和演示。

（5）良好的口碑和评价。查看产品的口碑和评价，了解其他用户对产品的反馈和评价。好的口碑和评价有助于增加观众对产品的信任度和购买意愿。

（6）高性价比。考虑产品的价格和性价比。选择价格合理、性价比高的产品，以提供给观众更好的购买体验和价值。

（7）稳定的合作伙伴关系。与可靠的供应商和合作伙伴合作，确保产品的质量和供应的稳定性。

（8）合法合规。确保所选产品符合法律、法规和相关规定，避免侵权和违规行为。

直播选品的基本原则包括以用户为核心、优质可靠、新颖独特、适应直播场景、良好的口碑和评价、高性价比、稳定的合作伙伴关系和合法合规等。根据这些原则进行选品，可以提高直播的吸引力和购买转化率。海阳市副市长直播带货农副产品如图 2-2 所示。

二、直播选品的步骤

直播选品的步骤可以按照以下顺序进行。

直播选品的
基本原则

图 2-2 海阳市副市长直播带货农副产品

（1）确定直播主题和目标受众。明确你的直播主题和目标受众群体。了解目标受众的年龄、性别、兴趣爱好和购买能力等信息，以便选择适合他们的产品。

直播选品的步骤

（2）市场调研。进行市场调研，了解当前市场上的热门产品和趋势。通过观察竞争对手、阅读行业报告和参与社交媒体讨论等方式，获取产品的相关信息。

（3）观众调研和数据分析。通过观众调研和数据分析，了解观众的喜好、购买行为和互动反馈。通过分析数据，可以发现观众的偏好和热衷的产品类型。

（4）设定选品标准。根据直播主题、目标受众和市场调研的结果，设定选品的标准和要求。例如，产品的品质、价格、独特性、适应度等。

（5）产品筛选。根据选品标准，筛选符合要求的产品。考虑产品的品质、功能、价格、供应稳定性等因素，选择符合直播主题和目标受众的产品。

（6）产品测试和体验。如果可能，亲自测试和体验选定的产品。确保产品的性能、质量和用户体验符合预期。

（7）与供应商沟通和合作。与供应商建立联系，了解产品的供应情况、价格和合作方式。与供应商保持良好的沟通和合作关系，确保产品供应的稳定性。

（8）确定售价和促销策略。根据产品的成本、市场需求和竞争情况，确定适当的售价和促销策略。考虑产品的价值、竞争力和利润空间，制订合理的定价和促销方案。

（9）监测和调整。定期监测产品的销售情况和观众反馈，根据市场变化和观众需求进行调整和优化。根据数据和反馈，调整选品策略和产品选择。

通过以上步骤，可以有条理地进行直播选品，选择适合直播的产品，提供给观众有价值的内容和购买选择。在整个过程中，要紧密关注观众的需求和市场的变化，不断调整和优化选品策略。

三、直播商品的定价策略

直播商品的定价策略可以根据市场需求、产品成本和竞争环境等因素进行制定。下面是一些常见的直播商品定价策略。

（1）市场定价。基于市场需求和竞争情况，确定一个合理的市场价格。可以通过市场调研和竞争对手的定价情况来了解市场行情,然后根据产品的独特性和附加价值来决定最终价格。

(2)成本加成定价。根据产品的成本,加上一定的利润率来进行定价。这种定价策略可以确保产品的成本得到覆盖,并获得一定的利润。

(3)特价促销。在直播过程中提供特价促销,即给予消费者一定的折扣或优惠,以吸引购买。特价促销可以在直播中限时推出,创造购买的紧迫感和诱惑力。

(4)动态定价。根据市场需求和供求关系,实时调整产品的定价。通过监测市场变化和消费者反馈,灵活调整定价,以适应市场的变化和需求。

在直播商品的定价策略上,商家需要根据直播中的特点和传播优势,综合考虑产品的定价策略。在任何情况下,商家都应该确保产品的价值和质量,让消费者认识到价值的同时也能够满意购买。同时,商家还需要定期分析数据和用户反馈信息,根据情况不断优化定价策略,以更好地满足消费者需求,提高直播商品的销量和品牌影响力。

直播速递

直播带货产品怎么选?九个直播带货选品方法,新手必看

实战训练

名称 直播间选品

实训背景 直播间选品是直播营销活动中非常关键的一环。通过精心选择符合观众兴趣和需求的商品,能吸引观众、提升销售效果、塑造形象与口碑,获得商业合作机会。小张的直播团队已经组建完成,目前需要为直播活动选择合适的直播产品。

实训要求 了解不同直播平台的运营机制、受众特点及商品上架规则等,通过市场调研和数据分析了解目标用户需求,把握产品选品的热门趋势,如点击量、展现量、转换量等,找出排名靠前的商品作为直播产品,填写选品维度打分表。

任务分析 选品的重要性在于为主播选择一个盈利的直播产品,并为其个人品牌建立起可持续的商业模式。从众多的商品中选择合适的直播商品能够培养选品能力,选品主要从展现量、浏览量、转化率、成交量等指标进行综合考虑。

操作要点

(1)根据选品原则和选品维度填写选品维度打分表。

(2)对展现量、浏览量、转化率、成交量等关键性指标进行排序筛选。

(3)确定直播商品,完成选品维度打分表,见表2-4。

任务实施 以小组为单位,按照实训要求完成直播间选品,填写表2-4。

表 2-4　选品维度打分

项　　目		产品 1 农产品 椴树蜜	产品 2 服装 女裙	产品 3 美妆 粉底液	产品 4 女鞋 凉鞋	产品 5 女包 饺子包	产品 6 母婴 奶瓶	产品 7 食品 薯片
品牌 维度	名气							
	热度							
店铺 维度	店铺综合评分							
	店铺装修美观度							
	店铺服务质量							
	发货时效							
价格 维度	价差							
	赠品							
产品 维度	历史买家评价							
	颜值							
	趣味							
	实用							
	口味							
	含量							
	成分							
	材质							
	科技							
	首图质量							
	卖点							
用户 维度	粉丝匹配度							
	时节匹配度							
	决策成本							

活动二　直播间排品

 活动描述

　　前面在"直播选品"活动中学习了直播间选品的相关知识,本活动主要学习直播间的商品排序(也称直播间排品),掌握印象款、引流款、福利款、利润款和品质款的区别,以及产品布局策略。

 知识指南

一、印象款

印象款是指通过打造独特的视觉效果和氛围,给人留下深刻印象的一

直播排品印象款

种款式或风格。其特点如下。

（1）强调视觉冲击力。印象款通常采用鲜明、独特的设计和元素，以吸引人们的注意力。通过色彩搭配、图案选择、细节处理等方式，打造出独特的视觉效果，给人带来强烈的冲击感。

（2）独特的设计和风格。印象款注重与众不同的设计和风格。它可能是时尚前卫、个性张扬、艺术感强烈，或是充满浪漫、温馨、复古等不同的风格，以突出其独特性和个性。

（3）精心打造的细节和质感。印象款注重细节的处理和质感的表现。无论是服装、家居用品还是其他产品，都会通过精致的剪裁、精细的装饰、高品质的材料等，打造出独特的细节和质感，增加观赏和使用的愉悦感。

（4）突出个性与风格的表达。印象款通常与个性和风格相关联。它可以突出个人的特点和风格，让人们在使用或欣赏时产生共鸣和认同感。

（5）强调情感和情绪的表达。印象款往往通过设计来表达情感和情绪。它可能带有浪漫、欢乐、激情、优雅等不同的情绪，以引发人们的共鸣和情感共振。

印象款通过强调视觉冲击力、独特的设计和风格、精心打造的细节和质感、突出个性与风格的表达，以及强调情感和情绪的表达等特点，给人们留下深刻的印象。不论是在时尚、设计、艺术还是其他领域，印象款都能够通过独特的视觉和情感呈现，得到人们的关注和喜爱。

二、引流款

引流款是指通过直播间销售商品或服务，吸引观众前往购买或关注的一种直播形式。其特点如下。

（1）强调产品特点和优势。直播间引流款通常需要重点展示和介绍产品的特点、功能和优势，以激发观众的兴趣和购买欲望。主播会详细解说产品的特点，并展示产品的使用效果，让观众了解产品的价值和好处。

（2）提供独家优惠和限时抢购。为了吸引观众购买，直播间引流款通常会提供独家优惠和限时抢购活动。这些活动可以是特价、折扣、赠品或限量版等，让观众觉得购买产品是有价值和划算的。

（3）与直播内容相关性强。直播间引流款的商品或服务与直播内容相关性强，与主播的话题或主题活动相呼应。这样可以增加观众的兴趣和参与度，让观众觉得购买产品是与直播内容相得益彰的。

（4）强调购买的便利性和安全性。直播间引流款会强调购买的便利性和安全性，如提供多种支付方式、快速配送和售后服务等。这样可以增加观众的信任感和购买的决心。

（5）与主播形象和风格相符。直播间引流款的商品或服务与主播的形象和风格相一致，能够突显主播的个性和特点。观众会更容易与主播建立连接和认同感，增加购买的意愿。

直播间引流款通过强调产品特点和优势、提供独家优惠和限时抢购、与直播内容相关性强、强调购买便利性和安全性，以及与主播形象和风格相符等特征，吸引观众前往购买或关注。这种直播形式在推广产品和增加销售量方面具有独特的优势。央视电视总台主持人、湖北省广水市副市长直播带货中都选择了引流产品，如图2-3所示。

图 2-3　央视电视总台主持人、湖北省广水市副市长直播带货用引流款吸引用户

三、福利款

福利款是指在直播过程中为观众提供一些特殊的福利或优惠活动，以提高观众的参与度和忠诚度的一种直播形式。其特点如下。

直播排品福利款

（1）独家特权和优惠。直播间福利款通常会提供观众独家的特权和优惠活动，如限量版商品、独家折扣、赠品等。这些特权和优惠使观众觉得自己有特殊待遇，增加对直播间的依赖和忠诚度。

（2）互动性和参与度高。直播间福利款注重观众的参与度和互动性。通过设置互动环节、抽奖、竞猜等活动，让观众积极参与，增加观看的趣味性和吸引力。

（3）限时和限量。直播间福利款通常会设定限时和限量的活动，以增加观众的紧迫感和购买欲望。观众需要在特定的时间内或数量有限的情况下参与活动，这样可以刺激观众做出购买决策。

（4）与直播内容相关性强。直播间福利款的福利活动与直播内容相关性强，与主播的话题或主题活动相呼应。这样可以增加观众的兴趣和参与度，让观众觉得活动与直播内容是相得益彰的。

（5）提供购买便利和安全性。直播间福利款会注重提供购买的便利性和安全性，如多种支付方式、快速配送、售后服务等。这样可以增加观众的信任感和购买决策的确定性。

福利款通过提供独家特权和优惠、互动性和参与度高、限时和限量、与直播内容相关性强、提供购买便利和安全性等特征，提高观众的参与度和忠诚度。这种直播形式在吸引观众、提高观众参与度和促进销售等方面具有独特优势。

四、利润款

利润款是指在直播过程中，通过销售商品或服务，实现利润的一种直播形式。在直播过程中，主播通过展示和介绍商品或服务，激发观众的兴趣和购买欲望，从而实现销售和盈利。其特点如下。

（1）利润率高。利润款通常具有较高的利润率，即销售商品或服务的成本相对较低，而销售价格相对较高。这样可以确保在销售中获得较高的利润。

（2）高附加值产品或服务。利润款通常销售的是具有高附加值的产品或服务。这些产品或服务可能是独家定制、高端品质、特殊功能或个性化定制等，能够激起目标受众的购买欲望。

（3）独特的销售策略和营销手段。利润款通常会采用独特的销售策略和营销手段，以增加销售数量和利润。例如，限时抢购、独家优惠、限量发售、组合销售等可以刺激顾客的购买欲望和增加销售额。

（4）与目标受众需求匹配。利润款通常会根据目标受众的需求和偏好来选择销售的产品或提供的服务。通过了解目标受众的需求，将产品或服务的优势与他们的需求相匹配，提高吸引力和购买欲望。

（5）提供购买便利和售后服务。利润款注重提供购买的便利性和售后服务，如多种支付方式、快速配送、售后保障等。这样可以提高顾客的购买决策的确定性，提高顾客的满意度和忠诚度。

利润款通过高利润率、高附加值产品或服务、独特的销售策略和营销手段、与目标受众需求匹配以及提供购买便利和售后服务等特点，实现在交易中的利润最大化。这种销售模式在提高销售和利润、增加品牌价值和满足顾客需求方面具有独特的优势。

五、品质款

品质款是指以高品质和卓越品质为特点的商品或服务。其特点如下。

（1）高品质。品质款注重产品或服务的高品质。这意味着产品或服务具有优良的材料、精湛的工艺、可靠的性能和持久的耐用性。高品质是品质款的核心特征，能够赢得顾客的信任和满意。

（2）独特设计。品质款通常具有独特的设计和创新的外观。产品或服务的设计与众不同，注重细节和美感，能够吸引顾客的注意力并增加产品的价值和吸引力。

（3）卓越性能。品质款的产品或服务在性能方面表现卓越。无论是产品的功能、效果、使用体验还是服务的专业性、效率和个性化，都能够满足顾客的需求并超越他们的期望。

（4）可靠性和耐久性。品质款的产品或服务具有可靠性和耐久性。顾客可以信赖这些产品或服务的质量和性能，在使用过程中不会出现故障或损坏，能够长时间使用并保持良好的状态。

（5）优质服务和售后支持。品质款注重提供优质的服务和售后支持。顾客可以享受到专业、周到和高效的服务，包括咨询、解决问题、维修和保养等方面的支持，以确保顾客的满意度和忠诚度。

品质款通过高品质、独特设计、卓越性能、可靠性和耐久性以及优质服务和售后支持等特点，为顾客提供卓越的产品和服务体验。品质款注重顾客的满意度和忠诚度，以建立良好的品牌声誉和长期的客户关系。

 **直播速递**

直播怎么排品衔接

实战训练

名称 完成一次直播排品

实训背景 直播间通过合理的排品设计,可以有效提升直播间的转化率和销售额。小张团队已经选择好了直播商品,需要对直播间的商品进行排序,以便高质量完成直播。直播商品中应同时包含低客单价、中客单价、高客单价的商品,它们分别对应引流款、活动款、印象款、利润款等。

实训要求 分析目标受众的需求和偏好,制定合理的排品策略。选择合适的商品进行搭配,对商品进行分类,分为引流款、活动款、印象款、利润款等,填写直播排品信息表。

任务分析 直播排品能够保持观众关注度、增强观众互动和参与感、推广和销售产品,一个良好的排品是直播成功的关键因素,并为主播的职业发展和商业合作奠定基础。

操作要点

(1)熟悉直播间商品,认真阅读表 2-5。

(2)按照直播商品的性价比对直播商品进行分类,关键指标是客单价,客单价＝成交金额/成交量。

(3)将所选商品信息填写完整,完成直播商品排品。

表 2-5 直播间商品信息

产品名称	单 位	采购价	市场价	浏览量	成交量	转化率	成交金额
冰糖橙	元/10 斤	12.9	23	1 051 890	60 108	5.71%	1 081 944
龙眼	元/5 斤	19.9	35	552 409	50 210	9.09%	1 406 132
哈密瓜	元/10 斤	19.9	36	584 205	40 290	6.90%	1 039 482

任务实施 以小组为单位,按照实训要求完成直播排品,并填写表 2-6。

表 2-6 直播排品信息

商 品 名 称	商 品 类 型	商 品 特 点	商 品 属 性

任务四 搭建直播场景

直播间的设计影响着直播画面的整体呈现效果,直播间的环境布置留给用户的第一视觉感受影响着用户对直播活动的体验。直播间的设计风格一定要与主播的人设相吻合,与主播性格匹配度越高,就越有代入感,容易使用户沉浸在直播的氛围中。如果是电商直播,直播间的风格最好与企业形象或品牌气质保持一致,这样才能够加深用户印象,增加辨识度。

学习目标

知识目标：了解直播间的设计，营造一个完整的直播视觉效果；掌握直播设备的配置、直播间道具的配置、直播间场景的配置、直播间灯光的布置方案。

能力目标：培养对直播设备使用的熟练度，能够独立进行直播间的布置，掌握主播形象设置。

素养目标：树立正确的商业伦理和社会责任感，培养社会责任感和担当精神，培养爱国情怀和民族自信心。

活动　配置直播设备

 活动描述

为了能顺利开展直播活动，小张需要搭建一个直播场景。根据不同的情境，如何搭建合适的直播场景，完成直播间的设计，选择和配置设备、道具和灯光，是本活动的学习要点。

知识指南

配置直播设备

一、直播设备的选择

（一）室内直播设备选择

室内直播通常适合一些对光线需求强、对细节展示要求高的商品，如服装、美食美妆等。通常来说，室内直播所需要的设备主要有以下几种。

1. 计算机、手机

计算机：可以用来查看直播间评论，与粉丝进行互动。若要直播计算机屏幕上的内容，如直播 PPT 课件，可以使用视频录制直播软件。或者使用直播伴侣设置虚拟背景，随意替换直播需要的背景图，这样更贴近主题。

手机：和计算机一样，手机也可以用来查看直播间评论，与粉丝互动。目前市场上的大部分手机前置摄像头都具备自动美颜功能，可以更好地展示主播的美好形象。

2. 摄像头

视频摄像头是形成直播视频的基础设备，目前有带固定支架的摄像头、软管式摄像头、可拆卸式摄像头。

带有固定支架的摄像头[图 2-4（a）]可以独立放置于桌面，或夹在计算机屏幕上。使用者可以转动摄像头的方向。这种摄像头的优势是比较稳定，有些带有固定支架的摄像头甚至自带防抖动装置。

软管式摄像头带有一个能够随意变换、扭曲的软管支架[图 2-4（b）]。这种摄像头上的软管能够多角度自由调节，即使被扭成各种状后，也可以保持固定，可以让主播实现多角度的自由拍摄。

可拆卸式摄像头是指可以从底盘上拆卸下来的摄像头[图 2-4（c）]。单独的摄像头能够内嵌在底盘上，主播可以使用支架或其他工具将摄像头固定在屏幕顶端或其他位置。

3. 支架

支架用来放置摄像头、手机或话筒，它既能解放主播的双手，让主播做些动作，也能增强

(a) 带固定支架的摄像头　　　(b) 软管式摄像头　　　(c) 可拆卸式摄像头

图 2-4　常见的摄像头类型

摄像头、手机、话筒的稳定性。图 2-5 所示为常见的支架类型。

(a) 摄像头三脚架　　　　　(b) 手机支架　　　　　(c) 话筒支架

图 2-5　常见的支架类型

4. 补光灯

为了调节直播环境中的光线效果,直播间需要配置灯光设备。图 2-6 所示为常见的补光灯类型。对于专业级直播来说,直播间则需要配置专业的灯光组合,如柔光灯、无影灯、美颜灯等,以打造更加精致的直播画面。

5. 网络

稳定的网络是直播的基础,网络速度直接影响着直播画面的质量及观看体验。室内直播时,如果条件允许,尽量使用有线网络,因为有线网络的稳定性和抗干扰性要优于无线网络。若室

(a) 环形补光灯　　　　　(b) 八角补光灯

图 2-6　常见的补光灯类型

内有无线网络且连接设备较少,网络质量较佳,也可以选择使用室内无线网络进行直播。当无线网络不能满足直播需要时,要提前发现并解决,也可以使用移动 4G 或 5G 网络,但要保证手机有足够的流量。

6. 话筒

话筒主要分为动圈话筒和电容话筒两种。

(1) 动圈话筒。动圈话筒[图 2-7(a)]最大的特点是声音清晰,能够将高音最真实地还原。动圈话筒又分为无线动圈话筒和有线动圈话筒,目前大多数的无线动圈话筒都支持苹果及安卓系统。动圈话筒的不足之处在于收集声音的饱满度较差。

(2) 电容话筒。电容话筒[图 2-7(b)]的收音能力极强,音效饱满、圆润,让人听起来非

常舒服,不会产生高音尖锐带来的突兀感。如果直播唱歌,就应该配置一个电容话筒。由于电容话筒的敏感性非常强,容易形成"喷麦",所以使用时可以给其装上防喷罩。

(a) 动圈话筒　　　　　　　　　　(b) 电容话筒

图 2-7　常见的话筒类型

(二)室外直播设备选择

现在有越来越多的主播选择到户外进行直播,以求给用户带来不一样的视觉体验。户外直播面对的环境更加复杂,需要配置的直播设备主要有以下几种。

1. 手机

手机是户外直播的首选,但不是每款手机都适合做户外直播。进行户外直播的手机,CPU(central processing unit,中央处理器)和摄像头配置要高,可以选用中高端配置的手机。只有 CPU 性能够强,才能满足直播过程中的高编码要求,也能解决直播软件的兼容性问题。

2. 收音设备

室外直播时,如果周围的环境比较嘈杂,就需要外接收音设备来辅助收音。收音设备分为两种:一种是耳机;另一种是外接线缆,比较适合对多人进行采访时使用。

3. 上网流量卡

网络是户外直播首先要解决的问题,因为它对直播画面的流畅程度有着非常直接的影响。如果网络状况较差,就会导致直播画面出现卡顿现象,甚至出现黑屏的情况,这会严重影响用户的观看体验。为了保证户外直播的流畅度,主播要配备信号稳定、流量充足、网速快的上网流量卡。

4. 手持稳定器

在户外做直播,通常主播需要到处走动,一旦走动,镜头就会出现抖动,这样必定会影响用户的观看体验。虽然一些手机具有防抖功能,但防抖效果毕竟有限,这时需要主播配置手持稳定器来保证拍摄效果和画面稳定(图 2-8)。

图 2-8　手持稳定器

5. 移动电源

在户外进行直播,手机耗电量大,外环境可能没有电源插座,所以需要携带移动电源来为这些设备提供能量,确保能够顺利进行直播。但是需要避免手机边充电边直播导致发热严重的情况。

二、直播间道具配置与管理

(一)直播间辅助道具的使用

主播直播时使用辅助道具,能够非常直观地传达主播的意图,强调直播营销环节中的重点,还能成功地吸引用户的注意力,丰富直播画面,加深用户对直播或商品的印象。直播间常用的辅助道具包括以下几种。

（1）商品实物。商品实物是必须有的道具。主播在镜头前展示商品实物或试用、试穿等，既可以提升商品的真实感，又可以提升用户的体验感。

（2）黑板、白板、荧光板等道具板。它们能够展现文字、图片信息，其主要作用如下。

① 在服饰类直播中提示用户如何确定尺码，如身高 160～170 厘米，体重 50～60 千克，选 L 码，这样能够提高沟通效率，减少客服的压力。在彩妆类直播中可以给用户提示建议，例如，什么肤色或什么场合适合选择哪种色号的口红等。

② 提示当日"宠粉"活动、福利商品等。

③ 提示下单时的备注信息，以及发货或特殊情况说明，如预售×天或×天内发货。

（3）手机、平板电脑、电子大屏等。它们主要是配合主播在进行商品介绍时展示商品全貌、官方旗舰店价格、名人同款或明星代言以及广告宣传等。

（4）计算器、秒表等。计算器可以用于计算商品的组合价、折扣等，以吸引用户的注意力，并且突出价格优势；秒表可以用于营造抢购商品的紧迫感。它们都是有助于商品营销的辅助工具。

（二）直播间商品的精细化配置与管理

在直播过程中，最常面临的问题是款式不够、利用率不高 、单品销售深度不够等，这其实是运营团队直播前没有将商品进行合理化细分（依据直播需求的逻辑），从而导致主播总是在混乱的货品配置中重复讲解。要扭转这种局面，运营团队一定要对直播间的商品进行精细化配置与管理。这种精细化管理需要围绕直播主题进行产品配比和产品更新等内容的把控和配置。

1. 确定直播主题

电商直播的目标是销售，主播需要策划多样化的主题，并以此拓展和延伸直播内容。主播需要明确讲述的对象、内容和方式。如同写文章，直播的第一步是确定主题。直播主题可分为两种类型，主播可根据这两种类型对直播主题进行规划，见表 2-7。

表 2-7　直播主题的类型

直播主题的类型	具 体 内 容
场合主题	休闲、办公、聚会等
活动主题	上新、打折、节日等

2. 规划商品需求

在确定了直播主题后，主播可以通过制作一个详细的商品需求列表来有条理地规划所需商品，以便明确每场直播所需的具体商品特征。表 2-8 所示为规划商品需求的一个例子。

表 2-8　规划商品需求

直播日期	主　题	商品数量	商 品 特 征	辅推商品
5 月 15 日	户外运动	800	户外装备、运动器材	水壶、野餐垫
5 月 20 日	清凉一夏	1500	泳衣、防晒服、防晒霜	海滩必备小物、防水相机
11 月 11 日	"双 11"购物狂欢节	2000	各品类热销商品、打折促销	打折券、购物袋

3. 规划商品配置比例

在制定商品配置比例时,主播需要关注商品组合、价格区间及库存配置三个关键要素。合理配置商品能够提高其使用率,并最大限度地降低库存积压。商品配置比例的设置主要包含两种类型:单品配置比例(图2-9)和主次类目配置比例(图2-10)。在规划商品配置比例时,主播需要关注这些要素,以确保精细化的商品配置。

在确定产品配置比例后,只需根据直播时长等参数确定每场直播所需的产品总数,然后可根据上述两种类型的配置方式,精准挑选并准备好相应数量的产品,见表2-9。

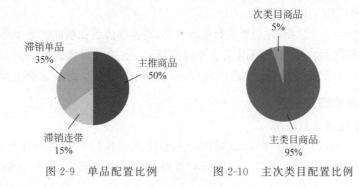

图2-9 单品配置比例　　　图2-10 主次类目配置比例

表 2-9　产品数量规划

直播数量总数	主类目商品 95 款					次类目商品 5 款
	主推商品 46～48 款		畅销单品 33～34 款		滞销单品	
	新品数量	预留数量	新品数量	预留数量		
100 款	36～37 款	10～11 款	13～14 款	20 款	13 款	A 款、B 款、C 款、D 款、E 款

4. 保持商品更新

主播需要根据预先规划好的商品配置比例来持续更新商品,以确保直播节目的新鲜感,维护老粉丝的忠诚度。为了实现这一目标,主播需要不断地更新直播内容,其中商品的更新换代起着至关重要的作用。在每场直播中,更新的商品数量应至少达到整场直播总商品数的50%,而其中更新的主推商品应占据80%的份额,畅销单品的更新则占据20%的份额。

5. 把控商品价格与库存

在确定好商品需求、商品数量及更新比例的前提下,主播需要进一步掌握两大关键要素,即价格区间和库存配置的精准管理。这不仅需要主播对市场价格走势有深入的理解,还需要对库存的动态变化进行科学的预测和规划。通过精细化的价格区间控制和合理的库存配置,主播能够更好地满足消费者需求,提高销售业绩。

(1)价格区间。在进行价格区间设置时,主播需要全面考虑商品的原始成本、合理的利润空间以及其他费用。在确定价格区间时,如果同类商品仅在颜色、属性方面存在差异,价格差距应控制在较为合理的范围之内,避免出现过于悬殊的价格对比感。

(2)库存配置。合理的库存配置是提高直播效果和转化效果的关键策略之一。在制定库存配置策略时,一个重要的原则是保持"饥饿"状态,即根据不同的单场直播的总观看人数和当前在线人数来配置不同数量的库存,以确保直播间始终处于一种供不应求的状态,从而激发观众的购买欲望。

为了有效地保持"饥饿"状态,库存数量应始终至少低于在线人数的50%。如果条件允许,主播还可以直接调整店铺库存以配合直播的库存需求。这种策略不仅可以提高观众的购买热情,还可以增加直播间的曝光度和用户黏性。通过合理地配置库存数量,主播可以更好地控制直播间的节奏,并确保观众始终保持高度的关注度和参与度。

6. 已播商品预留和返场

为了优化产品配置,充分挖掘和利用商品资源,主播需要进行已播商品的预留和返场操作。根据商品配置,主播需从所有已直播过的商品中挑选出至少10%的优质商品作为预留和返场商品,并应用于以下场景。

(1)直播后的一个星期,主播要进行返场直播,将返场商品在新的流量中展示并促成转化。

(2)当某些商品由于特殊原因无法及时到货时,主播可以将预留的商品作为应急补充。

(3)遇到节日促销活动时,主播可以将返场商品作为活动商品重新上架。

三、直播间的场景布置

(一)为直播间规划场地

对于直播场地的选择与规划,直播团队需要优先选择用户购买与使用商品频率较高的场所,以拉近与用户之间的距离。直播间对直播场地的基本要求,可以分别从室内和室外两个场景来说。

1. 室内直播场地基本要求

(1)隔音效果良好,能够有效避免杂音的干扰。

(2)有较好的吸音效果,能够避免在直播中产生回音。

(3)室内光线效果好,能够有效提升主播和商品的美观度,降低商品的色差,提高直播画面的视觉效果。

(4)室内空间充足,面积一般为10~40平方米,如果需要展示一些体积较大的商品,如钢琴、冰箱、电视机等,要注意空间的深度,确保能够完整地展示商品,直播画面要美观。

(5)如果需要使用顶光灯,则要考虑室内的高度,层高一般控制在2.3~2.5米,要保证能够给顶光灯留下足够的空间,避免因顶光灯位置过低而导致顶光灯入镜影响画面的美观度。

(6)为了避免直播画面过于凌乱,在直播时不能让所有的商品同时入镜。因此在直播商品较多的情况下,直播间要留出足够的空间放置其他待播商品。此外,有些直播间会配置桌椅、黑板、花卉等道具,也要考虑为这些道具预留空间。

(7)有些直播中,除主播外,还会有副播、助理等人员,也要考虑为这些人员预留出工作空间。

2. 室外直播场地基本要求

室外场地比较适合直播体积较大或规模较大的商品,或需要展示货源采购现场的商品,例如,现场采摘农产品、码头现场挑选海鲜或多人共同直播等。选择室外场地作为直播间时,需要考虑以下因素。

(1)室外的天气状况,一方面要做好应对下雨、刮风等天气的防范措施;另一方面要设计室内备用方案,避免在直播中遭遇极端天气而导致直播延期。另外,如果选择在傍晚或夜间直播,还需要配置补光灯。

(2)室外场地不宜过大,因为在直播过程中主播不仅要介绍各类商品,还要回答用户提出的一些问题,如果场地过大,主播容易把时间浪费在行走上。

（二）为直播间布置合适的背景

直播间是用户最直接的视觉体验场所，如果直播间环境"脏、乱、差"，用户可能进入直播间之后，看上一眼就退出了。因此，直播间首先要保持干净、整洁，在开播之前把各种商品、道具都摆放整齐，营造一个简洁、大方、明亮、舒适的直播环境。

虽然直播间场景的搭建并没有统一的硬性标准，主播可以根据自己的喜好来进行设计与布置，但作为电商直播间，商品营销是主要目的，所以最好用销售的商品来装饰直播间，如可以用摆满商品的货架作为背景；或使用品牌 Logo（标志）作为直播间的背景墙，这样既显得直播背景干净利索，又能增强品牌效应，如图 2-11 所示。

图 2-11　直播间背景

（三）使用直播伴侣软件设置虚拟背景

1. 登录

（1）选择要开播的平台（图 2-12）。

（2）选择扫码或手机号登录方式，并完成操作（图 2-13）。

图 2-12　选择平台　　　　　　　图 2-13　登录平台

2. 直播伴侣操作界面

直播伴侣操作界面如图 2-14 所示。

图 2-14　直播伴侣操作界面　　　　图 2-14 彩图

红色框区域：管理场景、添加素材、切换横竖屏。

蓝色框区域：常用直播功能。

绿色框区域：开关播控制、性能占用情况、官方公告。

黄色框区域：直播榜单。

白色框区域：弹幕窗口。

中央区域：直播画面采集预览。

3. 设置虚拟背景

（1）登录成功后，在主界面右侧选择"基础功能"下方的"绿幕大屏"图标（图 2-15）。

图 2-15　直播伴侣的绿幕大屏　　　　图 2-15 彩图

（2）选择背景模板类型。系统内自带六种常用模板，可根据主播的商品更改名称、价格和颜色。设置好后单击"加入背景池"按钮，在"背景板使用"里面选择刚设置好的虚拟背景（图 2-16）。

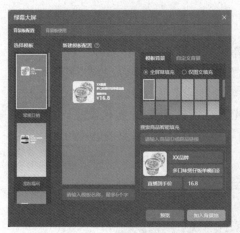

图 2-16　背景模板　　　　　　　　　　　　图 2-16 彩图

四、直播间的灯光布置

（一）直播间常用的灯光类型

1. 主灯

直播间主灯一般选择冷光源的 LED 灯，如果没有特殊要求，10 平方米左右的房间选用功率为 60～80 瓦的灯即可。

2. 补光灯

补光灯又称辅灯，前置的补光灯尽量选择可以调节光源的灯，灯泡的瓦数可以稍大一些，这样便于根据实际需要调整光源的强度。

选择亮度可调节的灯。不同的直播背景需要不同亮度的补光灯，因此有调光功能的补光灯可以配合直播间整体明暗情况来调节亮度，十分方便。

如果补光灯打不出想要的光线效果，也可以利用补光灯的反射效果，使补光灯反向照射到正对着主播正面的墙面，这样就能在一定程度上形成漫反射效果。在营造软光效果时，通常会用到反光板，尤其是在主播面前作为补光光源时，反光板通常能让主播的皮肤看上去更加自然、柔和。

3. 冷暖灯

灯光颜色主要有冷光、暖光两种，主播可以根据直播间布置效果选择合适的灯光颜色配置。一种配置是主灯为冷光，一组补光灯为暖光，整体效果为暖光。暖光会让主播看上去更自然，暖暖的感觉也会让人更舒服。对于一些美食类直播间，建议选择暖光系，这样可以衬托美食的色泽，让用户更有食欲。

另一种配置是主灯为冷光，一组补光灯为冷暖结合偏冷光，整体效果为冷光。冷光会让主播的皮肤看上去更加白皙透彻，前面补光稍微增加一点儿暖色，可以使皮肤在白皙的同时增加一点儿红晕。服装鞋靴和护肤彩妆类直播间大多采用冷光，这样能够保证服装和护肤品的展示效果。

（二）直播间灯光方案及配置操作

在为直播间布光时，由于主播的受光程度与其所处位置有关，所以位置不同，则受光效果也不同。合理布置直播间的光源位置，或通过改变主播的位置来改善受光效果，可以使主播或商品呈现出来的画面效果更加理想。

1. 三灯布光法

三灯布光法一般适用于空间较小的场景，其优势在于能够还原立体感和空间感。该布光法就是将一台环形柔光灯作为主播的主要光源放置于主播正前方作为主光，另外两台柔光灯分别放在主播两侧打亮其身体周围。环形柔光灯自带柔光罩，光线非常柔和，即使长时间直播，也不会让主播感觉刺眼；而柔光灯柔和的光线也能够使商品更有质感，更有吸引力。这种布光法适用于服装、美妆、珠宝、人物专访等多种直播场景，具有很强的适用性，如图 2-17 所示。

图 2-17　三灯布光法

2. 伦勃朗布光法

如果想增加主播轮廓的立体度，可以采用斜上光源的布光方式。斜上光是从主播头顶左右两侧 45°的方向打下的光线，在调试灯光的过程中，需要使主播的眼睛下方的一侧脸上出现一块明亮的三角形光斑，如图 2-18（a）所示。这种布光法就是非常有名的伦勃朗布光法，这种布光法可以突出鼻子的立体感，强调主播的脸部骨骼结构，如图 2-18（b）所示。

(a)　　　　　　　　　　　　　　　(b)

图 2-18　伦勃朗布光法

3.蝴蝶光布光法

蝴蝶光布光法其实是美国好莱坞电影厂早期在影片或者剧照中拍女性影星惯用的布光法,也有"美人光"之称。这种光线会在主播鼻子的下方形成一个蝴蝶状的阴影效果,蝴蝶光不仅漂亮而且讨喜,会让主播脸型显得瘦小,如图2-19所示。

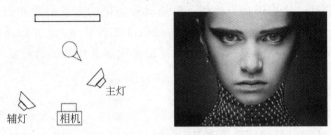

图2-19　蝴蝶光布光法

蝴蝶光灯位布置的要点如下。

(1)主光源在镜头轴上方由上向下45°方向投射在人物的面部。

(2)调整主光与模特的距离。

(3)在鼻子的下方投射出阴影,阴影类似蝴蝶的形状,使人物面部有一定的层次感。

(三)设置直播拍摄最佳角度

直播时最佳拍摄角度可能因为不同的场景和目的而异,但一般来说,以下角度可以考虑。

(1)眼睛水平线高度:将相机或手机放置于眼睛水平线的高度上拍摄,这样可以让观众更加自然地看到主播。

(2)适当远离或缩小背景:通过适当调整距离或使用镜头变焦,使主播居中,并以合适的比例呈现身体和头部,同时避免过于空旷或过于繁忙的背景分散观众的注意力。

(3)考虑画面比例:在选择拍摄设备和角度时,请注意考虑所使用的平台和流媒体服务支持的画面比例,以获得最佳观看效果。

(4)考虑产品摆放:在直播时,正在讲解的产品务必一直出现在镜头里,其余的产品或者辅助道具在主推产品旁。

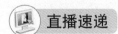

直播速递

东方甄选直播间的布置打造

实战训练

名称　搭建直播场景

实训背景　为了提高直播效果和吸引观众,提升直播表现力,搭建合适的直播场景非常重要,目前小张团队需要搭建直播场景,为开播做好准备。

实训要求　根据商品类型和目标群体进行直播场景设计,包括摆放商品、布置道具、用于展示商品的设备等。合理安排摄像机角度、光线、布景等元素。选取合适的光线照明设备,营造出舒适、自然的环境,突出商品的特色。确保直播前场景整洁,创造良好的观看体验,并减少噪声干扰,将搭建好的直播间拍照上交作业。

任务分析　搭建一个合适的直播间不仅能提升主播的专业形象和信誉,还能提供良好的观看体验、支持直播内容展示、提供安全和便利的工作环境,促进品牌营销和商业推广。一个令人满意且专业的直播间设计可以为主播提供更多成功的机会和发展空间。

操作要点

(1)熟悉直播商品的特点。

(2)根据商品特点和目标受众,设计合适的场景布局。例如,服装直播可以设置试衣间或展示架,家具直播可以搭建仿真居室等。

(3)选择适当的摄像机角度,确保能够清晰地展示商品细节,并使观众有好的视觉体验。例如,为了展示多个商品,可以选取广角镜头;为了突出细节,可以使用特写镜头。考虑光线照明布置,使用合适的灯光照亮商品并创造舒适的氛围。注意避免阴影和反光对观看体验的影响。

(4)在搭建场景前,清除杂物和噪声,创造一个整洁安静的环境。

任务实施　以小组为单位,按照实训要求搭建直播场景并进行评价,完成表2-10。

表2-10　任务评价

序　号	评 分 内 容	分　值	得　　分
1	符合直播商品特点和目标受众	25	
2	符合主播人设	25	
3	光线准备充足	25	
4	场地选择符合商品要求	25	

 价值领航

所有网络主播,这份执业行为规范请收藏

思考与讨论:

(1)文中谈到"直播平台需核实网络主播的身份,保证主播要'持证上岗'",请谈谈你的看法。

(2)文中谈到"对违法失德艺人不得提供公开进行文艺表演、发声出镜机会,防止其转移阵地复出",请探讨是否过于严苛并说明理由。

赛教融合——技能竞赛大比拼

近年来举办的各级各类直播电商比赛都对直播策划、直播选品、直播商品角色定位、整

场直播脚本、单品直播脚本、商品定价、直播主题、直播时间搭建与装修、主播互动等提出了明确要求,其中第三届全国大学生直播电商创新创业大赛要求参赛团队通过直播电商实际业务的仿真实战流程,分角色进行商品管理、直播策划,体验"直播电商"新模式。中华人民共和国第二届职业技能大赛四川省选拔赛互联网营销项目要求对直播主题、时间等进行规划,并据此策划直播脚本。第二届海南自贸港技能大赛互联网营销师项目要求根据背景资料进行数据分析,选出直播所需商品,对直播主题、时间等进行规划,并据此策划直播脚本。河南省第二届职业技能大赛互联网营销师(省赛精选)项目要求完成直播间商品选择,根据主推款商品确定直播主题,设计直播脚本,并完成直播准备。

直播策划可以从以下方面进行。

1. 直播商品管理

直播商品管理主要从选品、角色定位、采购和定价、制定销售策略等维度进行考虑。

2. 直播内容策划

直播内容策划主要从直播主题及时间策划、互动内容设计、直播流程及各环节时间安排、直播脚本逻辑清晰等因素考虑。

3. 直播间关键词屏蔽

直播间关键词屏蔽主要是屏蔽掉政治敏感词汇、歧视用语、低俗用语等。

■ 书证融通——证书考点大揭秘

对接《互联网营销师国家职业技能标准(2021 年版)》对应等级技能要求见表 2-11。

表 2-11 对接《互联网营销师国家职业技能标准(2021 年版)》对应等级技能要求

工 种	工作内容	工种等级	技 能 要 求
选品员、直播销售员、视频创推员、平台管理员	1.2 设备、软件和材料准备	五级	1.1.1 能收集产品图文素材 1.1.2 能使用网络搜索工具核实、整理产品素材信息 1.1.3 能发布产品图文信息预告
		四级	1.2.2 能制订样品(道具)搭配计划 1.2.3 能制定出境者形象方案 1.2.4 能根据销售需求选择硬件设备
		三级	1.2.2 能根据营销计划选购硬件设备
	2.2 样品收集	五级	2.2.1 能选择销售产品的样品
	2.1 市场信息管理	三级	2.1.3 能维护产品价格跟踪系统
	2.2 市场信息分析	三级	2.2.1 能依据调研信息做出产品选择 2.2.2 能分析产品价格设置的合理性
	2.1 营销策划	二级	2.1.1 能制定主题直播间搭建方案
	3.2 确定营销卖点	四级	3.2.1 能结合自身营销定位选择适合的产品 3.2.2 能结合自身营销定位编写产品的营销话术
	4.1 直播预演	三级	4.1.1 能组织团队进行直播预演
	4.2 直播销售	四级	4.2.1 能使用营销话术介绍产品特点
	6.1 技术支持	四级	6.1.3 能在直播界面配置功能

注:该表内容来源于《互联网营销师国家职业技能标准(2021 年版)》第三部分工作要求。

过关秘籍：能熟练收集产品图文素材，能使用网络搜索工具整理产品素材信息，掌握各岗位职责，熟悉各岗位之间的协作，掌握直播产品的营销话术，充分熟悉直播商品的属性特征，掌握直播间商品选品原则和选品方法，掌握选品的定价策略，掌握直播间排品的技巧，能够结合自身营销定位选择合适的产品，掌握直播间搭建技巧，如设备选择、灯光布置、场景布置和个人品牌塑造方法。

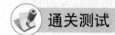 通关测试

一、单项选择题

1. SMART 原则中的"S"代表(　　　)。

　A. 可衡量性　　　　　B. 具体性　　　　　C. 时限性　　　　　D. 可实现性

2. (　　　)表述符合 SMART 原则的可衡量性要求。

　A. 提升品牌知名度　　　　　　　　B. 增加社交媒体互动率

　C. 直播期间吸引至少 10 万次点击　　D. 改善用户体验

3. 下列(　　　)主要负责与观众互动，提高观众黏性和用户满意度。

　A. 运营和推广岗位　　　　　　　　B. 社交媒体运营岗位

　C. 客户服务岗位　　　　　　　　　D. 视频制作岗位

4. (　　　)在直播团队中负责拍摄和制作直播的视频内容，并为主播提供技术支持。

　A. 营销和销售岗位　　　　　　　　B. 数据分析岗位

　C. 社交媒体运营岗位　　　　　　　D. 视频制作岗位

5. 在主播形象管理中，(　　　)不是必须考虑的因素。

　A. 直播的核心目标用户群　　　　　B. 直播间的搭建风格

　C. 主播的私人生活习惯　　　　　　D. 直播销售的产品属性

6. 主播妆容打造的原则中，(　　　)强调了与品牌或产品形象的契合。

　A. 适度使用美颜功能　　　　　　　B. 清新简约的妆容风格

　C. 突出主播特点　　　　　　　　　D. 与品牌或产品形象相符合

7. 直播间引流款的主要目的是(　　　)。

　A. 展示主播的才艺　　　　　　　　B. 吸引观众购买或关注

　C. 娱乐观众　　　　　　　　　　　D. 推广其他直播平台

8. 直播间室内空间面积一般建议为(　　　)，以确保能够完整地展示商品。

　A. 5～10 平方米　　B. 10～40 平方米　　C. 40～80 平方米　　D. 80 平方米以上

9. 室外直播场地选择时，不宜选择过大的场地的原因是(　　　)。

　A. 场地过大容易导致直播设备信号不稳定

　B. 场地过大容易使主播在直播中迷失方向

　C. 场地过大容易浪费主播在行走上的时间

　D. 场地过大容易影响观众的观看体验

10. 直播间背景布置时，使用品牌 Logo 作为背景墙的主要目的是(　　　)。

　A. 增加直播间的美观度

　B. 吸引更多观众进入直播间

C. 突出品牌效应,增强观众对品牌的认知

D. 遮挡直播间后方的杂乱环境

二、多项选择题

1. (   )符合 SMART 原则。

A. "本季度内,通过社交媒体推广增加品牌曝光量至 500 万次"

B. "提高客户满意度"

C. "在未来一年内,将网站日访问量提升至 10 万次"

D. "增强产品包装设计"

E. "下个月内,通过电子邮件营销增加订阅用户 1000 名"

2. 直播六人团队中,(   )与提高直播效果和用户满意度直接相关。

A. 运营和推广岗位　　　　　　　B. 营销和销售岗位

C. 社交媒体运营岗位　　　　　　D. 客户服务岗位

3. (   )需要关注直播数据的收集、管理和分析。

A. 运营和推广岗位　　　　　　　B. 数据分析岗位

C. 视频制作岗位　　　　　　　　D. 社交媒体运营岗位

4. 直播团队中,(   )的工作有助于增加网站流量和提高用户黏性。

A. 社交媒体运营岗位　　　　　　B. 营销和销售岗位

C. 数据分析岗位　　　　　　　　D. 客户服务岗位

5. 主播在直播活动中应遵守(   )。

A. 直播平台的相关规则　　　　　B. 法律、法规和部门规章

C. 道德底线　　　　　　　　　　D. 观众的个人喜好

6. 主播通过(   )建立良好的第一印象。

A. 妆容得体　　　　　　　　　　B. 穿着夸张,吸引眼球

C. 用语礼貌　　　　　　　　　　D. 声音柔和

7. 直播间引流款的特点包括(   )。

A. 强调产品的特点和优势　　　　B. 提供独家优惠和限时抢购

C. 与直播内容相关性弱　　　　　D. 强调购买的便利性和安全性

8. 直播间室内场地的基本要求包括(   )。

A. 隔音效果良好　　　　　　　　B. 室内光线效果好

C. 面积至少为 100 平方米　　　　D. 预留足够的空间放置待播商品和道具

9. 室外直播场地选择时,需要考虑(   )。

A. 天气状况及防范措施　　　　　B. 场地大小适中,避免主播行走浪费时间

C. 直播设备的电源供应　　　　　D. 配置补光灯以应对傍晚或夜间直播

10. 直播间背景布置的原则有(   )。

A. 保持干净、整洁　　　　　　　B. 营造简洁、明亮、舒适的直播环境

C. 使用销售的商品来装饰直播间　D. 随意布置,根据个人喜好

三、判断题

1. SMART 原则中的"R"代表目标必须与现实资源、能力和市场环境等相关联。

(　　)

2. SMART 原则的时限性要求每个目标都必须设定明确的完成时间,以确保目标实现的进度和效率。（　　）

3. 直播六人团队中的营销和销售岗位不仅负责产品销售,还参与供应链管理。（　　）

4. 主播的着装设计应与直播间统一风格,但无须考虑时令时节。（　　）

5. 主播在直播时,使用柔和的声音和做好表情管理都有助于建立良好的第一印象。（　　）

6. 直播间引流款不需要与直播内容有强相关性。（　　）

7. 直播间引流款提供的独家优惠和限时抢购活动是为了增加观众的购买欲望。（　　）

8. 直播间室内高度一般控制在 2.3～2.5 米,主要是为了给顶光灯留下足够的空间。（　　）

9. 室外直播场地越大,越能展示商品的细节和特色。（　　）

10. 直播间补光灯主要是为主播提供额外的光源,增加主播面部亮度,使主播在镜头前看起来更加明亮清晰。（　　）

直播活动策划

直播活动策划是直播营销活动能否达到预期效果的重要前提保障。通过确定直播定位、定制直播方案、制订详细计划来确保直播活动顺利进行,进而提升品牌形象、销售效果和用户体验,最终引导用户转化,对企业品牌建设和营销效果的提升具有重要作用。

➡ 思维导图

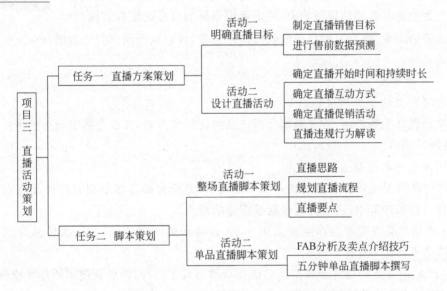

任务一　直播方案策划

直播方案策划是直播运营中至关重要的一环,通过对直播目的、直播内容、直播方式等方面的策划与制定,确保直播活动能有序有效开展,实现更好的推广与营销效果。本任务将介绍直播方案策划的流程与方式。

🐝 学习目标

知识目标:了解直播的具体目标,熟悉提炼直播目标的原则和基本方法;了解直播活动的构成环节及每个环节的具体内容,了解直播活动策划的方法和注意事项。

能力目标:培养对直播目标的分析和提炼能力、对直播活动的整体把控能力,能够独立进行直播活动策划并提出改进措施,通过合理规划直播活动来提升直播间的营销效率和推广效果。

素养目标：树立正确的商业伦理和社会责任观念，培养社会责任感和担当精神。

活动一　明确直播目标

 活动描述

小张团队已经完成了直播商品的选品和排品，为了明确本场直播活动将要达成的营销效果，请结合小组的选品、排品情况，从用户、产品、营销目标多角度出发，分析并提炼出科学、合理及可执行的直播目标。

 知识指南

一、制定直播销售目标

在进行直播方案策划时，直播团队一定要明确直播的目标，例如，希望提高产品销售量，则需要将直播的目标设定为卖货，以吸引粉丝购买商品；希望提高企业知名度和品牌影响力，就需要将直播的目标设定为加深目标

制定直播销售目标

用户对品牌的印象，提升其对品牌的认可度。通常，可以从产品、用户、营销目标三个角度提炼直播的目标。

（一）产品角度

1. 梳理产品的优势和劣势

在策划直播主题之前，需要全面分析产品的优势和劣势，并在直播中着重宣传产品的优势，尽量扬长避短。

2. 提炼出产品的亮点和关键词

直播团队需要提炼出产品的亮点和关键词，在进行直播方案策划时将产品亮点和关键词巧妙植入直播环节中，便于传达给观看直播的用户。

（1）产品的亮点通常会在主播试用分享、直播预热活动、后期的二次传播等环节中体现，如"清爽不油腻""保湿""显白"等。

（2）产品的关键词通常会在主播口播和直播道具上出现，因此直播团队需要提炼出3～5个可以概括产品的关键词，如"新款""连衣裙""防晒霜"等。

3. 推送与产品相关的实用知识和技巧

在直播过程中给用户推送一些与商品相关的实用知识和技巧，使用户产生好感，进而成为商家的粉丝。例如，在直播销售护肤品时，除展示产品、介绍产品用法和功效外，可以向用户介绍专业的护肤知识、化妆技巧，让用户在购物的同时可以学到很多知识，进而会对下次直播内容感兴趣。

（二）用户角度

用户数量直接影响直播的人气，没有人气的直播无法保证营销效果，因此，在策划直播主题时，需要以用户为主，从用户的角度考虑，了解用户的兴趣和需求。

（三）营销目标

企业的营销目标往往不止一个，这些目标不能只靠一场直播便全部实现，需要寻找到各

个营销目标与直播契合的关键点,逐步实现。在分析营销目标时,可以参考 SMART 原则,以确保目标的明确、规范和科学化。

二、进行售前数据预测

1. 需要分析的因素

(1)历史数据:收集并分析关于直播时间、客单价、观众数量等历史数据。

(2)直播主题和内容:选择更能吸引观众的主题和内容,观众人数和观看时间都会增加。

(3)直播时间和时段:一般来说,在观众比较空闲的时候直播,观众人数和观看时间会增加,不同的产品类型适合不同的直播时间段,在合适的时间段开展直播营销,可以提高营销效果。

(4)直播间粉丝数量:粉丝数量直接决定直播间的人气,粉丝数量越多,直播时的观众人数和观看时间也会相应增加。

(5)平台流量:不同直播平台的用户量、用户群体、活跃度、用户在线时间等也会影响直播数据。

(6)产品定价:产品价格决定了许多用户是否会最终决定购买,因此可以通过与市场中其他同类产品的比较来制定价格策略。

2. 预测指标

(1)产品热度:直播前产品热度非常关键,可以通过前几次或前几天销售记录来分析它的受欢迎程度。

(2)售前宣传:可以通过网站、平面广告、社交媒体等途径进行售前宣传,吸引潜在的客户,再通过加入购物车、收藏、预支购买记录等来进行预测。

(3)用户行为数据:通过对产品关键字、流量等因素进行分析,获取更多关于用户行为的数据,然后预测他们的购买概率。

 直播速递

斗鱼用"直播"带动"直播"

 实战训练

名称　分析和提炼直播目标

实训背景　能够运用科学的方法和工具来分析并明确直播目标,掌握对直播目标的分析和提炼能力,是每一位直播策划人员必备的技能,小张作为直播团队的核心策划人员,为了更好地掌握策划技能,组织直播团队针对直播间的选品、排品及人员配置情况来分析和提炼本次直播的可行目标。

实训要求　直播团队成员需要收集并整理直播间相似商品直播的基础数据,然后统计并分析直播时间、主播、商品信息、观众数量等历史数据,再针对前期的直播人员配置、选品,制定本场直播活动的目标。每位成员结合各自岗位职责,记录提炼方法、过程以及具体内容,并提出优化改进办法。

任务分析　只有掌握分析和提炼直播目标的基本方法和工具,才能制定出科学、可行的直播目标,为后期的脚本策划明确方向。在实际工作中要能够收集并分析关于直播间的基础数据,并结合预测指标,准确地进行售前数据预测。

操作要点

(1)整理直播间前期的直播基础数据,然后统计并分析直播时间、主播、商品信息、观众数量、客单价等历史数据,见表3-1。

(2)结合直播选品,分析产品的优势和劣势,提炼产品的亮点和关键词,并从产品热度、产品定价、售前宣传等角度确定本场直播的预测指标,进行售前数据预测。

(3)通过 SMART 原则,结合售前数据预测,为本场直播活动确定科学可行的直播目标,见表3-2。

任务实施　以小组为单位,按照实训要求,参考表3-1所示"抖音平台的一场秋装直播销售活动"的直播目标分析报告,确定本组的直播目标,并对完成情况进行评价,完成表3-2。

表 3-1　直播目标分析报告实例

直播商品	秋装	直播平台	抖音
分析方法	SMART 原则		
具体目标	① 增加秋装直播销售额。 ② 提高品牌在抖音平台上的知名度。 ③ 吸引更多目标受众关注直播间		
可衡量目标	① 增加秋装直播销售额至少 10%。 ② 增加抖音平台上的关注者数量至少 500 人。 ③ 提高直播观看人数至少 20%		
可实现目标	① 制定具体的销售策略,如优惠活动、限时折扣等,以吸引购买者。 ② 制作吸引人的直播内容,如时尚搭配示范、秋季流行趋势分享等,以增加观众参与度。 ③ 加强品牌推广,如与知名博主合作、发布品牌相关的短视频等,以提高知名度		
与其他目标的相关性	① 秋装直播销售活动与当前季节和目标受众的需求密切相关,有利于提高直播间销量。 ② 抖音平台是年轻人常用的社交媒体平台,与目标受众的使用习惯相符,有利于提高直播间关注人数		
时限性	① 一周内完成增加秋装直播销售额至少 10% 的销售目标。 ② 通过 3 次连续直播活动将抖音平台上的关注者数量提高到 500 人以上。 ③ 通过 3 次连续直播活动将直播观看人数提高至少 20%。 ④ 每天监测和评估销售数据和观众反馈,及时调整策略		

表 3-2　任务评价

序　号	评分内容	分　值	得　分
1	直播目标清晰、具体	20	
2	直播目标量化,可考核	20	
3	直播目标客观、合理	20	

续表

序 号	评分内容	分 值	得 分
4	直播目标之间具有关联性	20	
5	直播目标有设定达成时限	20	

活动二 设计直播活动

 活动描述

　　小张团队通过前期的学习与实践已经确定了本场直播的营销目标,请结合前期的直播人员配置、选品及制定的直播目标完成直播活动策划,确定直播的开始和结束时间,规划直播互动和促销方式,规避违规行为。

 知识指南

一、确定直播开始时间和持续时长

（一）确定直播开始时间

确定直播开始时间需要考虑以下几个因素。

（1）观众时间。直播开始时间要考虑观众的时间,通常直播时间在下班之后或周末假期比较适合,这样可以吸引更多的观众收看直播。

（2）产品类型。不同的产品类型可能适合不同的直播时间,例如,美食、娱乐、时尚等都有其适合的直播时间。应根据产品类型选择合适的时间安排。

（3）直播平台。不同的直播平台用户群体和活跃度也会影响直播开始时间的安排。例如,某些平台在晚上人数较多,可以在此时间段进行直播。

（4）行业数据。通过对行业数据的分析,可以发现不同行业在不同时间段的活跃度和热度,从而选定更佳的直播时间。

综合以上因素,可以通过数据分析和市场调研来选择并确定最佳直播开始时间。同时,确定开始时间还要考虑主播的安排情况,与观众的最佳观看时间进行配合,直播间运营者也需要通过以往的经验来做出更优的决策。

（二）确定直播持续时长

1. 根据直播类型确定时长

直播时长一般应该根据不同直播的类型、内容以及受众的接受程度等因素来决定,根据时间长短不同可以将直播分为短直播、中长直播、长直播几种类型。

（1）短直播。短直播一般持续时间在5～20分钟,例如,简短的产品介绍或者快闪式的现场直播,特别适合做爆款预告、产品特别卖点介绍、短暂新品发布等。

（2）中长直播。中长直播一般持续时间在30分钟至1小时,例如,品牌历史介绍、全新产品发布、展示主题活动等。需要有足够的时间与观众互动,回答观众问题,同时向观众展示更多的产品亮点和细节。

（3）长直播。长直播持续时间通常为1小时及以上,例如,大型活动直播,多产品销售。

长直播不仅需要充分准备,还要能够不间断地保持互动以及内容的新鲜度和趣味性。

实际的直播时长还应当根据具体情况进行调整,例如,直播的类型、受众的年龄和兴趣等因素。同时,观众的反馈也是调整直播时长的重要依据,如果观众很少与直播间互动或者长时间不感兴趣,主播应当及时调整直播时间或内容,以保证直播质量。

2. 影响直播持续时长的因素

(1)观众疲劳度。观众在观看直播时会感到疲劳,过长的直播时间可能使他们失去兴趣。因此,直播持续时间要控制在观众容易接受的范围内,通常在 1～2 小时。

(2)直播主题。直播持续时长还需要根据直播主题的复杂度和专业程度进行调整。针对复杂主题或需要较深度讲解的内容,需要增加直播持续时间。

(3)产品类型。不同产品类型对直播持续时长的要求也不同,例如,化妆品、服装等较为简单的产品可以适当缩短直播时间。

(4)主播身体状况。主播在直播过程中需要花费大量精力,如果直播时间过长,会影响主播身体状况和精神状态,因此合理安排直播时长对主播健康和团队效率是非常重要的。

(5)直播平台要求。熟悉平台对于直播时长的要求,在遵守平台规定的同时,根据直播平台的规定,最大化利用平台资源,避免违规行为。

总体而言,直播持续时长的设定应该既能够满足观众的需求,又不会过度消耗主播的精力。可以进行预设计划,包括计划直播时长和实际观看热度的感知反馈,从而找到一个合适的直播持续时间。同时,也要定期评估直播时间和效果,并根据反馈数据对计划进行调整。

二、确定直播互动方式

1. 影响直播互动方式的因素

确定直播互动方式是一个需要全面综合考虑和实践的过程,需要深入挖掘、分析观众需求和不断尝试创新,建立一个系统和精细的互动规划体系。确定直播互动方式应该根据直播的类型和目的、目标受众,以及主播的风格和特点等因素进行综合考虑。

(1)直播类型与目标受众。直播的类型和目的会影响互动方式的选择。例如,在产品展示直播、演讲活动直播中,问答、抽奖、礼物等互动方式,能够增加参与度,加强观众与主播的互动。同时,主播也应考虑目标受众的兴趣点和接受程度,从而确定相应的互动内容和方式。

(2)着重精细策划,确保实现直播目标。对于直播来说,互动是一个强有力的驱动因素。然而,互动设计时也要避免单纯、低俗或过度刻意等行为,如此才能保证直播互动的效果和成果。

(3)以主播风格、特点为基础。打造与主播有关的互动方式,旨在更好地服务于目标受众,同时,也有可能打造出独有的风格及品牌形象。同时,主播的风格和特点也会影响互动方式的选择,因为他们的风格及特点是直播内容所折射出来的结果。

(4)不断改进完善。根据直播效果和观众反馈评价,主播和直播团队可以分析、总结和反思不同的互动方式和策略,发掘不同的互动方式和策略优缺点,并逐渐完善和提升直播质量和效果。

2. 直播互动方式的类型

直播互动是直播的重要环节之一,能够提高观众参与度和用户黏性,直播互动方式的选择应该围绕着保证直播质量和丰富观众体验进行。在直播互动环节的设计中,尽量考虑到观众的兴趣和需要,从而提高参与度和用户留存率。常见的直播互动方式如下。

(1)弹幕互动。观众可以在屏幕上发送弹幕和评论,弹幕可以实时展现给其他观众和主播。弹幕互动方式简单易行,且观众作为群体参与其中,可方便快捷地表达观点。

(2)礼物互动。观众可以在直播过程中向主播赠送虚拟礼物,以支持主播和直播间。礼物的赠送一般会有相应的动画和声音效果,提升直播体验。

(3)问答互动。主播可以在直播过程中向观众提出问题,或者通过短信或其他方式向观众询问意见,以增强互动性。主播还可以回答观众的问题,解答他们的疑惑和提供支持。

(4)抽奖互动。主播可以开展抽奖互动活动,以吸引更多的观众和提高互动性。观众可以通过参与抽奖活动,获得主播提供的奖品和特别礼物。

(5)游戏互动。主播可以通过游戏互动方式,如电竞、观众与主播 PK 等。这种方式可以为观众带来趣味性,从而提升直播活动的吸引力。

三、确定直播促销活动

直播促销活动是直播营销的重要方式之一,可以增加品牌曝光度和品牌知名度,同时通过直播互动吸引新客户,留住老客户。确定直播促销活动需要充分考虑各种因素,如宣传目的、目标受众、品牌特点等,同时需要选择适合的活动类型和策略,充分利用直播互动特点,精心规划活动细节,最大化营销效果。下面是一些常见的直播促销活动方式。

确定直播促销活动

(1)新品发布。直播平台是展示新品及产品特点、功能、使用方法的优质渠道,主播可以借此介绍新品的特点、优势,并通过互动方式建立与观众的联系,提高观众对新品的认知度,激发观众的购买欲望。

(2)促销活动。直播间可以利用限时促销、套餐优惠等方式进行促销。主播可以宣传和介绍促销活动的细节,吸引观众参与并激发其购买意愿,从而实现促销效果。

(3)拉新活动。拉新活动是吸引新观众的重要方式。主播可以通过发布新用户优惠券、送礼等方式,吸引新用户到平台观看直播。同时,主播可以结合内容创造趣味性互动,在直播中宣传品牌和产品,提高品牌知名度和观众参与度。

(4)创意内容互动。主播可以通过创意内容创造趣味性互动,例如,通过一些趣味猜谜、抢答等互动方式,与观众互动并实现宣传热度及促销目标。

(5)礼物、抽奖活动。直播平台的礼物和抽奖活动可以充分激发观众的购买意愿,同时也可以为主播提供渠道赚取奖励。主播可以推出免费礼品,或每购买一定数量的商品即赠送礼品等促销方式,以激励观众参与和促进促销效果。

(6)直播合作。直播合作是品牌打造的重要方式之一。主播可以邀请其他主播、明星、嘉宾参与,增加观众的关注度和认知度。同时,主播可以与其他品牌、机构开展合作活动,提高品牌曝光度和观众转化率。

四、直播违规行为解读

直播平台的规章制度是为了保证直播内容健康、安全和有益,同时也保护直播平台和观众的权益。在直播过程中,直播营销人员必须遵循法律、法规和直播平台的规定,不做违规行为,保障直播平台的健康发展和观众的基本权益,下面是一些常见的直播违规行为。

(1)直播低俗内容。直播内容有违法、暴力、色情、低俗、恶俗等不良信息,会引起社会公众关注和批评,同时也会给社会带来负面影响。直播平台会对此类行为进行查处,如取消主播的直播权限,限制其直播时间等。

(2)直播侵犯他人隐私。直播主播在直播过程中没有得到他人允许就公开他人隐私,如对他人进行偷拍,直播平台会取消其直播权限,并追究相应的法律责任。

(3)直播侵权行为。直播平台要求直播内容不侵犯各种知识产权,如著作权、专利权、商标权等。如果直播主播将他人的原创作品作为自己的直播内容使用,或者未得到授权使用其他品牌商标等,会受到相应的法律制裁和直播平台的处罚。

(4)直播虚假宣传。直播主播不得发布虚假信息,欺骗观众购买产品。如果主播进行虚假宣传以吸引观众,这是违规行为,直播平台会追究其责任并进行相应的处罚。

(5)直播涉及赌博、毒品等违法行为。如果直播主播涉及赌博、毒品等违法犯罪行为,相关机构会追究其责任,直播平台会取消其直播权限,并作报警处理。

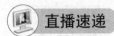

Nike抖音直播综艺秀,这品牌战役不简单

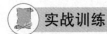

名称　直播活动方案策划

实训背景　直播活动策划是直播营销活动能否达到预期效果的重要前提保障。小张团队策划组负责策划本次直播活动方案,他们围绕前期的直播间人员配置、直播选品、制定的直播目标以及收集的数据,开始策划整场直播活动的构成环节及每个环节的具体内容、执行方法。

实训要求　结合直播营销目标,制定本场直播的开始时间、持续时长、直播互动的方式、直播促销方式,完成本场直播活动方案策划,规避直播活动中可能出现的违规行为,并填写策划表。

任务分析　直播活动方案策划是直播运营中至关重要的一环,只有提前对直播目的、直播内容、直播方式等做好策划,才能确保直播活动有序有效开展。在实际工作中要充分了解直播活动的构成环节及每个环节的具体内容,熟练掌握直播活动策划的方法和注意事项。

操作要点

(1)确定直播活动的主题,如产品发布、促销活动、品牌故事分享等。

(2)选择适合的直播平台,确定直播开始时间和持续时长。根据目标受众的在线时间和活动内容的安排,确定最佳的直播时间和时长,以确保观众的参与度和持续关注。

(3)设计直播活动内容、互动环节及促销活动。根据主题和目标受众,设计吸引人的活动内容,如产品展示、专家访谈、抽奖互动等,以增加观众的参与度和互动性。

(4)准备所需技术设备,安排活动前的准备工作,如宣传材料的制作、设备的测试等,确保具备所需的技术设备和网络环境,以保证直播的流畅和稳定。

（5）制订推广和营销活动计划。制订推广和营销活动的计划，如预热活动、邀请明星嘉宾、合作推广等，以吸引更多观众参与和提高活动的曝光度。

任务实施　以小组为单位，参考表 3-3 所示直播活动方案示例，按照实训要求完成本组的直播活动策划，并对完成情况进行评价，填写表 3-4。

表 3-3　直播活动方案示例

直播概况			
直播日期	9 月 1 日 19：00—21：00	直播平台	抖音
直播主题	美容护肤专场		
直播产品	××洁面乳、××面膜、××保湿水、××精华液、××眼霜、××面霜		
直播人员配备	主播：××　　副播：××　　助播：××　　场控：××　　客服：××		
推品逻辑	根据护肤先后顺序，价格高低穿插，中间设置爆品秒杀，带动直播间气氛		
商品顺序	①洁面乳；②面膜；③保湿水；④眼霜；⑤精华液；⑥面霜		
活动规则	① 开场满送。在线人数满 500/1000/1500 时，分别抽奖免费送面膜 1 盒（19：00—20：00 共 3 次）。 ② 神秘福袋。发放 199/299 两种福袋，限量各 2 个，随机放置超额商品，福袋链接定点上架（19：30—20：10）。 ③ 限时秒杀。限量 1 份洁面乳、1 份保湿水，后台秒杀链接定点上架（20：30）。 ④ 问题解答。解答粉丝问题，讲解售后服务。 ⑤ 下播优惠券。下播后 30 分钟还可领优惠券，之后恢复原价，营造优惠感，后台设置优惠券定时 30 分钟（21：00）		
宣传预热			
时间	提前一周场外预告（8 月 25—31 日）		
预热方式	发布直播预热视频和海报		
渠道	抖音、微博、微信		
物料	短视频、电子海报、直播二维码		

表 3-4　任务评价

序　号	评分内容	分　值	得　分
1	直播活动主题符合营销目标	20	
2	直播内容、互动方式有吸引力	20	
3	直播开始时间、持续时长适宜	20	
4	没有违规行为	20	
5	直播平台选择得当	20	

任务二　脚本策划

直播脚本是一场直播活动能否顺利开展的重要保障，通过对直播思路、流程、要点的梳理和对直播各环节精细布局，运用 FAB 法分析及提炼商品卖点，不断优化直播的全过程，提高直播效率，实现更好的营销与推广效果。本任务将介绍直播脚本策划的方法与内容。

学习目标

知识目标：了解一场完整直播的流程和内容，了解整场直播脚本策划的方法和要点；了解单品直播脚本的构成要素与撰写方法，了解分析商品卖点的方法和商品卖点介绍的技巧。

能力目标：培养对直播脚本的策划能力，能够独立进行直播脚本的撰写，能把控直播节奏，规范直播流程，提升直播间的运营效率和推广效果；能策划与撰写单品直播脚本，能够运用 FAB 法分析和提炼商品卖点，进行单品直播文案的撰写。

素养目标：树立全局意识和社会责任观念，培养社会责任感和担当精神，培养爱国情怀和民族自信心。

活动一 整场直播脚本策划

 活动描述

小张团队通过前期的学习与实践已经完成了直播活动方案策划，请结合直播活动方案，围绕受众需求和产品特点，梳理出整场直播的思路、流程和要点内容，完成可实际开展的整场直播脚本的策划。

知识指南

一、直播思路

整场直播脚本是对整场直播活动的规划和安排，只有做到逻辑合理、思路清晰，才能有助于直播营销人员在直播中控制节奏，保证直播能流畅进行，因此在设计直播脚本前一定要明确直播营销的整体思路。

1. 梳理直播目的

开展直播营销一定要明确主题是什么、目的是什么。是上新、清仓、拉新，还是树立品牌形象？在进行每场直播活动前，直播团队一定要先确定主题和目的。

2. 确定直播时间

直播时间是指从直播开始到结束的整个时间段，不同时间段有不同的特点，直播团队需要根据直播目的确定直播的时间段。表 3-5 所示为不同直播时间段的特点。

表 3-5 不同直播时间段的特点

时 间 段	特 点
6:00—12:00	直播场次少，竞争比较小，属于"圈粉"的一个好时机
12:00—14:00	午间休息时间段，有利于维护粉丝群体
14:00—18:00	学生用户较多，转化率不高
18:00—24:00	用户数量最多，粉丝活跃度最高，是一天中的直播高峰期
24:00—凌晨 3:00	以游戏用户为主，可销售与游戏相关的商品

3. 分配直播人员

在一场直播活动中，往往不只主播一个人，还需要助理、后台、客服人员配合。主播负责引导观众关注、讲解商品、解释活动规则等；助理负责进行现场互动、回复问题、发送优惠信息等；后台、客服则需要配合主播修改商品价格、与粉丝沟通、转化订单等。在分配直播人员时需要考虑以下几个因素。

（1）直播主题。根据直播主题和类型，选择和主题相关性强的人员。例如，如果是产品展示直播，应该选择与产品相关的销售人员或产品经理负责；如果是教育型直播，应该选择有教育背景的人员主持；如果是活动型直播，则需要相应的推广人员。

（2）直播平台。不同的直播平台有不同的用户群体和文化氛围，需要根据直播平台的特点，选择与该平台文化相似的人员进行直播。

（3）直播时间。根据直播时间的长短和直播过程中需要做的各种准备工作，选择有经验的人员负责，例如，具有主持、语言能力或者推广经验的人员，能够有效地掌控直播过程中的各种事务，减少出现失误的可能性。

（4）资源和经费。根据直播时间和预期效果，确定人员的数量，保证直播质量，并投入相关经费和资源。

（5）受众需求。主播必须了解观众的喜好和需求，适时调整直播内容，以达到最好的受众效果。

二、规划直播流程

直播流程就是直播中的各个环节。在规划直播流程时，应该根据直播总时长具体安排各个环节的时长，以及各个环节中不同直播人员的具体负责内容。

规划直播流程

好的直播脚本不仅要体现直播的主题、确定直播时间、明确直播人员的工作内容，还要考虑到直播过程中的具体时间规划，让每个参与人员、道具都能得到充分调配，让整场直播有条不紊、流畅有效地开展。一场完整的直播大致可以分为以下几个流程。

（1）整体策划和准备。确定直播主题和内容、制订直播计划和策略、选择直播平台、确认直播时间和人员等。

（2）直播物资筹备。测试直播设备、准备直播所需物品、设置直播场地、测试网络质量、提供主播需要的稿件和素材等。

（3）直播执行。主播开始直播，根据直播主题和策略，执行之前策划的直播内容，与观众进行互动交流，提供信息和答疑解惑，展示产品和服务等。

（4）直播跟进。直播结束后，还需要及时进行数据分析和直播效果评估，向观众提供后续服务和产品推荐，加强与观众的联系和互动，营造品牌口碑。

三、直播要点

直播是一种实时性较强的传播方式，直播过程中要确保网络质量、设备稳定性、直播内容质量等方面的稳定，这样才能吸引更多的观众，提高观众留存率和提升促销效果。直播过程中需要注意以下要点。

（1）主题明确。直播需要有一个明确的主题或话题，不仅可以吸引观众的兴趣，也有助于主播更好地进行内容创作。

（2）亮点突出。在直播中，可以通过一些特别的亮点来吸引观众，例如，有趣的互动、精彩的表演、重要的嘉宾等。

（3）趣味性强。直播需要有一定的趣味性，才能吸引观众的注意力，并保持他们的观看兴趣。

（4）直播流畅。直播的流畅度对观众的体验影响很大，需要保证网络信号质量和设备性能，以保证直播画面流畅。

（5）互动性强。直播需要考虑观众的互动，可以通过评论、点赞、送礼物等方式来增强互动性，提高观众参与度。

（6）时长适宜。直播时间不宜过长或过短，应根据主题和内容确定适当的时长，并提前做好准备。

（7）预热宣传。直播前需要做好宣传和预热工作，吸引更多的观众参与，并提高观看率。可以通过社交媒体、短视频平台、电商网站等途径进行预热宣传。

（8）物资完备。在直播前需要提前准备好相关的资料、道具等，确保直播活动能够有组织、有条理。

 **直播速递**

产品线上发布会直播怎么做

实战训练

名称 整场直播脚本策划

实训背景 直播脚本是一场直播活动能否顺利开展的重要保障，小张团队已经完成了直播活动方案策划，现在需要通过制订整场直播脚本来优化直播的全过程，提高直播效率，实现更好的营销与推广效果。

实训要求 直播团队成员需要结合直播活动方案，梳理出整场直播的思路、流程和要点内容，通过整场直播脚本的策划对直播各环节进行精细布局，确保直播效果。

任务分析 只有清楚一场完整直播的流程和内容，熟练掌握整场直播脚本策划的方法和要点，才能有效地运用直播脚本来把控直播节奏，规范直播流程，提升直播间的运营效率和推广效果。在实际工作中要能够学习并借鉴关于整场直播脚本的优秀案例，并结合直播活动方案，围绕目标受众的需求及产品卖点制订可行的整场直播脚本，见表3-6。

操作要点

（1）整理直播间前期的直播脚本，从多个直播平台收集优秀直播脚本，梳理出可用于本场直播活动的内容。

（2）通过直播活动方案，明确直播思路和直播要点，规划本场直播的具体流程。

（3）按照直播具体流程，围绕目标受众的需求和特点，设计直播互动与促销活动方式，再结合产品卖点撰写本场直播活动的脚本。

任务实施 以小组为单位,参考表 3-6 所示整场直播脚本示例,按照实训要求完成本组的整场直播脚本撰写,并对完成情况进行评价,填写表 3-7。

表 3-6 整场直播脚本示例

直播时间:19:00—19:50

直播人员:肖肖、小艾、小雨

直播主题:零食囤货节

直播产品:坚果小叶酥 100 克装,花椒锅巴 108 克装

模　块	时　间	时长/分钟	产　品	项　目	内　容
上播开场	19:00—19:05	5	坚果小叶酥,花椒锅巴	开播介绍	自我介绍,介绍本场主题,以及产品简洁介绍和粉丝打招呼拉近距离,引导粉丝关注直播间
				商品预告	本场商品的预告,将所有商品快速介绍一遍,不做过多停留,激发粉丝兴趣
				互动设计	主题互动/营造紧迫感/与粉丝问答互动/抽奖活动
产品推荐1	19:06—19:16	10	坚果小叶酥	产品展示	产品名称,配料,口味,商品外包装拆开的样子或有内部包装,独立包装
				明确买家	零食爱好者,3岁以上儿童,办公休闲零食,学生解馋小零食,追剧休闲小零食
				买点讲解	这款小叶酥外包装精致玲珑很讨喜,全部是独立包装,不怕漏气,成分非常安全,都是采用高品质的黄油与进口果仁,在享受美食的同时吃得放心,一口咬下去真的超级脆,满口充斥着果仁香与甜味,吃几块都不会腻。两种口味:原味和芝麻小叶酥的外形很美观,像一叶扁舟,包装颜值很高,每一个都是独立包装,再也不用担心食物开封后氧化以及变软,还能随心外带,上班上学来不及吃早餐的时候拿上边走边吃,非常方便
				验证展示	近景展示并说明配料表以及外包装,强调配料的安全优质,拆开商品让粉丝实打实地看,通过试吃声音来展示商品酥脆的口感,分享商品的口味
				场景还原	直播间设置绿幕背景,使用直播伴侣软件进行场景图替换
				直播促销	平时价格23.9元/盒,直播间专享价23.9元/2盒。点击直播间的商品链接拍下才可以享受此价格
				下单操作	点击下面的小黄车,再点击直播间的商品链接拍下就可以享受优惠价
互动串讲	解答粉丝提出的问题,引导观众关注直播间,给主播点赞(4分钟)				

续表

模　块	时　间	时长/分钟	产　品	项　目	内　　容
产品推荐2	19:20—19:30	10	花椒锅巴	产品展示	产品名称、配料、口味、商品外包装拆开的样子或有内部包装
				明确买家	追剧休闲小零食,零食爱好者,办公休闲零食,教室解馋小零食
				买点讲解	① 酥脆美味,浓郁米香,口口香脆,轻松享受。 ② 开袋即食,独立包装,旅行、上班方便好携带。 ③ 清脆爆香,精选优质农家大米,0添加更健康,酥脆香甜舌尖休闲,多种口味。 ④ 地道传统工艺,唤醒儿时美味回忆
				验证展示	近景展示并说明配料表以及外包装,强调配料的安全优质,拆开商品让粉丝实打实地看,通过试吃声音来展示商品酥脆的口感,分享商品的口味
				场景还原	直播间设置绿幕背景,使用直播伴侣软件进行场景图替换
				直播促销	日常价19.8元/2包,直播专享优惠价19.8元/5包,36.9元/10包
				下单操作	点击页面下方的小黄车,再点击直播间的商品链接拍下就可以享受优惠价
返场演绎	19:32—19:42	10	坚果小叶酥、花椒锅巴	人气返场	快速介绍两款商品,粉丝喜欢的商品再详细介绍。还有库存商品,活动价格再次上架,加强和粉丝互动
下播预告	19:45—19:50	5		售后说明	圆通快递,一般地区发货后1天到达,偏远地区2~3天。 ① 食品不适合7天无理由退货。 ② 收到产品后请检查包装是否完好,如有损坏,请将问题产品与快递单一起拍照于24小时内联系客服进行赔付
				引流关注	解答粉丝的问题,引导关注直播间,引导顾客下单,营造紧迫感
				下场预告	预告下一场直播时间和直播产品信息

表3-7　任务评价

序　号	评分内容	分　值	得　分
1	直播流程逻辑清晰	20	
2	直播环节紧凑、衔接自然	20	
3	直播促销活动有效合理	20	
4	直播互动方式有吸引力	20	
5	引导用户关注直播间,并预告下场直播活动	20	

活动二　单品直播脚本策划

活动描述

小张团队已经完成了对整场直播活动的规划和安排,请运用FAB法则分析并提炼出商品卖点,针对每个卖点制订营销话术,并按照直播活动的规划和要求完成单品直播脚本的撰写。

知识指南

一、FAB分析及卖点介绍技巧

FAB分析及卖点
介绍技巧

FAB法则是一种销售技巧,它是指通过强调产品或服务的特性、优点并将其转化为客户的利益来进行销售的过程。通过使用FAB法则,直播营销人员能够更加清晰地向客户传达产品或服务的价值,从而更有效地吸引客户并提高销售成功率。

（一）应用FAB法则挖掘商品卖点

通过应用FAB法则,直播团队可以更好地挖掘出商品的特点和优势,并向客户展示产品给他们带来的利益和价值,针对具体的商品做出具体分析和转化,以达到最好的销售效果。

首先,直播团队需要熟知商品的特性,包括商品的外观、尺寸、材质、功能等。

其次,直播团队需要思考每个特性的优点,即这些特性如何能够让商品在市场上脱颖而出。例如,全棉材质服装的优点可以是舒适、透气、亲肤等。

最后,直播团队需要将商品优点转化为客户的利益,即告诉客户为什么他们应该选择这个商品。例如,优质皮革制作的商品可以让客户拥有长期的投资价值和高品位的审美体验,而且由于材质优质,使用寿命也更长,能够省去更换的麻烦和成本。

（二）介绍产品卖点的技巧

商品展示和介绍是直播中最重要、最关键的一环,在讲解商品时,直播团队需要提前设计好一定的话术,尽可能引导用户产生购买行为。可从以下几个方面呈现商品的亮点。

1. 遵循FAB法则介绍商品

主播在进行商品讲解时,可以按照FAB法则找出用户最感兴趣的商品特征,分析这一特征所产生的优点,找出这一优点能够带给用户的利益,最后提出证据。通过这四个关键环节巧妙地介绍商品信息,解答消费诉求,从而提高用户的满意度,最终促使用户下单。

（1）F（features,特征）。特征是指产品的特质、特性等最基本的功能,以及它是如何用来满足各种需要的。例如,从产品名称、产地、材料、工艺定位、特性等方面深刻去挖掘这个产品的内在属性,找到差异点。

（2）A（advantages,优点）。优点就是F所列的商品特性的具体功能,是要向顾客证明购买的理由。同类产品相比较,列出比较优势,或列出这个产品独特的地方,可以直接、间接去阐述,例如,更管用、更高档、更温馨、更保险等。

（3）B（benefits，利益）。利益就是 A 所列的商品优势能带给顾客的好处。利益推销已成为推销的主流理念，一切以顾客利益为中心，通过强调顾客得到的利益、好处激发顾客的购买欲望。这个实际上是右脑销售法则特别强调的，用众多的形象词语来帮助消费者虚拟体验这个产品。

2. 突出商品细节

在直播营销中，用户无法直接接触商品，主播在介绍、展示商品时，需要对用户关心的细节，如材质细节、做工细节等进行近距离展示和详细讲解，让用户可以真正地看到这些细节。为了在直播过程中更准确地介绍商品的细节，主播在直播前需要详细了解商品的细节、优势，然后在讲解细节的过程中近距离将这些细节展现给用户，提高用户对商品的好感度。

3. 运用对比，突出自身优势

在讲解商品信息时，主播要善于运用对比的方法，突出商品优势，增加商品在用户心中的价值。商品对比一般有横向对比和纵向对比两种方法。

（1）横向对比是指对同类的两个或两个以上的事物进行的比较。例如，美妆产品的横向对比就是把自己推荐的商品与市场的同类商品进行使用功效、优惠力度等方面的对比，突出自身的优势。

（2）纵向对比是指对一个事物的历史、现状，乃至未来进行的比较。例如，重点介绍目前推荐的新款手机与老款手机在拍摄像素、电池续航能力、使用性能等方面进行的升级优化。

4. 放大卖点，吸引用户关注

卖点是指让用户产生购买欲望的诱因。直播中，主播作为商品的代言人，需要通过简练生动的语言来突显商品的卖点。关于商品的卖点，主播可以根据商品实际和用户提问来确定。例如，用户问"这款饼干含不含蔗糖""糖尿病患者能不能吃"等问题时，主播应该知道对于这些用户来说，卖点就是商品原材料天然、无添加。因此在介绍商品时，应该强调其配料安全、"0 蔗糖"，有品质保障。

二、五分钟单品直播脚本撰写

1. 单品直播脚本概述

单品直播脚本是以单个商品为单位，主要是针对某个产品进行推销和宣传的脚本，介绍商品的卖点、品牌、优惠方式等。

2. 单品直播脚本的构成要素

每个产品或服务都有其独有的特点和目标，所以制订一个符合产品或服务的单品直播脚本是非常必要的。单品直播脚本通常会设计成表格形式，将品牌介绍、商品卖点、利益点、直播时的注意事项等内容呈现出来，大致包括以下几个部分。

（1）开播介绍。介绍主播、直播主题和直播产品，吸引观众的注意力。

（2）产品核心信息。介绍产品或服务的核心功能、特点、优势等，重点突出产品或服务的卖点，以及为何要选择此产品或服务，引导观众对该产品产生兴趣。

（3）产品展示信息。展示产品的实物或使用效果，让观众可以更直观地了解产品，激发其购买意愿。

（4）疑问解答。针对观众可能存在的问题或疑问进行解答，增强观众对产品的信心。

（5）促销策略。介绍促销活动、价格优惠、赠品等促销策略，进一步吸引观众，触发购买欲望。

（6）互动环节。设置一些有趣的互动环节,吸引观众参与互动,例如问答、抽奖等。

（7）结语和推荐。回顾整个直播内容,感谢观众的参与和支持,并推荐其他相关产品或服务。

在实际操作中,需要根据产品类型和直播平台,制订不同的单品直播脚本,并进行多次测试和优化。同时,也要注意直播中的语言表达方式和情绪控制,以保证直播效果的达成。

3.单品直播文案的撰写

单品直播文案的撰写要以目标受众需求为中心,突出产品功能、效果和优点,通常包含以下几个部分。

（1）标题。引起目标受众兴趣的标题是直播成功的第一步。应该结合产品特点和目标受众需求,取一个简洁醒目的标题。例如,"××美颜仪:美妆界的黑科技""护眼宝:让你告别视疲劳"等。

（2）引言。引言需要简单介绍今天要推介的产品,概括性介绍产品特点,简洁明了地说明产品的优势和功能。

（3）产品说明。对产品进行详细的描述,介绍其功能和优势。应该根据目标受众的需求合理安排内容的结构,例如,把产品功能、使用方法及说明、优点特点的说明、与竞争品牌的比较分析等方面进行分段展示。

（4）使用演示。参考目标受众的需求,可以演示产品的使用流程、使用效果图和操作方式的视频。演示需要真实展现产品的优势,不要过度渲染。将功能和效果演示得清楚生动,便于目标受众理解。

（5）促销与奖励。为了促进目标受众在线下单购买,可以针对目标受众需求出具推广方案,例如,折扣与奖励、优惠券或十分卖力地点出"现在下单还有机会获得精美礼品"等。

（6）结语。结尾需要感谢目标受众,并重复提醒他们在直播结束后可以在购买页直接下单。同时鼓励目标受众积极留言、评论,多听取他们的意见和建议,为之后更好地直播提供依据。

彩妆类单品直播脚本示例见表3-8、表3-9。

表3-8 单品直播脚本示例:彩妆类（腮红）

参考结构	创造需求＋卖点介绍＋现场试用1＋效果展示1＋现场试用2＋效果展示2＋福利活动
示例展示	产品:液体腮红 话术: 口红是刚需,而腮红是整个妆面的灵魂。（创造需求） 所以,接下来我要给你们疯狂安利这款液体腮红,不管怎么涂都不会出现高原红,超级无敌水润。（卖点介绍） 直接拿这个小蘑菇点涂在脸上,然后用手指拍开就好。（现场试用1） 来,给你们看一下上脸效果,如果皮肤比较白的姐妹可以用1号迷雾玫瑰、2号假日奶茶、4号微醺甜酒,都非常百搭,绝对不出错。（效果展示1） 然后我在上脸另一个色号给你们看看效果,喜欢日系少女妆容的,可以选择蜂蜜罐头,这款是我的最爱,超级有元气,对黄皮非常友好。（现场试用2） 看一下,是不是立马气色就提升了。（效果展示2） 接下来,给大家上福利了,从评论区抽4位幸运儿,送正装腮红一份。（福利活动）

表 3-9　单品直播脚本示例：彩妆类（口红）

参考结构	引入产品＋产品展示＋现场试用＋效果展示＋销售促单
示例展示	产品：小金砖口红 话术： 三支美到不能呼吸的口红，任何肤色都可以闭眼入。（引入产品） 第一款热卖 52 号色（女明星同款），颜色绝美，壳子是星星图案，膏体上也有星星压纹（近景展示）。（产品展示） 上嘴很丝滑，涂出来是蜜糖奶茶色。（现场试用＋效果展示） 第二款是只要 50 元的泰国小众口红，看它的使用程度就知道我有多爱了。（引入产品＋产品展示） 上嘴是红棕调，巨巨巨显白，不挑肤色，质地非常丝滑（涂在手背上展示），哑光但绝不拔干。50 元买不了吃亏！买不了上当！你就可以拥有一支超级显白又好用的口红。（现场试用＋效果展示） 第三款是国货，今天的颜值担当就是它了。（引入产品） 看这个螺旋纹的膏体，现在的国货都这么拼的吗？上嘴是蓝调正红色，非常顺滑，显色度高，超级显白，这个颜色太好看了！（现场试用＋效果展示） 对于这三款口红，我只能说千万不要错过，买它！（销售促单）

 **直播速递**

老牌国货品牌通过直播电商实现"起死回生"

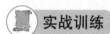 **实战训练**

名称　撰写单品直播脚本

实训背景　本场直播活动将销售多款商品，为了确保能有较好的销量，小张团队现需要结合整场直播脚本，分析每一款商品的卖点，制订销售话术，并将各要素按照结构要求整合，撰写出单品直播脚本。

实训要求　运用 FAB 法则分析和提炼商品卖点，针对每个卖点制订营销话术，并按照直播活动的规划和要求完成单品直播脚本的撰写。

任务分析　只有充分了解单品直播脚本的构成要素与撰写方法，掌握分析商品卖点的方法和商品卖点介绍的技巧，才能制订出切实可行的单品直播脚本，提升直播销售效果。在实际工作中可学习和借鉴优秀主播直播间的单品介绍方法和技巧，见表 3-10。

操作要点

（1）运用 FAB 法则分析和提炼商品卖点，如商品的外观、尺寸、材质、功能等。

（2）结合提炼出的商品卖点，运用介绍产品卖点的技巧，设计销售话术，放大卖点，吸引用户关注。

（3）参照单品直播脚本的构成要素，以目标受众需求为中心，突出产品功能、效果和优点，撰写单品直播脚本。

任务实施　以小组为单位，按照实训要求，参考表 3-10 所示"雅诗兰黛小棕瓶精华"的单品直播脚本示例,撰写本组的单品直播脚本。并对完成情况进行评价,完成表 3-11。

表 3-10　"雅诗兰黛小棕瓶精华"的单品直播脚本示例

目　标	宣　传　点	具　体　内　容
卖点	抗氧化、维稳、保湿	36 项专利加持,8 小时抗氧化,72 小时保湿,3 周淡纹
利益点	买送优惠	买 50 毫升送 45 毫升
品牌背书	赢得信任	国际大品牌,40 年老产品,深受用户喜爱
产品体验	主播、助理试用	滴管设计,既方便取用,又干净卫生。无油配方,质地比较清透,上脸清爽不黏腻,吸收非常快速,肤感很舒服,用完后明显感觉皮肤润润的。里面的二裂酵母成分主打抚纹抗老,律波肽可以激活夜间修复,玻尿酸可以使肌肤深层润泽,是一款全能型产品
利益点强调	买送优惠	买 50 毫升送 45 毫升
引导转化	强调优惠力度	买 50 毫升送 45 毫升,相当于买一送一
注意事项		① 直播界面显示"关注"卡片、购物车图片链接。 ② 引导粉丝关注、分享直播间,点赞。 ③ 强调优惠,促进粉丝下单。 ④ 引导观众加入粉丝群

表 3-11　任务评价

序　号	评　分　内　容	分　值	得　分
1	脚本的构成要素完整	20	
2	商品卖点提炼准确	20	
3	对商品卖点的介绍有吸引力	20	
4	销售话术合理有效	20	
5	有效进行了引导转化	20	

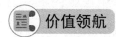
价值领航

习近平点赞柞水木耳"史上最强带货"红遍全网

思考与讨论:

(1) 文中提到"新业态,要结合实际用起来!只要思维活起来,对新业态、新操作因地制宜用起来,一定能找到新的增长点",你认为在当前的电商环境中,农村电商还能找到哪些增长点?

(2) 结合文中提到的"必须用好新业态,主动作为,让田野更有希望,让乡亲更有盼头",谈谈如何将"新业态"应用于乡村振兴。

赛教融合——技能竞赛大比拼

直播活动策划是全国职业院校技能大赛直播电商赛项的竞赛内容,竞赛规程中要求直播团队能够根据直播推广策略,进行直播选品和定价,规划推广资金,撰写脚本,策划直播主题和互动方案,进行直播广告投放,提升直播间流量。同时根据直播活动方案,搭建直播间并对直播间进行装修,完成直播商品上架、优惠券等活动设置。根据直播脚本、商品销售话术进行直播,直播过程中与直播间观众积极互动,把控直播节奏,活跃直播间氛围。

大赛中直播策划部分的得分要点:直播主题及时间策划合理 2 分;直播互动内容设计合理 3 分;直播脚本逻辑清晰且有创意 8 分;直播间欢迎语准确 1 分;直播间屏蔽词设置准确 1 分;直播间快捷短语设置准确 1 分。

直播策划可以从以下两个方面进行。

1. 方案策划

直播方案策划是直播运营中至关重要的一环,通过对直播目的、直播内容、直播方式等方面的策划与制定,确保直播活动有序有效开展,提高直播效果,实现更好的推广与营销效果。

2. 脚本设计

直播脚本包括:直播开场环节,主动向直播间用户问好,自我介绍,预告直播主题及亮点活动等,完成直播开场预热;在商品销售环节,以问题情境引入、热点引入等方式自然地引入直播商品,介绍商品属性及卖点,并配合商品细节展示,通过商品日常价格与直播价格的对比,突出促销活动的吸引力,商品上架后,及时引导用户购买;在直播收尾环节,结合直播销售情况,完成引导用户关注直播间、致谢等,提升商品销售量、粉丝数量等指标数值。

书证融通——证书考点大揭秘

对接《互联网营销师国家职业技能标准(2021 年版)》对应等级技能要求见表 3-12。

表 3-12　对接《互联网营销师国家职业技能标准(2021 年版)》对应等级技能要求

工　种	工作内容	工种等级	技能要求
选品员、视频创推员、直播销售员、平台管理员	2.1 营销策划	二级	2.1.1 能制订主题直播间搭建方案
	2.2 直播规划	二级	2.2.1 能制订直播销售周期目标
			2.2.2 能建立规范的直播销售流程
	3.2 营销卖点分析	五级	3.2.1 能汇总产品的优缺点
			3.2.2 能根据产品特点编写产品介绍
	3.2 确定营销卖点	四级	3.2.2 能结合自身营销定位编写产品的营销话术
	3.1 竞品比对	三级	3.1.2 能比对产品与竞品之间的功能差异
	4.1 直播预演	五级	4.1.1 能将产品特性整理成直播脚本
			4.1.2 能根据脚本和方案进行直播彩排
		四级	4.1.1 能编写团队协作的直播脚本
		三级	4.1.1 能组织团队进行直播预演

注:该表内容来源于《互联网营销师国家职业技能标准(2021 年版)》第三部分工作要求。

过关秘籍:直播活动的有序有效开展,提高直播效果,实现更好的推广和营销效果,需要对直播目的、内容、方式等方面进行策划和制订。在直播开场环节,需要向用户问好、自我介绍、预告直播主题和亮点活动等,以完成开场预热;在商品销售环节,需要以问题情境和热点等方式自然地引入直播商品,介绍商品属性和卖点,并配合商品细节展示,通过日常价格与直播价格的对比,突出促销活动的吸引力,及时引导用户购买;在直播收尾环节,需要结合销售情况,引导用户关注直播间、致谢等,以提升商品销售量和粉丝数量等指标数值。

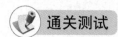 **通关测试**

一、单项选择题

1.(　　)是指要用具体的语言清楚地表明要达到的目标,营销目标要切中特定的指标,不能笼统、不清晰。

　　A. 可衡量性　　　　B. 可实现性　　　　C. 具体性　　　　D. 时限性

2.(　　)是指营销目标应该是量化的或者是行为化的。

　　A. 可实现性　　　　B. 可衡量性　　　　C. 具体性　　　　D. 时限性

3. 确定直播目标时候,需要充分考虑(　　)。

　　A. 直播内容　　　　B. 直播时间　　　　C. 观众需求　　　　D. 所在地区

4. 确定直播开始时间需要考虑(　　)。

　　A. 主播工作安排　　　　　　　B. 观众时间和直播平台

　　C. 产品库存　　　　　　　　　D. 产品价格

5. 在实际直播过程中,影响直播时长的因素不包括(　　)。

　　A. 直播的类型　　　　　　　　B. 直播的内容

　　C. 主播的出场费用　　　　　　D. 观众的接受程度

6.(　　)是整场直播脚本策划的主要目标。

　　A. 增加品牌曝光度　　　　　　B. 提升产品知名度

　　C. 美化品牌形象　　　　　　　D. 提升商品销售

7. 在12:00—14:00午间休息时间段开展直播营销有利于(　　)。

　　A. 圈粉　　　　　　　　　　　B. 提高直播效果

　　C. 维护粉丝群体　　　　　　　D. 显著提升销量

8. 在直播营销活动中,主播负责(　　)。

　　A. 现场互动、回复问题、发送优惠信息

　　B. 修改商品价格、与粉丝沟通、转化订单

　　C. 引导关注、讲解商品、解释活动规则

　　D. 协调、管理和控制整个直播现场

9. 单品直播在策划过程中最应该重视(　　)环节。

　　A. 产品展示　　　　　　　　　B. 观众调研

　　C. 评论和互动　　　　　　　　D. 主播把控

10. 单品直播脚本策划的初衷是(　　)。

　　A. 增加品牌曝光度　　　　　　B. 对于产品进行全面的展示

　　C. 提高销售转化率　　　　　　D. 抢占市场份额

二、多项选择题

1. 直播团队可以从(　　)等角度去分析和提炼直播目标。

　　　A. 用户　　　　　　　　B. 营销目标　　　　　C. 产品　　　　　D. 商家

2. 直播团队在进行直播售前数据预测时需要分析（　　）等因素。

　　A. 历史数据　　　　　　　　　　　　　B. 直播主题和内容

　　C. 直播时间和时段　　　　　　　　　　D. 直播间粉丝数量

3. 在直播过程中，评价观众互动环节好的指标有（　　）。

　　A. 吸引观众留在直播间　　　　　　　　B. 体验到直播互动的乐趣

　　C. 感受到品牌的亲和力　　　　　　　　D. 有可能投入购买

4. 根据时间长短不同可以将直播分为（　　）。

　　A. 短直播　　　　　B. 中长直播　　　　C. 长直播　　　　D. 超长直播

5. 影响直播持续时长的因素有（　　）。

　　A. 观众　　　　　　B. 主题　　　　　　C. 产品类型　　　　D. 直播平台要求

6. 整场直播脚本策划中需要注意的内容有（　　）。

　　A. 直播场地　　　　B. 直播设备　　　　C. 主播形象　　　　D. 主题风格

7. 直播活动的策划应该包括（　　）等内容。

　　A. 直播主题　　　　B. 直播目标　　　　C. 直播主播　　　　D. 直播时间

8. FAB 法则是一种销售技巧，它是指通过强调产品或服务的（　　）并将其转化为客户
的利益来进行销售的过程。

　　A. 特性　　　　　　B. 优势　　　　　　C. 亮点　　　　　　D. 功能

9. 直播销售中，（　　）等方式可以有效提高客户转化率。

　　A. 返现　　　　　　B. 特惠秒杀　　　　C. 满减　　　　　　D. 互动点赞

10. 在单品直播脚本中，可以通过（　　）等技巧来呈现产品的卖点。

　　A. 突出商品细节　　　　　　　　　　　B. 运用对比，突出自身优势

　　C. 通过优惠的价格吸引客户　　　　　　D. 放大卖点，吸引用户关注

三、判断题

1. 直播目标的确定是直播活动成功的基本保证。　　　　　　　　　　　　　　（　　）

2. 直播目标中多个方面的目标可以并列设置。　　　　　　　　　　　　　　　（　　）

3. 直播活动可以不考虑直播平台的选择。　　　　　　　　　　　　　　　　　（　　）

4. 直播活动中应该尽可能地安排主播的时间，以保证直播的质量。　　　　　　（　　）

5. 在直播过程中，直播营销人员必须遵循法律、法规和直播平台的规定，不做违规行
为，保障直播平台的健康发展和观众的基本权益。　　　　　　　　　　　　　　（　　）

6. 直播过程中，需要反复提问观众是否购买产品来促进销售。　　　　　　　　（　　）

7. 直播过程中，要尽量多地加入各种小游戏，丰富互动氛围。　　　　　　　　（　　）

8. 应用 FAB 法则分析商品卖点，直播团队只需要熟知商品的优点即可。　　　（　　）

9. 互动直播脚本通常会设计成表格形式，将品牌介绍、商品卖点、利益点、直播时的注
意事项等内容呈现出来。　　　　　　　　　　　　　　　　　　　　　　　　　（　　）

10. 在直播销售中，为了留住粉丝，可以策划抽奖、抢红包等互动环节。　　　（　　）

直播引流推广

直播引流,即通过直播平台吸引并引导目标用户进入直播间,利用创意内容、实时互动及促销策略等手段提升品牌曝光度、用户活跃度与促进销售。直播引流能够迅速聚集大量潜在消费者,建立品牌与消费者之间的直接联系,增强用户参与感和信任度,从而有效推动产品销售和扩大市场份额。直播引流是适应数字化时代营销趋势、提升品牌竞争力和市场响应速度的关键策略之一。

思维导图

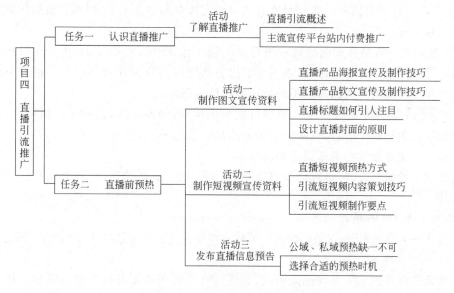

任务一　认识直播推广

随着互联网技术的发展和普及,越来越多的消费者选择在线购物,如何吸引这些消费者并引导他们进入自己的电铺进行购买,是每一个电商企业都需要面对的问题。而直播引流推广就是解决这　问题的有效手段之一。

学习目标

知识目标:了解直播引流的定义和形式以及主流(抖音平台、快手平台、淘宝平台)站内付费推广操作步骤和特性。

能力目标：了解三大主流直播平台的付费推广工作原理并且掌握多媒介传播计划。

素养目标：树立正确的商业伦理和社会责任观念，培养担当精神、爱国情怀和民族自信心。

活动　了解直播推广

 活动描述

小张团队已经完成了直播活动的策划，请小组成员结合整场直播策划，制定付费推广方案。

 知识指南

一、直播引流概述

引流是指通过吸引潜在的流量，使用户知晓并进入直播间。直播电商引流是一种有效的手段，可以提升主播、直播间和商品的曝光率，从而促进商品的销售。

（一）直播引流的形式

直播电商的引流是指通过多种方法，引导用户进入直播间，以增加观看人数。按照引流时间的不同，可以分为直播前引流、直播中引流和直播后引流三种形式。

（1）直播前引流是在直播活动开始前的预热和推广。直播团队会通过多种渠道预告直播，以吸引用户进入直播间。这种引流方式对于直播电商非常重要，因为它直接影响直播间的销售额和人气。

（2）直播中引流是在直播过程中进行的引流工作，例如，利用红包、优惠券、抽奖活动、促销活动等引导用户分享直播间，或引导新进直播间的用户关注直播间等。这种引流方式在很大程度上能解决直播间人气不足或流量降低的问题。

（3）直播后引流是在直播结束后进行的引流工作，例如，剪辑直播中的精彩片段，并制作成短视频发布到各个平台，以吸引更多的用户关注直播间，激发用户的观看兴趣，从而为直播间和下一次直播活动带来更多的流量。

通过这三种引流方式，可以增加直播间的观看人数，提高销售额，并为用户提供更好的购物体验。

（二）直播引流的模式

根据流量来源的不同，直播电商的引流模式可以分为公域流量模式和私域流量模式两种。

1. 公域流量模式

公域流量模式也称为平台流量模式，是指所有直播团队都可以获取的流量。这种模式主要吸引的是平台内的流量，直播团队可以通过优化搜索、参与活动、付费推广以及开展促销活动等方式来获得流量。下面是公域流量模式的优劣势。

（1）优势。在公域流量模式下，受众面比较广，直播团队可以将直播信息快速发送给更多的潜在目标用户，这有助于加深主播、直播间及商品在用户心中的印象。

（2）劣势。在公域流量模式下，直播团队不享有流量的支配权，需要依靠平台获取流量。另外，如果直播团队想要获取更多的流量，可能还需要进行付费推广，因此需要付出比较高的成本。

2. 私域流量模式

私域流量模式与公域流量模式不同，它是直播团队自主经营管理的流量，例如，个人直播间的流量、个人微信号的流量、自建微信公众号的流量、社群的流量、自建 App 的流量等。私域流量的主要特征是流量可控、直达用户。下面是私域流量模式的优劣势。

（1）优势。私域流量模式的引流成本比公域流量模式低，并且可以将直播信息直接发送给目标用户群体。另外，私域流量模式下，直播团队可以更便捷地采取措施拉近与用户之间的距离，和用户建立情感联系。

（2）劣势。当私域流量模式中的用户或粉丝数量较多时，可能会出现不便于管理的情况。因此，私域流量模式对直播团队的运营能力要求更高。

大多数直播团队会根据公域流量模式和私域流量模式的优劣势，组合使用两种模式进行引流。

二、主流宣传平台站内付费推广

（一）抖音直播付费推广

如果抖音直播间的人气不高，主播可以付费使用"DOU＋直播上热门"功能，该功能可以助力直播间迅速上热门，增加直播商品的曝光率。

主流宣传平台
站内付费推广

投放"DOU＋"时，既可以选择在开播前投放预热视频，也可以在直播过程中根据实时数据选择定向投放。

如果在开播前投放，则点击开始直播页面右侧的"DOU＋上热门"按钮（图 4-1）选择下单金额、"加热"方式、期待曝光时长等维度，支付对应金额之后即开始投放，如图 4-2 所示。

图 4-1　DOU 界面

图 4-2　投放金额

如果在直播过程中投放，则点击直播页面右下角的"…"按钮，选择"DOU＋直播上热门"按钮，选择维度后支付对应金额即可投放。

想要高效地投放"DOU＋"，主播要注意以下几点。

1. 明确投放目的,精准投放

在投放"DOU+"前,主播需要明确投放目的是"涨粉"还是"带货"。只有在明确了目的之后,才能选择合适的维度并分析如何投放。投放"DOU+"主要是为了提升用户进入直播间后的互动数据。数据维度包括:为直播间"涨粉"、提高直播间人气,以及给用户"种草"与用户互动。需要注意的是,给用户"种草"这个维度只在带货直播中出现。

2. 直接"加热"直播间

提升直播间的热度有两种方式:直接"加热"和选择视频"加热"。为了提高用户留存率,建议主播采用直接"加热"直播间的方式。加热直播间的位置在"DOU+"网页版官方,点击右上角"去上热门"后,选择期望提升目标、加热视频、加热方式,进行支付。因为这种方式会限制用户进行上滑操作,只有点击"关闭"按钮才能离开直播间 。

(二)快手直播付费推广

在快手平台直播时,如果直播间的人气不高,也可以进行付费推广。快手的直播推广功能于 2019 年 11 月开通,主播在开播前点击小火苗,并设置参数(期望增加观众人数和每位观众推广费)后即可开启推广,如图 4-3 所示。

图 4-3　设置参数

值得注意的是,"期望增加观众人数"是推广可能引入的最多观众数量,但实际上观众数可能会比预计数量要少,所以主播要适当降低心理期待。

快手直播的每位观众推广费为 1 快币,即 0.1 元,主播在选择想要获取的人数后,就可以看到支付成本。主播的出价越高,观众数量就越多,引人速度也就越快,所以在直播高峰期可以适当调高出价,以快速提升直播间的人气值。

快手直播推广的付费方式为点击成本(CPC),按照点击进入直播间的人数扣费,每位观众多次点击只扣除一次费用。

当然,如果自己的粉丝非常多,可以在直播前将直播信息推广给粉丝,对本次直播进行预热。主播可以拍摄一条预热短视频,详细说明直播的时间和直播主题,并在直播前为该短视频购买"推广给粉丝"功能,这条短视频就会出现在粉丝关注页的第一位,从而增加了被看到的概率。为了进一步增加被粉丝看到的概率,主播在开播时,要开启"开始直播"页面的"开播时通知粉丝"功能。

如果主播的粉丝不多,可以在直播前1～2小时使用"推广给更多人"功能,将预热短视频推广给更多的潜在粉丝,为直播间增加人气的同时,还可以顺便"涨粉"。

（三）淘宝直播付费推广

淘宝直播付费推广主要采用超级推荐。超级推荐是在手机端淘宝 App 的"猜你喜欢"等推荐场景中穿插原生形式信息的信息流推广商品,基于阿里巴巴大数据推荐算法,赋能全方位定向体系,从商品、店铺、类目、内容、粉丝等多维度帮助商家精准地找到潜在的消费者。

直播推广是超级推荐的一项功能,通过直播推广,直播间可以被推送到"猜你喜欢""微淘"和"直播广场"资源位,实现对直播间的"引流"。超级推荐的主要付费方式为 CPC,即每产生一次点击所花费的成本。也就是说,只要不点击就不扣费。这一付费方式的优势在于成本可控。

"猜你喜欢"资源位主要拥有的流量是公域流量,可以覆盖大量潜在用户,流量较大,非常适合为直播间"引流""拉新"等,发布"猜你喜欢"视频操作,如图 4-4 所示。

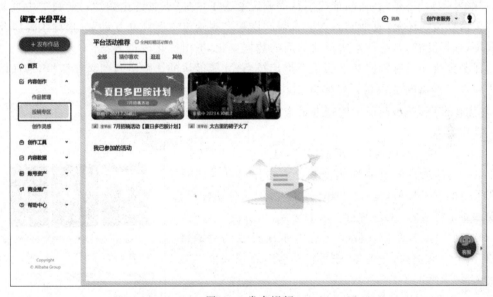

图 4-4　发布视频

"猜你喜欢"资源位的创意展现样式包括图文样式和视频样式,见表 4-1。

表 4-1　"猜你喜欢"资源位的创意展现样式

创意展现样式	说　　明
图文样式	可以与商品绑定,能够呈现推广商品的标题、价格等,推广的针对性更强,投放效果较好,创意图片可以配上商品利益点(如活动优惠)进行展示
视频样式	动态的展现形式,可以迅速吸引淘宝用户的注意,但比较考验内容创作能力,短视频的前 5 秒是否足够精彩,能不能抓住用户的注意力至关重要

直播速递

单品日销 19.2 万单,"麦当劳"是怎么 3 天卖出 620 万元的

实战训练

名称　实施抖音"DOU＋"投放

实训背景　付费推广是指通过平台站内官方渠道吸引潜在的流量,使用户知晓和增加进入直播间的数量。付费推广引流是一种见效较快的手段。小张作为直播团队的核心成员,为了更好地掌握推广技能,对团队拍摄的抖音预热短视频投放"DOU＋"做站内付费推广。

实训要求　确定好某个预热短视频后,成员需要明确此次投放"DOU＋"的目的,是要提高"账号运营"还是"直播间推广",从而确定是为了增加"点赞评论数""粉丝数""主页浏览量""头像点击",还是"直播间人气""直播间涨粉""观众打赏""观众互动"。根据预算以及预期效果,选择套餐,并统计本次投放前后的数据变化,提出优化改进方案。

任务分析　只有掌握基本的付费推广技巧,才能最快的让账号吸引潜在流量,增加用户知晓和进入直播间的数量。在实际工作中要能够统计数据,并优化推广方案,花最少的钱办最大的事。

操作要点

(1)打开抖音,点击最底部的"我",进入账号主页。

(2)选择最近的直播预热视频。点击作品并点击作品右下角的"…"按钮,选择"上热门"的"DOU＋"图标后,出现图 4-5 所示的 DOU 界面。

(3)小组成员结合实际情况思考本次投放的主要目的,有两个方向选择,分别是"账号经营"和"直播间推广"。本次选择"直播间推广"。

(4)选择"直播间推广"后,需要明确直播间推广引流的方向。官方给出了四个方向供选择,分别是"观众打赏""直播间涨粉""直播间人气""观众互动",如图 4-6 所示。请小组成员结合之前直播实训的情况,选择需要的方向,并完成支付。例如,之前的直播间观看人数不理想,请选择"直播间人气";之前的直播间有人观看,但是观众互动行为特别少,请选择"观众互动"等。

(5)小张作为直播团队的核心成员,需要统计投放前后的数据变化,并且根据多次投放后的数据变化,优化后

图 4-5　DOU 界面

图 4-6 观众互动图

续的投放方案。

任务实施 以小组为单位,按照实训要求实施抖音"DOU＋"投放,对完成情况进行评价,并填写表 4-2。

表 4-2 任务评价

序　号	评分内容	分　值	得　分
1	短视频内容符合营销目标	20	
2	投放方向正确	20	
3	引流渠道合理	20	
4	数据变化大,人数增长速度快	40	

任务二　直播前预热

　　直播前的预热可以吸引更多的用户进入直播间,从而对直播活动进行更大程度的宣传。如果预热不到位,正式直播时,用户数量太少,那么商品的购买转化率就会非常低。直播预热是为了让用户提前了解直播的大概内容,这样对直播感兴趣的用户就可以在直播时及时进入直播间,从而提高直播间的在线人数。

学习目标

　　知识目标:掌握直播预热推广的两种方式(海报、软文)及制作技巧;了解直播短视频预热的方式,掌握引流短视频内容策划技巧;了解发布直播信息预告的四个要点,了解直播信息预告发布的重点。

　　能力目标:能独立进行直播信息预告发布,运用数据和工具来提升直播间的观众参与度、观看量、增强品牌形象;能够独立进行宣传资料的制作;掌握制作短视频的技巧,能根据不同情况选择适合的直播短视频预热方式;掌握引流短视频内容的策划技巧;掌握引流短视频制作要点。

　　素养目标:注重法律、法规的遵守,树立正确的行业道德观。

活动一　制作图文宣传资料

 活动描述

　　小张团队已经学习了站内付费推广的操作步骤,现在准备制作直播前的宣传物料:海报宣传资料,软文宣传资料。在海报上放置品牌 Logo,提高品牌知名度,并使该直播与品牌相关联。

 知识指南

制作图文
宣传资料

一、直播产品海报宣传及制作技巧

　　(1)突出关键信息。使用大字体和醒目的颜色来吸引注意力,让观众一眼就能看到直播时间、直播主题、直播平台、商品卖点等关键信息。

　　(2)图文并茂。在海报中添加图像,以便传达直播的内容及其与品牌的关联,可以加入相关图片、标语口号等。

　　(3)移动端优先设计。现代人越来越多地使用移动设备浏览社交媒体平台,因此需要确保海报在小屏幕上具有良好的可读性和视觉效果。

　　(4)色彩和排版。选择适合品牌形象的颜色搭配和排版风格,共同传达信息并增加美感。

二、直播产品软文宣传及制作技巧

　　(1)重点突出。在软文中突出直播产品的独特卖点,让读者更容易了解产品的价值。

　　(2)标题吸引。使用具有吸引力的标题,告诉读者直播产品为什么值得一看。

　　(3)引言充分。在开头段落中,尽可能地详细介绍一下直播内容,并使读者产生浓厚的兴趣和期待。

　　(4)描述清晰。在正文中逐步展开直播产品的详细信息,如时间、主题、嘉宾等,并注意要让内容尽量简单明了,便于理解。

　　(5)多图片、少文字。插入场景照片、产品截图等视觉元素,以增加阅读兴趣和可信度。

　　(6)打造口碑。注重感性表现,将过往客户的好评搭配成篇,突出直播产品的品质和其他优势。

　　(7)多平台推广。在多个电商渠道和社交平台上推送软文,便于获取更广泛的阅读群体。

　　总之,编写一篇优秀的直播产品软文,关键在于突出产品的优势和特点,尽可能地引起读者兴趣,提升直播品牌的知名度和认知度,如图 4-7 所示"交个朋友直播间"的软文推广。

图 4-7　"交个朋友直播间"微信公众号推文

三、直播标题如何引人注目

标题的最大作用是吸引用户不假思索地进入直播间观看。一个好的标题应该能够准确地定位直播内容,并引起用户的观看兴趣。直播标题的字数不宜过多、5~15 个为宜,用一句话来展示直播内容的亮点,一定要避免空洞无物,没有信息量。

直播标题可大致分为内容型、活动型、福利型三种类型。

1. 内容型

内容型标题主要体现直播间的亮点或背书。例如,在技能培训的直播间会直接在标题中写明这个直播间讲什么内容,并且通过品牌背书,增加信任度(图 4-8);在美妆直播中,主播会介绍新款商品或使用技巧等。通过这种类型的标题,直播间可以吸引对商品特点感兴趣的用户。内容型标题一般相对较为专业,容易使用户感到无趣。

2. 活动型

活动型标题展示直播间商品的包邮条件、折扣优惠、限时抢购信息等。通过低价或促销活动吸引大部分用户进入直播间。例如,"回馈 50 万粉丝专场快进!"(图 4-9),"品牌女装,折扣秒杀"等。然而,活动型标题对商品本身的特点介绍不多,可能会给用户一些"浮躁"的消费体验。

3. 福利型

福利型标题与活动型标题很相似,都是展示利益点,让用户心动。它们的内容大多是关注有礼、随机抽奖、直播间赠送商品等,一般是为了"引流"、增加粉丝。通过少量的成本吸引流量,为之后的销售做好铺垫。例如,"关注主播,买鞋送券、送袜""捡漏中……高货福利现货速"(图 4-10)等。福利型标题容易吸引那些对价格敏感的用户,而这对于长远的商业规

图 4-8　品牌背书

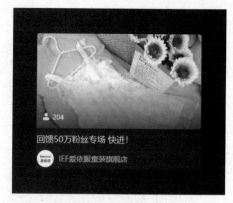

图 4-9　直播福利

图 4-10　直播捡漏

划来说是不利的。

　　内容型、活动型和福利型三种类型的标题各有优缺点。推销者应该根据自己的商品特点和消费者群体的需求来选择最适合自己的标题类型。

　　四、设计直播封面的原则

　　直播的封面图是吸引用户观看的重要因素。统计数据表明，设计精美的封面图可以大大提高直播间的流量，相比于使用默认头像的直播间，优质封面图的流量要高得多。因此，封面图已经成为影响直播间流量高低的直接关联因素。要打造高质量的直播封面图，需要遵循以下设计原则。

　　1. 干净、清晰、整洁

　　封面图一定要干净、整洁，不能添加过多文字，在封面图中加入过多文字会显得杂乱无章，影响用户阅读。模糊不清的封面也会影响用户的浏览体验，可能导致用户在看到封面图的第一眼就划走。图 4-11 和图 4-12 所示的两张封面图就非常干净、整洁、清晰，能够给人良好的视觉体验。

　　2. 色彩构成合理

　　直播封面图的色彩要鲜艳，但不要过分华丽，能体现直播主题即可。坚决杜绝任何形式的"牛皮癣"，否则会影响重要内容的呈现，如图 4-13 所示。

图 4-11 背景干净

图 4-12 背景整洁

图 4-13 简约版色彩构成

3. 考虑固定信息的展现

封面图的固定信息包括左上角的直播观看人数和右下角的点赞量,封面图的重要内容一定要避开左上角和右下角,以免与直播观看人数、点赞量等构成部分相互干扰,影响观看体验。

4. 禁用合成图

为了不影响直播整体的浏览体验,封面图要放置一张自然、简洁的图片。如果放合成图,一旦拼接得不好,就会非常影响视觉效果。

5. 符合直播主题

封面图尽量契合直播主题,让用户在看到直播封面图时就能大概知道直播的内容是什么,并且决定要不要进入直播间。例如,直播在工厂实地看货,封面图可以选择工厂、车间等实景图;如果要在直播间详细介绍商品,封面图最好不用模特或主播的人像图片,而是选择精美的商品细节图。

另外,如果直播间没有名人参与直播,就不能使用名人作为封面图;如果直播间有名人参与直播,可以使用名人肖像作为封面图,但要提供相关的肖像使用授权文件等资料。

6. 拒绝低俗

有些直播间为了吸引人,在制作封面图时,会使用一些低俗的图片,这样的图片被官方检测到后,封面就会被重置,从而使封面吸引力降低,严重者还会被封禁账号。因此类似内衣等贴身衣物的直播封面图一般不要出现任何人物元素,直接展示商品即可。

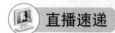 直播速递

大学生"摆"态花 YOUNG 福利多

实战训练

名称 制作直播宣传海报

实训背景 宣传海报是预热资料中最易制作,同时也是商家利用次数最多的宣传手段,可以快速直接地让潜在观众知晓直播的亮点,从而吸引潜在顾客,使进入直播间的人数增加。小张作为直播团队的核心成员,为了更好地掌握推广技能,需要制作一份宣传海报图。

实训要求

(1) 根据直播方案提取出该场直播的亮点以及需要展示的信息,如主播信息、直播时间、商品卖点等。

(2) 为直播制作一个宣传海报图。

任务分析 制作直播宣传海报是一种有效的营销策略,可以帮助商家更好地吸引观众、传达信息、提高知名度,从而推动直播的成功。

只有掌握基本的宣传资料推广技巧,才能长期持续地为直播间吸引观众,使用户知晓并增加进入直播间的人数。

操作要点

(1) 提炼亮点。让观众一眼就能看到直播时间、直播主题、直播平台、商品卖点等关键信息。

(2) 设计直播宣传海报图。进入创客贴官方网站,登录后选择左侧导航栏中的"模板中心"选项。打开模板中心页面,在上方的输入框中输入"直播预告",按 Enter 键搜索,再选择"价格"栏中的"免费"选项,然后在下方的模板中选择页面右下角的模板,如图 4-14所示。

(3) 将页面中的"创小客"文字修改为"小张主推",再将下方的"活动时间"和"TIME:××

图 4-14　创客贴官方网站

××"文字修改为直播实际开始的时间,其余文字保持不变,效果如图 4-15 所示。

图 4-15　创客贴中修改文字

(4)直播封面图制作完毕,单击页面右侧的"下载"按钮,"文件类型"选择"JPG"(图 4-16),其余不变,最后将直播封面图下载到计算机中。

任务实施　以小组为单位,按照实训要求制作直播宣传海报,并对完成情况进行评价,填写表 4-3。

图 4-16　直播封面

表 4-3　任务评价

序　号	评 分 内 容	分　值	得　　分
1	直播亮点提炼齐全	20	
2	海报关键信息突出	20	
3	色彩搭配合理	20	
4	整体海报完整	40	

活动二　制作短视频宣传资料

 活动描述

　　通过前期的学习和摸索,小张和团队成员了解到,短视频是对直播间进行预热引流的最有效方式之一,为了提升直播带货效果,增加账号粉丝量,团队计划制作短视频对直播间进行预热引流。

 **知识指南**

一、直播短视频预热方式

　　直播间一般要在开播前三小时发布短视频为直播预热,这样在开播时将会有更多的用户进入直播间。常见的短视频预热的方式主要有以下六种。

　　1. 短视频常规内容＋直播预热

　　"短视频常规内容＋直播预热"方式是指在短视频的前半段输出与平时风格相同的垂直内容,吸引固定的粉丝观看,然后在后半段进行直播预热。主播不要直接在一开始就告诉粉丝自己要直播,而要像往常一样输出垂直领域的内容,只是在快要结束的时候才宣布直播的主题和时间。

2. 纯直播预告

纯直播预告是主播采用真人出镜的方式,通知用户具体的开播时间。这种形式可以给人更真实、更贴近的感觉。例如,抖音账号"交个朋友直播间"的主播会以真人出镜的形式口播直播的时间和主题,如图 4-17 所示。由于该账号的粉丝黏性较强,所以粉丝在看到直播预告后进入直播间观看直播的可能性较高。

3. 发布直播片段视频预热

很多影视剧在正式播出之前会放出很多花絮片段,目的是让用户对成片感兴趣。开直播之前发布直播片段也是如此。如果上一场直播中发生过一些有趣的事情,主播可以截取出来发短视频,为即将开始的下一场直播引流造势。

4. 福利预热

先在预热视频中点明直播中会有抽奖作为诱饵,并且要有足够的诱惑力,如性价比较高的赠品、品牌化妆品的试用装等。视频时间不用太长,15 秒左右即可,告诉用户主播会在直播间送什么福利,如果用户对主播的福利感兴趣,就会定点进入主播的直播间。

图 4-17　纯直播预告

5. 剧情植入直播预热

剧情植入直播预热适合有一定粉丝基础的账号。在账号日常发布的视频中植入直播预告,可以让用户在潜意识里记住主播的开播时间。

例如,你穿了某一件新衣服,你的朋友看到后,说:"这衣服真好看!"此时你说:"想要,今晚来我直播间啊……"剧情应根据账号定位和需要进行设计。在视频最后,通常以直播预告海报结尾,让用户看清直播的时间和福利。

6. 实拍专柜或实体店直播预热

实拍专柜直播预热一般适合代购类直播,主要是为了提升用户对主播的信任度,证明货品来源可靠。

实拍实体店直播预热是为了展示即将直播销售的海量商品及款式,体现出直播中商品的价格优势、广泛的选择面、稀缺性。

二、引流短视频内容策划技巧

直播间引流短视频的内容策划要充分考虑用户的特征,有针对性地设计视频内容才能创作出吸引用户注意的直播间引流短视频。引流短视频内容策划技巧有以下几点。

1. 与用户相关

用户关注的多是自己感兴趣的东西,而用户感兴趣的东西首先是跟自己有关的:跟过去的经历有关、跟现在的需求有关、跟未来的愿望有关。引流短视频需要从这三个角度来创作,可参考的内容主题如下。

(1) 跟过去的经历有关,过去经历往往包括生活、情感、学习、职场、人际关系等方面。

(2) 跟现在的需求有关,现在的需求可以从现在的生活、日常等方面进行设计,迎合用户"期望遇到知音"的心理。

（3）跟未来的愿望有关，很多人未来的愿望都是生活上自由自在，情感上和谐相处，学习上有所得、有所用，工作上被肯定、升职加薪等。

运营者结合以上几个主题，分析并细化商品的特性，往往就能找到一个有吸引力的切入点，在吸引用户注意的同时，在一定程度上展示商品。

2. 新奇有趣

用户总是会被新奇有趣的东西吸引。例如，抖音账号"蜜雪冰城"凭借卡通形象的趣味短视频收获了大量粉丝，如图4-18所示。

3. 有独特价值

直播间引流短视频要尽可能为用户提供一些独特的价值，例如，收藏价值和分享价值。要实现这样的价值，运营者需要多考虑短视频对用户的作用和意义，例如，用户看了短视频能学会什么技能，了解什么事情或者想明白什么道理。用户如果通过观看短视频感受到这些价值，就会进行点赞和收藏，甚至关注店铺账号，成为店铺的粉丝。而用户成为店铺的粉丝就意味着，用户会再次光临，希望再次看到店

图4-18　蜜雪冰城直播形象

铺的短视频，无论店铺账号发布的是趣味内容还是商品广告，用户都不会有抗拒心理。

如何创作有独特价值的直播间引流短视频呢？很多行业的品牌店铺都是行业内的专家，掌握着行业内的独特知识。将这些知识通过短视频分享出来，就容易获得用户的信任和认可。例如，抖音账号"TRUERIY户外装备"，发布了一些展示户外用品选购、安装、调节等方面的知识类短视频，满足了户外露营爱好者对这类知识的需求。想要为直播间创作知识类短视频，运营者需要找到能分享专业知识的人，先将知识拆解，再将这些知识以巧妙有趣的方式分享出来，并尽可能给出自己的观点。越是有自己观点的内容，一旦获得用户的赞同，就越容易"圈粉"。通常情况下，一个有独特价值的账号，往往是一个内容高度垂直的账号，可以吸引对某个垂直领域知识感兴趣的用户。这些用户一旦认可账号所发布的内容，就会认可账号。此时账号再发布"种草"内容，也容易得到用户的认可。因此，开设店铺类账号时，除开设一个经常提供"品牌＋娱乐"内容的账号外，还可以为一些有知识需求的理性用户开设一个知识分享类的垂直账号。

4. 视觉表现丰富

视觉表现丰富的短视频画面极具美感。这样的短视频，即使使用常规的主题、简单的内容和朴实的文案，其画面具有的强烈视觉刺激也能在一瞬间就抓住用户的注意力，赢得用户的好感。例如，抖音账号"花西子官方旗舰店"发布的"中国美！二十四节气"视觉表现就十分丰富，如图4-19　图4-19　花西子二十四节气妆视频

所示。

三、引流短视频制作要点

1. 选择发布短视频的方式

运营者在很多平台发布短视频时,发布方式都有从移动端发布和从 PC 端发布之分。两种发布方式通常有一些差别,具体需要根据短视频的实际情况来看。以抖音为例,运营者可以选择将剪辑好的短视频传送到自己的手机上,在抖音移动端发布;也可以在 PC 端通过抖音网页版来发布短视频。在 PC 端打开抖音网页版,单击"发布视频"按钮后会进入"抖音创作服务平台",在此可以上传短视频并进行短视频剪辑。虽然这两种方式都可以发布短视频,但其发布要求有所差别。在移动端,运营者往往只能发布时长在 60 秒以内的短视频,并且短视频文件会被压缩,导致短视频的分辨率欠佳。而在 PC 端发布短视频,短视频的时长要求则是在 30 分钟以内。

2. 挑选发布短视频的时间

短视频的发布时间决定了这条短视频在冷启动期会被推荐给谁。如果目标用户主要是上班族,那么在上班时间发布短视频显然是不太合适的。如果在目标用户的上班时间发布短视频,平台就可能将短视频推送给非目标用户。这些用户可能对短视频的内容兴趣不大,从而会影响短视频的完播率、点赞率、互动率等,导致短视频在冷启动期就陷入困境。而如果在目标用户活跃的时间发布,如工作日的午间、晚高峰时间及周末休息时间,那么目标用户就会第一时间看到短视频,完播率、点赞率、互动率都会较高,短视频因此能快速进入二级流量池。

3. 使用热门背景音乐

在抖音、快手等平台发布短视频时,运营者可以选择插入背景音乐。短视频播放时会显示背景音乐的名称,用户点击该名称,就会看到所有使用这一背景音乐的短视频内容。这意味着短视频使用热门的背景音乐有助于将短视频推荐给更多的用户。不过需要注意的是,使用抖音版权库中的背景音乐,虽然在冷启动期会有优势,但也可能有侵权的风险。条件允许的情况下,运营者还是要尽可能为短视频配置原创背景音乐。

4. 合理规划短视频的时长

短视频的时长会影响短视频的完播率,故短小精悍的内容更容易得到高完播率。完播率对处于冷启动期的短视频来说非常重要,更高的完播率有助于获得平台更多的推荐。因此,在发布短视频前,运营者需要对短视频的时长和节奏进行优化,以提高短视频的完播率。

5. 使用特效和道具

抖音、快手等平台内置了很多有趣的特效和道具。这些特效和道具与背景音乐一样,对处于冷启动期的短视频有关联推荐效果。运营者可以在发布短视频时适当使用热门特效和道具,以获得更多的关联推荐。

6. 设置短视频的描述文本

相较于短视频内容来说,短视频的描述文本更容易被平台识别。这意味着借助合适的描述文本,短视频可以获得更多的推荐。短视频的描述文本可以分成话题、用户名称和普通描述文本三个部分。各个部分的设置方法如下。

(1) 话题。恰当的话题不仅有利于平台识别,还与背景音乐、特效、道具一样,能使短视频获得关联推荐。运营者在为短视频添加描述文本时,使用"#"符号即可添加话题,发布后该话题会以加粗的形式显示(图 4-20),用户点击它,即可查看所有添加了该话题的短视频。

（2）用户名称。在描述文本中,运营者也可以使用"@＋用户名称"的形式来提到其他用户,这样,被提到的用户就会在自己账号的消息页面看到此提醒,其他用户也可以点击该用户的名称进入其个人主页。这是一种关联推荐方式。需要说明的是,如果被提到的用户具有一定的知名度,或有清晰的类别标签,那么该用户的名称也可以产生话题效果,即运营者可以在短视频的描述文本中使用"♯＋用户名称"的方式,将短视频收录到与该用户名称相关的内容中。

（3）普通描述文本。在短视频的普通描述文本中添加一些标签,有助于将短视频推送给对这些标签感兴趣的用户。例如,某条短视频的普通描述文本是"4 个穿搭小技巧,职场人一定要学好",这个普通描述文本包含"穿搭""技巧""职场"3 个标签,这条短视频就更有可能被推荐给对这3 个标签感兴趣的用户。

7. 设置短视频的封面图

发布短视频时,运营者可以挑选短视频中的一帧画面作为短视频的封面图,短视频的封面图会在短视频账号主页的作品集中显示。相较于识别短视频内容,平台会更快

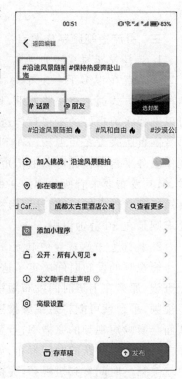

图 4-20 添加视频话题

识别到封面图,优先根据封面图来审核短视频、筛选首批推荐用户。因此,运营者应使用能够轻松锁定目标用户的那一帧画面作为封面图,以引导平台将短视频推荐给目标用户。

8. 添加短视频的位置信息

很多平台都有"同城"入口。这意味着平台会根据位置信息来为用户推送内容。因此,在发布短视频内容时,运营者可以为短视频添加位置信息。对于具备明显地域属性的账号来说,为短视频添加位置信息可以使短视频被平台推荐给更多用户。在没有其他偏好参考数据时,平台会优先将短视频推送给处于同一位置信息的用户。这意味着添加位置信息的短视频内容,会更容易被推荐给用户。

9. 设置短视频的置顶

引流短视频发布以后,运营者可以将其置顶。这样查看短视频账号主页的用户就会优先看到引流短视频,从而提高引流短视频的曝光率。

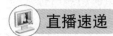

首场直播 GMV424 万元的爷俩儿,究竟做对了什么

实战训练

名称　制作直播预热短视频

实训背景　短视频是直播引流推广的最重要手段之一。根据直播间用户特点和直播主题设计预热短视频是每一位运营人员必备的技能。小丁是直播团队新招募的一名运营人员，负责制作直播预热宣传资料。这次他要完成明晚直播间的预热视频。

实训要求　本次实训旨在培养短视频制作与直播推广方面的实际操作能力和创意思维。通过该实训项目，学会如何根据直播间用户特点和直播主题，设计并制作具有吸引力和宣传效果的预热短视频，以增加直播观众参与度和产品销售转化率。

任务分析　小丁作为新招募的运营人员，需要制作明晚的直播间预热视频，这次任务包括以下几个方面。

（1）目标定位。了解目标受众，明确视频的目标和宣传重点。

（2）内容策划。挖掘直播间销售产品的特色和优势，设计吸引人的故事情节或亮点，激发观众的兴趣。

（3）视频拍摄。选择合适的拍摄场景、角度和镜头，使用专业的视频拍摄设备进行拍摄。

（4）视频剪辑与制作。对视频进行加工和后期处理，使视频具有良好的视觉效果和画面过渡的流畅性。增加配乐和字幕、设计封面，选择适合主题和情感氛围的背景音乐，添加精准而吸引人的字幕，以加深视频对观众的感染力，增强观众的记忆度。

（5）宣传和推广。选择适当的社交媒体平台上发布、分享，设置发布时间、话题等，宣传预热视频，吸引潜在观众的注意，并提供相关直播信息。

操作要点

（1）目标定位要点。明确目标观众的年龄、兴趣爱好、消费习惯等特征，并据此确定宣传重点和情感诉求。

（2）内容策划要点。突出产品的品质、故事背景、健康价值等方面的亮点，以及直播中的互动活动和促销优惠等内容。

（3）视频拍摄要点。使用稳定的拍摄设备，注意光线和声音的质量，根据剧本和时间安排合理布局拍摄场景。

（4）视频剪辑与制作要点。剪辑时注意节奏和画面过渡的流畅性。要选择符合视频主题的背景音乐，注意配乐与画面的协调，添加易读且吸引人的字幕，突出关键信息。

（5）宣传和推广要点。选择合适的社交媒体平台和时机发布预热视频，结合互动和分享机制，吸引潜在观众的参与和转发，扩大影响力。

任务实施　以小组为单位，按照实训要求制作直播预热短视频，并对完成情况进行评价，填写表 4-4。

表 4-4　任务评价

序　号	评　分　内　容	分　值	得　分
1	视频符合直播主题	20	
2	内容策划合理	20	

续表

序　号	评分内容	分　值	得　分
3	视频画面流畅、清晰、长度适宜	30	
4	熟练地发布短视频并添加标签	30	

活动三　发布直播信息预告

 活动描述

　　小张团队已经完成了单品软文稿件的撰写、产品海报和短视频制作技巧学习,下一步需要将制作好的素材放到合适的渠道发布出去。

发布直播
信息预告

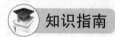 **知识指南**

一、公域、私域预热缺一不可

1. 公域流量

　　在投放公域流量时,需要注意避免大量的软广告,过度炒作可能会给产品或品牌带来负面影响。同时,需要以用户需求为出发点,进行精细化的营销,满足用户生活中的需求,才能更好地提高用户黏性。因此,如何在公共领域中实现精准营销,是提高转化率和用户黏性的关键。

2. 私域流量

　　在投放新媒体内容到私域流量时,需确保内容高质量、合规且个性化,精准定位目标用户,增强互动并关注用户反馈,同时利用数据分析优化策略,引导流量转化,并严格遵守平台规则与法律、法规。持续创新内容形式与调整策略,以适应市场变化,提升传播效果与私域流量转化率。

二、选择合适的预热时机

　　众多专业主播发现,即便经过详尽的市场调研、周密的内容策划以及大力的宣传造势,直播间的用户增长量依然未达预期,这种情况导致投入的时间与资金未能实现高效的回报。在排除商品定位不清晰、直播间场景布置不当等常规问题后,主播团队应聚焦于直播预热策略的时间优化上。

　　直播预热时机的选择,是一项高度专业化的决策过程,它紧密关联于目标用户群体在社交媒体平台上的活跃时间模式,以及预热活动与正式直播开播之间的最佳时间间隔。精确把握这些时间点,能够有效提升预热信息的曝光率与互动性,进而激发用户的兴趣与期待,为直播活动吸引更多潜在观众,实现用户流量的有效增长。因此,优化直播预热时间,成为提升电商直播效果、实现商业价值转化的重要途径。

1. 直播预热的时间

　　直播的人气峰值一般出现在晚上 19:00—23:00。这是大多数上班族的休息时间,因此人们利用休息时间观看直播的可能性比在工作时间观看直播的可能性更高。与相对固定的直播时间不同,直播预热的时间非常灵活。短视频平台、微博、微信公众号等都可以成为直播预热的平台,因此主播需要抓住这些平台用户的活跃时间。

要注意的是,直播预告的发布时间最好选择在用户活跃峰值前半个小时左右。这样可以给用户更多的反应和转发时间,以免错过用户活跃峰值。

2. 直播预热与正式直播的间隔时间

直播预热时间一般不选择在休息日,主要是为了给直播观看的活跃时间一个提前量。因此,也要避开各种社交平台内容发布的高峰。在微信公众号、微博等平台上,创作者通常会在周末发布较多的文章和短视频。

当然,直播预热的提前量不能太长,否则用户很容易遗忘;但也不能太短,否则预热效果很难呈现出来,至少要在正式直播前 24 小时。一般来说,主播要在正式直播 1～3 天前进行直播预热。网络热门信息的黄金发酵期是 2～3 天,一般热门信息会在这段时间内被大量用户看到。当热议人数达到顶点时,主播再开始正式直播,这样可以很好地避免热度迅速衰退。

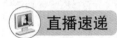

唯品会 × 周杰伦引爆整个互联网,玩的一手好营销

名称　抖音发布预热信息。

实训背景　图文和短视频资料制作完成后,在什么平台发布,什么时候发布会带来完全不同的效果,所以发布直播信息预告需要做好功课。小张作为直播团队的核心成员,为了更好地掌握推广技能,需要统计完成多渠道发布的信息后的数据反馈并根据直播目标制定适合的方案。

实训要求

(1) 根据目标群体选择合适的平台,如抖音、快手、知乎、B 站、微信、微博等。

(2) 选择合适的时机发布信息。

任务分析　发布直播信息不是直接上传平台就完成的事情,只有掌握了发布信息的方法和合适的渠道才能让同一个资料发挥出更好的作用。

操作要点

(1) 分析目标用户常用平台,如抖音、快手、知乎、B 站、微信、微博等,这里使用抖音平台实训。

(2) 首先启动抖音短视频,进入抖音短视频的主界面,点击“＋”按钮。然后点击相册,选择需要发布的视频内容。

(3) 进入“发布”界面,点击“话题”按钮,在打开的话题列表框中选择一个播放次数较多的话题,这里选择“♯种草”话题。继续点击“话题”按钮,在下面弹出的话题列表框中选择“♯福利”话题,为该短视频添加两个话题。

（4）点击"@好友"按钮，进入"@好友"界面，在下面的列表中选择好友，这里选择多位好友（建议选择与视频内容相关的好友，而不是@所有人），将其添加到话题后面。

（5）返回"发布"界面，点击"发布"按钮，即可将短视频发布到抖音短视频平台中。

任务实施　以小组为单位，按照实训要求在抖音发布预热信息，并对完成情况进行评价，填写表4-5。

表 4-5　任务评价

序　号	评 分 内 容	分　值	得　分
1	视频内容关于直播预热信息完善	20	
2	话题与内容匹配	20	
3	曝光度高	60	

陕西佛坪县探索"党建＋直播"新发展模式助力乡村振兴

思考与讨论：

（1）文中谈到"佛坪本土返乡青年、技术人才、业余主播、致富带头人、电商带头人在直播镜头前推介佛坪山水风光、名优特产"，请谈谈你的看法。

（2）文中提到村支书变身"新网红"，请谈谈你的看法。

赛教融合——技能竞赛大比拼

直播推广策划是全国职业院校技能大赛电子商务师赛项的竞赛内容，竞赛规程中要求直播团队根据商品信息及行业数据，分析目标人群的年龄分布、性别分布、地域分布、兴趣偏好等数据，明确目标受众，形成客户画像。根据直播推广要求，结合给定的推广资金、图文、视频素材等内容，明确目标受众群体，确定推广目标，合理分配推广预算，制定直播推广策略，为后续直播推广实施提供参考。

直播团队根据直播推广策略，选择图文推广或短视频推广，创建推广计划，结合目标受众特点，从多维度完成目标受众定向，精准圈定受众标签，设置直播推广预算及出价方式，确定推广内容投放位置，添加推广创意，完成直播推广实施，提升展现量、点击量、点击率等指标数值。

在大赛中直播策划部分的得分要点：视觉设计风格定位准确，采用图文混排，视觉焦点清晰，有良好的阅读体验分值1.5分；产品发布渠道合理、准确、规范分值7分。

直播引流推广从以下两个方面进行突破。

1. 图文推广

在进行图文设计时，视觉设计风格的定位必须准确，以确保传递出正确的信息和感受。

通过图文混排,色彩搭配合理且符合主题,可以创造出富有吸引力的视觉效果,使观众的焦点更加清晰。同时,良好的阅读体验也是设计过程中需要考虑的重要因素。通过合理的布局和排版,使文本和图像之间有清晰的层次和联系,使观众可以轻松地理解和欣赏设计作品。

2. 短视频

在制作短视频时,有几个关键步骤需要遵循,以确保内容的专业性和吸引力。①确定要在哪个社交媒体或平台上发布短视频,这需要根据目标观众和平台的特点进行选择。②选择合适的发布时间对于提高观看次数至关重要,可以根据观众的在线习惯和喜好来确定最佳发布时间。③使用流行的背景音乐可以增强短视频的吸引力,并有助于传播。合理规划短视频的时长,以保持观众的注意力,建议将时长控制在 1 分钟内,以适应大多数观众的浏览习惯。添加特效和道具可以使短视频更具趣味性和吸引力,而编写具有吸引力的描述文本可以吸引更多的观众。④选择一个引人注目的封面图对于吸引观众同样重要。⑤添加位置信息可以使短视频更具地方特色,并有可能吸引更多的本地观众。

书证融通——证书考点大揭秘

对接《互联网营销师国家职业技能标准(2021 年版)》对应等级技能要求见表 4-6。

过关秘籍:掌握主流平台的付费推广原理和操作,了解短视频在宣传时的重要性以及直播预热的宣传准备工作和基本工具,熟悉视频推广时流量资源的筛选要求和公域资源库的建立方法。

表 4-6　对接《互联网营销师国家职业技能标准(2021 年版)》对应等级技能要求

工　种	工 作 内 容	工种等级	技 能 要 求
选品员、视频创推员、直播销售员、平台管理员	1.1 宣传准备	五级	1.1.3 能发布产品图文信息预告
		四级	1.1.2 能制作产品专属宣传素材
		三级	1.1.2 能计算预热投入产出比 3.2.2 能判定不同营销方式的合作风险
	5.2 视频推广	五级	5.2.3 能通过社交工具等方式推广视频内容
		四级	5.2.2 能用推广工具增加视频观看、互动等指标
		三级	5.2.1 能确定投放对象
		一级	3.2.2 能制订视频推广计划

注:该表内容来源于《互联网营销师国家职业技能标准(2021 年版)》第三部分工作要求。

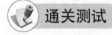 通关测试

一、单项选择题

1. 在抖音平台上,用户可以通过(　　)方式将自己的商品推广到更多人的面前。

A. "光合平台"上发布视频　　　　　　B. 私信群发

C. 发布优质内容　　　　　　　　　　D. 建立关系网

2. 快手视频广告推广费是根据(　　)计算的。

A. 点击次数　　　B. 曝光次数　　　C. 分享次数　　　D. 关注次数

3. 在淘宝平台上,( )方式的广告展示效果最好。

    A. 猜你喜欢   B. 钻展   C. 淘宝客   D. 贴片广告

4. ( )方式可以更快提高抖音平台上商品视频的曝光量。

    A. 设置音乐   B. 定期更新   C. 上"DOU+"   D. 颜值控制

5. 实现多个用户对快手平台上一款商品的推广宣传,最好采用( )方式。

    A. 私信群发   B. KOL 评测   C. 直通车   D. 宣传 H5

6. 小陌已经拥有大量固定粉丝,她在开播之前可以通过( )方式宣传能够吸引更多老粉丝捧场。

    A. 发送私信   B. 转发推文   C. 拍摄视频   D. 花钱买赞

7. 利用多种渠道对直播进行宣传的优势在于( )。

    A. 降低宣传成本   B. 扩大宣传范围

    C. 提高精准程度   D. 以上都不对

8. 某主播发布了一场直播预告,审核结果显示"审核未通过",( )不是审核不通过的原因。

    A. 封面图不符合要求   B. 标题出现秒杀、清仓、原单等违禁词

    C. 选择的栏目标签"为红人打赏"   D. 预告视频主播穿着太朴素出镜

9. ( )是宣传准备工作需要的内容。

    A. 告知直播时间   B. 发布直播推文

    C. 录制预告视频   D. 以上都需要

10. 直播标题的字数不宜过多、( )个为宜,用一句话来展示直播内容的亮点,一定要避免空洞无物,没有信息量。

    A. 1～5   B. 5～10   C. 10～15   D. 5～15

二、多项选择题

1. ( )商品适合抖音推广。

    A. 外卖   B. 种子   C. 图书   D. 数码产品

2. 在快手直播中,( )方式可以提升直播间人气值和观众数量。

    A. 调高推广费用以加快引人速度

    B. 提前拍摄预热短视频,使用"推广给粉丝"功能提高被看到的概率

    C. 在直播前使用"推广给更多人"功能扩大预热范围

    D. 关闭"开播时通知粉丝"功能

3. 当购买抖音广告时,( )指标应该被优先考虑。

    A. 投放目的   B. 广告预算   C. 受众定位   D. 广告形式

4. 快手平台上,影响视频曝光率的因素有( )。

    A. 设置短视频的置顶   B. 使用特效和道具

    C. 使用热门背景音乐   D. 合理规划短视频的时长

5. 淘宝直播是一种较为新兴的推广方式,主要使用场景有( )。

    A. 新品发布   B. 商品讲解   C. 线下活动直播   D. 客户互动

6. 在制作直播宣传资料时,应当考虑( )细节问题。

    A. 直播内容的明确性   B. 展示群众反馈

　　C. 语言风格的一致性　　　　　　　　D. 称呼主播的亲切度

7. 直播产品海报宣传及制作技巧包括（　　）。

　　A. 突出关键信息　　　　　　　　　　B. 图文并茂

　　C. 移动端优先设计　　　　　　　　　D. 色彩和排版

8. 发布直播信息预告时，（　　）渠道可以利用。

　　A. 直播平台内的私信或通知功能　　　B. 社交媒体平台

　　C. 应用市场　　　　　　　　　　　　D. 手机短信

9. 直播预告的文案应该（　　）。

　　A. 把关键词排在标题的最前面　　　　B. 注重文案的语言风格和时代感

　　C. 采用富有表现力的图片和字体　　　D. 采用职业的严谨文风

10. 发布直播信息预告时，（　　）内容可以作为发布的亮点。

　　A. 特别嘉宾的到场　　　　　　　　　B. 现场抽奖、福利

　　C. 其他互动活动的部署　　　　　　　D. 直播的流畅性和高清晰度

三、判断题

1. 在抖音上购买"热门推荐"广告位可以确保商品被更多人看到。　　（　　）

2. 快手上的商业广告仅限于影视、文学、艺术等领域。　　　　　　（　　）

3. 投放"DOU＋"前，主播不需要思考太多，只需要确定金额即可。　（　　）

4. 在抖音上发布视频时，应该根据平台规则选择正确的视频长度。　（　　）

5. 采用淘宝客方式进行推广时，不需要考虑推广佣金比例。　　　　（　　）

6. 制作直播宣传资料时，应尽可能避免使用照片和海报。　　　　　（　　）

7. 为了提高直播的关注度，资料制作中应当夸大直播的价值。　　　（　　）

8. 制作直播预告时，推荐使用简洁明了的语言，而不是过多的修辞和引文。（　　）

9. 制作直播预告时，可以采用一些高亮的颜色来替换中性颜色。　　（　　）

10. 制作直播预告时，应该注意提前发布，与观众沟通和互动。　　　（　　）

项目五

直播活动实施

直播活动实施是指在特定的时间和场地,运用直播平台将活动内容实时呈现给观众,利用直播互动功能与观众进行交流的一种营销手段。在直播活动实施过程中,需要制定合理的直播策略、提供有价值的内容、确保直播设备和平台的稳定性、与观众进行有效互动。通过直播活动实施能够更加全面地传递商品信息,消除消费者疑虑;能够营造用户的使用场景,提升用户体验;从而吸引流量,增加传播度;建立受众影响力,提升品牌知名度,保持产品的竞争力。

→ 思维导图

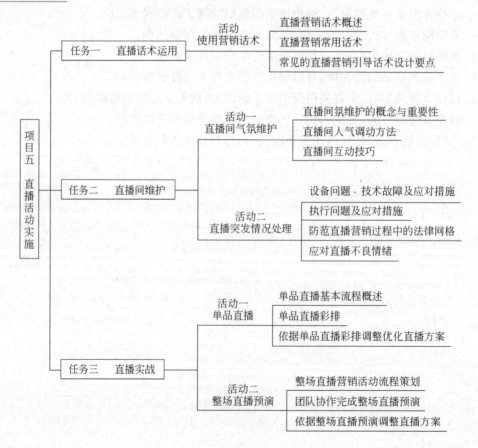

任务一 直播话术运用

　　直播话术是直播过程中主播或参与者精心准备和运用的言辞与语言风格。它通过生动有趣、情感化的表达方式,有效引导和吸引观众,增强他们的观看兴趣和积极性,进而提升直播的观看率、留存率和转化率。同时,直播话术的运用还有助于传达企业文化,突显品牌形象,提升品牌的价值和认知度,进而增强品牌和商家的口碑和信誉。通过情感化的直播话术,用户能更容易理解和接受产品信息,增强对产品的认可度和购买意愿,从而提高销售额。此外,直播话术的巧妙运用还能促进主播与观众之间的互动,增强观众对直播内容的参与感,使主播和观众之间的沟通互动更加自然、轻松、有趣,这对于直播活动的成功和效果提升具有极为重要的贡献。

学习目标

　　知识目标:了解直播话术概念、意义和常用话术,并按照直播营销的一般流程,掌握直播预告、直播开场、引导关注、商品介绍、促进下单、促进转化、催单及下播等话术。

　　能力目标:能设计具备专业性和趣味性的直播话术,具备独立运用直播话术的能力。

　　素养目标:提高社会责任感,培养公民素养和社会道德观。

活动　使用营销话术

活动描述

　　通过前期的筹备,小张成立的农产品直播创业团队已经创建了抖音小店,取名为"扬扬生鲜",完成了店铺认证和主播认证,具备了直播带货的相关资质和条件。在项目三中,大家已经帮助小张完成了特色农产品的直播策划和脚本设计,现在,请各小组结合直播策划内容设计特色农产品的直播话术,并能熟练使用农产品直播相关话术。

知识指南

一、直播营销话术概述

(一)直播话术的概念

　　话术是指在特定场景下(通常是销售、客服等工作场景),经验丰富的人根据自身经验总结出来、用于提升与客户沟通效果的一套可操作性

直播营销话术概述

强的说话技能和技巧。通俗来说,话术就是更好地与别人沟通交流的技巧和方法,使人更加专业、高效地与别人对话,达到更好的沟通效果。在销售、客服等场景中,话术常常被用来增加销售额或提高客户满意度。

　　直播话术是直播营销的一种策略,是指主播在直播过程中,使用特定的语言、表情、动作等手段,引导、促进观众的参与和消费行为,从而达到营销目的的技巧和方法。

(二)直播话术的意义

　　直播话术在直播过程中扮演着非常重要的角色,其目的是通过生动的语言和恰当的表情,吸引观众消费和参与,增强观众黏性和购买意愿,提高直播间的收视率、留存率、交易转

化率,进而促成商品的销售和品牌的营销。具体来说,直播话术的意义主要体现在以下几个方面。

1. 增强观众黏性

在直播过程中,直播话术是主播呈现直播内容的重要工具。恰当的直播话术能增强主播的表现力,让主播的个性更加鲜明,情绪更加充沛,从而吸引观众留在直播间观看直播。此外,恰当的直播话术还能拉近主播与观众的距离,使观众更愿意与主播产生情感共鸣和互动。通过精心设计话题和运用话术,主播能够吸引观众的关注,获得点赞、评论、提问等反馈,从而提高观众的黏性和忠诚度。

2. 增加销售转化

通过直播话术可以创造出底蕴丰富、充满情感的消费场景,从而激发消费者的购买欲望和冲动;直播话术可以增加产品和品牌的美誉度和口碑,从而提高消费者对品牌或产品的认可度和信赖感,更容易让消费者做出购买决策;通过熟练运用直播话术,主播可以实行"定制化"的营销策略,为消费者提供个性化需求的产品,促进商品或服务的销售,从而提高销售转化。

3. 提升品牌形象

通过直播话术深度挖掘品牌的价值,从而让消费者更好地理解品牌的使命、愿景、文化和历史,强化品牌的形象,提升品牌价值和美誉度;通过直播话术讲解产品,特别是突出产品特性和创新点,从而让消费者更好地了解产品,加深对品牌的关注度和品类知识,提升品牌形象;通过直播话术传播品牌的正向声音,主播可以引导观众在直播中加入品牌相关话题的讨论,并集中向消费者展示品牌口碑和实力,提高品牌美誉度。通过直播话术讲述企业的社会使命和公益行动,借助直播平台的社会化传播效应,让消费者感受到企业关心社会的责任感和使命感,进而提升品牌形象。

二、直播营销常用话术

按照直播营销的一般流程,直播营销的常用话术内容如下。

(一)直播预告话术

1. 突出主题

直播预告话术应明确传达直播的主题,激发观众的兴趣。

2. 强调亮点

在直播预告时,确保突出直播的独特亮点和观众的参与价值,以吸引观众的关注和参与。例如,嘉宾、特别活动或惊喜福利等。

3. 时效性

直播预告话术要强调时间限制和即将开始的紧迫感,有效激发观众的兴趣和参与欲望,促使他们按时参加。

4. 社交化

通过社交媒体、微信朋友圈等渠道,让更多的人看到直播预告,并鼓励观众转发预告,增加曝光度和观众流量。

5. 个性化

如果有特色或个性化的话语,可以在直播预告话术中加入,让观众感受到直播人员的风格和人格魅力,吸引特定观众群体的观看和参与互动。

6. 告知利益

直播预告话术可以强调观众收获的利益,例如,能够获取到哪些实用的知识和技能,或者参与活动可以获取哪些福利奖励等。

7. 语气生动

预告话术中可以运用各种语言表达方式,例如,疑问句、陈述句、感叹句等,在语气上要生动活泼,吸引观众的注意力。

例如,大家好,我是扬扬生鲜的小张。向大家介绍一下,扬扬生鲜主要销售优质农产品,带来的农产品全部都是原产地供货,新鲜发出,价格划算品质高! 明天晚上 8 点,我们直播首秀,特意开展了"扬扬生鲜福利节"直播活动,精心挑选了几款商品给大家做福利,保证货真价实、地道好吃,一手福利价格给到大家。我们还特意为大家请到了特级厨师,现场为大家烹制美食,教大家搭配食材,品尝美味的同时保留食物的营养价值,还有抽奖环节和超级好玩的互动游戏等着你,千万别错过。大家也可以邀请亲朋好友一起来我们直播间抢福利玩游戏哦! 关注＋转发,就有机会领取现金红包,明晚 8 点,我们不见不散!

(二) 直播开场话术

1. 问候语

要和观众打招呼,向他们问好,感谢他们的到来。

2. 自我介绍

介绍主播的身份、专业领域等,以便观众了解主播的背景和资格。

3. 活动和主题

概述直播的活动和主题,以便观众了解今天的产品内容,观众福利。

4. 话题引入

尝试引出和今天直播商品相关的话题,建立观众与主播的互动。

5. 交流互动

主播可以向观众问好,并设置直播间的签到活动,让观众在直播间签到,领取一些小福利,例如,优惠券、积分、产品小样等,提高观众对产品的关注度和参与度。

6. 温馨提示

可以提示开启弹幕,引导关注、点赞、分享,设置一些特殊活动,例如,在直播间打卡,达到一定次数可以获得礼品或优惠,留住观众。

例如,大家好,欢迎大家来到扬扬生鲜直播间,我是今天的主播小张。扬扬生鲜主要销售优质农产品,带来的农产品全部都是原产地供货,新鲜发出,价格划算品质高! 马上就是我们"6·18"狂欢购物节了,同时,也是我们店铺直播活动的首秀,为了回馈粉丝朋友,我们特意准备了几款商品给大家做福利,本场直播优惠多多,福利多多,产品数量有限,先到先得,只有关注主播小张,并且在本场直播拍下,才可以享受到我们限时限量的超值优惠价格哦! 没有点关注的宝宝请左上方给小张点点关注,已经关注的宝宝可以把直播间分享给你的亲朋好友,也是分享一份美味和实惠。

(三) 产品介绍话术

1. 产品引入

使用引人入胜的故事或问题来吸引观众的注意力。例如,"你有没有遇到过……的情况,我们的解决方案是……"。

2. 展示产品

使用 PPT、视频或实物展示来辅助介绍产品，使信息更加生动，易于消费者接受。

3. 突出产品特点

清晰地介绍产品名称和品牌，确保目标客户知晓。简洁明了地列出产品的主要特点，分享真实的客户评价，或使用案例强调产品相比竞争对手的优势，提供高质量的产品，指出产品如何帮助解决目标客户的痛点，满足客户需求。

4. 描述使用场景

描述产品在实际生活或工作中的使用场景。例如，"想象一下，当你在……时，使用我们的产品可以……"。

5. 促销

在产品直播中，主播可以提供限时限量的折扣或赠品活动，设定有吸引力的折扣、优惠券、赠品或参与抽奖，刺激消费者快速下单购买。

6. 售后

传达售后服务、退换货政策、物流等信息，建立消费者信任，提升消费者满意度。

例如，美好生活，从健康好水果开始，今天，小张给大家推荐的一号福利商品是我们家的爆款单品，云南红提，非常地道、非常好吃。接下来我们要近距离给大家展示一下这款红提，大家可以看到，我们家的红提，颜色非常漂亮，这是因为高原露天种植，充足的日照给到它非常光亮的外皮，果形非常好看，大小十分均匀。那我们现在给大家介绍一下红提的五个特点：①口感独特，脆甜爽口，一口咬下去，那是细腻多汁，口感那叫一个绝。②由当地的果农朋友绿色纯天然种植，并且在种植过程中，不打农药不催熟，果农朋友和自己家人也是有在食用的，保准大家买得放心，吃得安心。③红提中富含丰富的维生素和矿物质，可以起到促进新陈代谢，美容养颜的功效。④具有食疗保健的作用，红提中含有大量水分，可以生津止渴，还可以补血益气，缓解手脚冰凉。⑤每一串红提都是我们精挑细选，新鲜给大家发出的。说到这里呢，大家是不是已经十分心动了，那小张在这里就要给大家发一波福利，我们一号福利商品云南红提，已经上好了链接，它的日常销售价格是 49.8 元一箱，一箱重量是 5 斤，今天直播间包邮到手价只需要 29.8 元 5 斤，足足给大家打下了 20 元的折扣。总共销售2000 箱，每人限购 2 箱，售完是不再补货的，只有关注了主播，通过直播链接拍下，才可以享受到我们今天的超值优惠价格。我们物流使用顺丰空运，包邮给到大家，一般地区发货后，1~2 天可以到达，偏远地区，2~3 天也是能够送达到你的手中的，并且呢，我们是保质保量保售后，今天在直播间看到的红提是什么样子，你收到手中的红提就是什么样子，保准买得放心，吃得安心。喜欢吃红提的宝宝，一定要抓紧时间抢购哦，错过了今天的直播福利，后面可能就没有这么优惠的价格咯。还有最后几分钟，没有买到的宝宝赶紧下单，一定要尝一尝我们家的云南红提，非常地道、非常好吃。

（四）直播下播话术

1. 感谢粉丝的支持

主播可以在直播结束前表达对粉丝的感谢，让粉丝感到被尊重和认可，这样可以拉近主播和粉丝的距离，增加粉丝忠诚度。

2. 引导粉丝关注和订阅

引导粉丝关注主播的社交媒体账号或者订阅主播的直播频道，以建立更稳定的联系和增加曝光度。

3. 促进转化

主播可以在下播前简要回顾直播产品,加入一些优惠或者赠品活动,将多个商品组合搭配成套餐,以优惠的价格出售,通过活动和搭配套餐,可以提高购买便利性和商品的附加值,推动目标客户在限定的时间内下单购买,促进转化。

4. 留下问候和告别

在下播前,主播可以留下简短的问候和告别语,并表示期待下一次的直播。

例如,在这里呢,我们今天的直播活动快要结束了,还有少许链接可以购买,大家抓紧下单抢购哦。感谢各位宝宝对我们直播活动的大力支持,感谢大家购买我们的商品,谢谢大家。没有抢到今天福利商品的宝宝也不用担心,后续,我们会上架更多的爆款产品,会有更多的优惠活动。还没有关注××生鲜直播间的宝宝,请给我们点点关注,上新活动时,我们会在第一时间通知到大家。宝宝们还可以后台联系客服加入粉丝群哦,如果你有什么产品方面的问题,是可以直接在粉丝群里面咨询的,我们会优先处理,还有不定期的粉丝福利送给大家。那今天的直播就到这里啦,下一次直播,我们不见不散,拜拜。

三、常见的直播营销引导话术设计要点

直播营销引导话术设计要点就是要让客户产生信任感、紧迫感和购买意愿,引导客户更好地参与,通过合适的引导话术提高直播营销活动的成效和客户满意度。

1. 引导话术简洁明了

直播营销引导话术设计要简洁明了,抓住观众的注意力,让观众更容易理解和接受。

2. 注重营造紧迫感

直播营销引导话术可以加入一些数字或时间限制,提高激励因素和参与度,例如,限时促销、限量促销等,为客户营造"今天不买,明天涨价"的紧迫感。

3. 体现产品特性和优势

在直播营销引导话术中,要突出产品特点,将产品信息传达给观众。通过强调产品的性价比、品质优势、功能特点等,让客户更加信服,增强购买欲望和决策信心。

4. 根据不同时机选择不同引导方式

针对不同时期的销售目标,使用不同营销方式。例如,在淡季,可以采取礼品赠送、满减等方式吸引客户,而在旺季则可以选择促销、打折等方式。

5. 加强互动性

直播互动可以为主播和观众创造双赢的局面,大多数直播平台提供关注、弹幕、投票、点赞、抽奖等互动工具,合理使用直播互动工具可以增加观众的参与度,提高观众黏性。

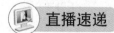

某知名直播间主播介绍粉霜话术

实战训练

名称　商品特色讲解

实训背景　直播时的商品讲解话术、商品展示技巧,以及与粉丝互动的艺术是主播最需要培养的技能和素养。小张是"扬扬生鲜"店铺新招聘的主播。为了更快掌握主播技能,她仔细研究了十几个头部主播的商品讲解案例,试图总结一些商品讲解技巧。在掌握了一些商品讲解套路后,她试图根据商品信息,提炼形成自己的产品讲解话术。

实训要求　根据商品讲解内容,从内容方向、讲解逻辑、话术技巧三个维度归纳商品讲解技巧,提炼推介话术、使用场景话术和促销话术撰写商品讲解脚本。

任务分析　只有掌握商品讲解的方法和技巧才能够留住观众,延长观众观看时间,激发其购买欲望,促进成交订单量的增加。在实际工作中,可以从内容方向、讲解逻辑、话术技巧三个维度拆解并分析商品讲解方法和技巧,运用提炼推介话术、使用场景话术和促销话术。

操作要点

(1)从内容方向维度分析商品讲解技巧。直播商品讲解在内容方向上,可以从品牌故事和背景、产品功能用途、使用感受、商品对比和商品核心优势五个维度思考。根据商品讲解内容,选择涉及的内容方向维度。

(2)从讲解逻辑维度分析商品讲解技巧。讲解逻辑一般有商品卖点介绍、描述使用场景、优惠促销力度和限时限量秒杀四个维度。商品卖点解决为什么值得买的问题,使用场景解决为什么需要买的问题,优惠促销力度即商品利益点解决为什么必须买的问题,限时限量秒杀解决立刻马上买的问题。有了以上的讲解逻辑,激发用户购买欲望就水到渠成了。

(3)从话术技巧维度分析商品讲解技巧。话术技巧一般有消费承诺、营造画面感、给用户算账、制造惊喜和福利、设置价格锚点及营造紧迫感和稀缺性六个维度。

(4)通过富有感染力的话术营造氛围,撰写推介话术。例如,"期待了很久,这个××自热火锅竟然还能还原真正火锅80%的感觉,我自己煮了生菜,番茄黄瓜真的超级好吃,而且连汤底都很好喝,真正的是在办公室都能享受的美味,超级爽"。

(5)通过描述商品的使用场景,强调卖点,刺激用户的购买欲望,并撰写使用场景话术。例如,"椰汁倒进去,灵魂就出来了,有奶香有椰香,真的是,吃过一次就心心念念忘不掉"。

(6)根据商品的促销优惠信息,利用价格锚点和促销优惠的对比,塑造商品的高性价比的形象,并撰写促销话术。例如,"我们这盒自热火锅,平时超市卖49元一盒,今天直播间给到大家的价格只有39.8元,而且是买一盒送一盒"。

任务实施　以小组为单位,按照实训要求完成直播商品讲解话术运用工作流程,见表5-1。

表5-1　直播商品讲解话术运用工作流程

直播商品	
直播开场预热要素	
商品引入话术	
商品属性及卖点讲解	
销售促单	

续表

直播商品	
售后信息提示	
商品上架	
互动方式	
互动实施(注意节奏)	
直播收尾	

任务二　直播间维护

直播间维护是直播运营中至关重要的一环,需要主播与运营团队紧密协作,共同策划并实施符合观众需求的直播内容。通过直播实战提升观众互动率和转化率,扩大直播的覆盖范围和影响力,提高品牌知名度和市场价值。

 学习目标

知识目标:了解直播间气氛维护的重要性,掌握直播间人气调动的步骤和互动技巧;掌握直播突发状况的常见类型,掌握处理直播突发状况的方法和技巧。

能力目标:培养对直播实战的掌控能力,能够和团队配合进行直播实战,维护好直播间气氛,善于调动直播间人气,能和客户、直播间观众有效互动,面对突发状况能够迅速有效应对。

素养目标:强化服务意识,培养公民素养和社会道德观。

活动一　直播间气氛维护

 **活动描述**

小张的直播团队成员通过前期的学习与实践已经开设了抖音店铺,完成了单品直播预演和整场直播预演,并根据直播预演,改进优化了直播话术、直播流程等。直播实战需要团队成员全神贯注,各司其职,全身心投入,以保证直播能顺利进行,取得良好的效果。本次活动,请小组成员选择各自的角色,完成一场直播实战,维护好直播间气氛。

 **知识指南**

一、直播间气氛维护的概念与重要性

（一）直播间气氛维护的概念

直播间气氛维护是指在直播过程中,直播团队通过一系列的行为和措施来营造、维持一个积极、友好、有趣的氛围,它是直播运营中非常重

直播间气氛维护的
概念与重要性

要的环节,好的直播氛围可以吸引更多的观众,提高观众的留存度和参与度,扩大直播的影响力和传播范围,提高品牌认知度和市场价值。营造直播间氛围的活动包括但不限于抽奖、

赠品、秒杀、优惠折扣、免单、拼团、粉丝团任务等。

（二）营造直播间气氛的重要性

营造直播间气氛对于直播运营来说至关重要，这是因为直播间氛围的好坏往往决定了观众的观看时长和留存率，也是影响直播间粉丝和流量的关键因素。

1. 吸引观众

营造好的直播间氛围可以吸引更多的观众。一个充满活力和娱乐性的直播间可以吸引更多的观众参与互动，增加直播间的人气和关注度，使直播间更具吸引力和竞争力。

2. 提高留存率

舒适、轻松的直播间氛围，可以提高观众的留存率，观众更愿意参与互动，能培养观众的忠诚度，有助于塑造积极的品牌形象，增强品牌与观众之间的联系。

3. 促进销售

良好的直播间氛围可以吸引更多的观众互动和留言，促进口碑传播和声誉积累。通过长期的运营和营造，直播间将形成稳定的粉丝群体，并且粉丝在社交媒体上的分享和宣传也会进一步提升直播间的曝光度和吸引力。

良好的直播间氛围中，主播可以更有效地展示产品的特点和优势，提供个性化的产品推荐和服务，通过限时优惠、限量抢购等策略，在直播间创造一种紧迫感，激发观众的购买欲望，从而促进产品销售。

4. 培养忠实观众

良好的直播间氛围可以增加观众的参与度，让他们对主播产生好感和信任，促进良好的口碑传播和声誉积累，从而培养忠实观众。这些观众将形成稳定的粉丝群体，他们在社交媒体上的分享和宣传也会进一步提升直播间的曝光度和吸引力。

（三）营造直播间气氛的手段

营造出一个轻松、愉快、参与度高的直播间气氛，是直播过程中不可或缺的环节，鼓励观众跟随直播共同参与并创造交流场景，增进主播与观众之间的联系和信任感。营造好的直播间氛围需要通过多种手段，从视觉、声音、互动等多个方面来进行。

1. 视觉方面

在直播场景方面，可以通过灯光、背景和主播的着装来营造一个有特色、符合主题的场景，为观众带来愉悦的视觉体验。背景图案、颜色要与主播的形象和直播内容相符合，同时注意背景太花哨、过于鲜艳也会影响观众的观看体验。此外可以加入特效元素，如转场、打赏动画等效果，来增加直播的趣味性。

2. 声音方面

声音是直播场景中必不可少的要素，主播的语音要清晰、流畅，并且注意控制噪声，避免干扰观众。同时可以配备背景音乐和音效，增强直播间的氛围，使观众沉浸在直播内容中。在播放音乐方面，一定要注意不要涉及版权问题。

3. 互动方面

直播互动是增强观众参与感和提高直播吸引力的关键因素。互动包括提问、投票、抽奖、游戏、才艺展示等。主播还可以充分利用网络直播平台的互动功能，开启弹幕互动、点赞打赏等，增加直播中的趣味性。

综上所述，直播间的氛围打造需要主播协调多个方面，通过细节把控和创新，不断优化直播互动技巧,有效引导观众互动,提高观众的观看率和留存率。

二、直播间人气调动方法

1. 发放福利

可以在直播间中可以设置小福利来吸引观众的注意,例如,设置抖币福袋、超级福袋、店铺粉丝券、抽奖等。

(1)抖币福袋是引导直播间评论关注,加粉丝灯牌的一个非常重要的工具。可以设置一些具体的条件,例如,只有发布了评论或只有加入粉丝团的用户才可以去领取这个抖币福袋。

(2)超级福袋是一个非常好的有奖销售的互动工具,可以把具体的抽奖的活动展示在直播间的购物车里,引导用户在直播间评论、关注粉丝灯牌。

超级福袋的内容可以设置为左上角点击关注主播/几号链接有福利/全场保真,假一赔十等;也可以设置看播任务,例如,看直播 5 分钟或 10 分钟可以领取超级福袋等。用户需要完成任务,才可以领取,用户界面如图 5-1 所示。

图 5-1　用户界面

(3)店铺粉丝券是直播间粉丝专属优惠券,鼓励观众购买产品,是直播间涨粉的一个非常重要的营销工具,在开播后人气比较高的时候使用,或者是爆款上架时使用。店铺粉丝券在抖店的营销工具中设置,如图 5-2 所示,用户领取界面如图 5-3 所示。

(4)抽奖活动通过整点抽奖、问答抽奖、下单抽奖等形式进行,设置满足特定条件的人群参与直播间抽奖,提供实物奖品或虚拟礼物。

2. 提供有价值的内容

直播内容要有价值,才能吸引观众的注意力,建立观众对产品和品牌的信任。可以通过以下策略,调动直播间的人气。

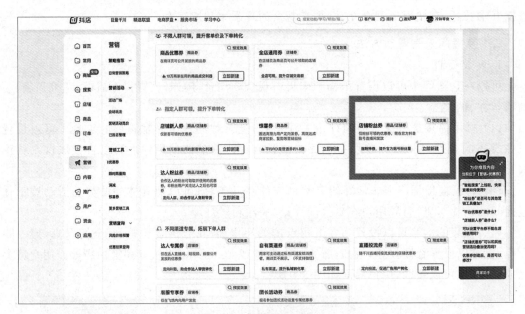

图 5-2 工具设置界面

图 5-3 用户领取界面

（1）在直播前准备好一些有趣的话题引入产品，深入介绍产品的特点、使用方法和优势，让观众了解将要购买的产品；提供专业的产品测评，包括性能测试、对比分析等，增加内容的权威性；现场展示产品，创设产品使用场景，演示产品的使用过程，让观众直观感受产品的实际效果；分享真实客户的使用反馈和评价，增加产品的可信度。

（2）在直播中,定期推出与产品相关的活动或者游戏,增加直播的趣味性,也为观众提供了解和体验产品的新方式,吸引观众参与。

（3）提供与产品相关的教育内容,增加观众对产品的兴趣,同时提升他们的购买意愿。例如,产品使用教程、行业知识讲座、健康与安全教育、产品维护和保养、时尚搭配建议、美容和护肤知识、营养和饮食指导等。通过产品相关的教育内容,提供产品价值的同时,还能够建立信任和权威,从而吸引和保持观众的兴趣,提高直播间的人气。

3. 加强互动环节

直播时设置与观众互动、提问、答题等,让观众和主播建立更紧密的联系,具体步骤如下。

（1）在直播开始前,准备一些有趣的问题或者话题。

（2）在直播中,定期和观众互动,例如,提问和回答、共同讨论某个话题等。

（3）在互动环节中,选择性地送出小福利或者奖励,增加观众的参与度。

（4）通过社交媒体进行推广和宣传,如微博、抖音、微信等,提高直播间的曝光率。在直播中,定期推出一些有趣的活动或场景,在社交媒体上分享,增加直播间的曝光率和传播度。通过社交媒体和观众互动,回答观众的问题并回复反馈意见,增加观众的忠诚度。

4. 发挥个人特长

如果主播有唱歌、跳舞、画画等才艺,可以在直播中展示,让观众感到惊喜和有趣,具体步骤如下。

（1）在直播前准备好自己的才艺表演。

（2）在直播中,定期展示才艺,吸引观众的观看和参与。

（3）与观众互动,接受观众的点播,增加互动性和参与度。

总之,以上这些调动直播间人气的方法,需要主播不断进行尝试和优化,才能真正吸引到越来越多的观众,增加直播间的人气。

三、直播间互动技巧

直播间会遇见这样的问题:①粉丝不说话,主播也不知道该说什么;②产品卖点讲了,但越讲粉丝越少。这两种问题产生的原因其实就是主播没有掌握直播间互动技巧。高水平的直播间互动,需要在制造短期价值的同时,重视直播的长期价值,即提供好内容、好商品、好服务。高互动公式如图5-4所示。

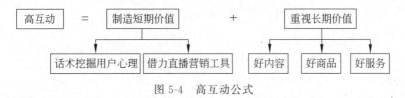

图 5-4　高互动公式

1. 主播引导互动

（1）营造视觉场景。使用直观的福利信息展示,引导用户进入互动。例如,可以用直观的贴纸、KT板、卡片等方式,强化互动路径的引导。

（2）建立互动。主播需要时刻保持互动意识,时刻关注粉丝情绪,注重引导互动。话术是最直接的引导方式,通过问好、给福利等方式,拉近主播和用户之间的距离。人少时可以与粉丝一对一沟通,回答粉丝问题,招呼新进直播间的用户名字,让每一个直播间的用户都有存在感。人多时,引导用户点赞和关注,到一定量级就释放福利。例如,"在直播间的宝宝关注后可以帮主播点一点赞,点赞到 5000,我们给大家上爆款商品×××"。当评论区大家都在问同一问题时,一定不能忽略用户的意见,也可以在回应后将用户引导到你所讲解的产品上。例如,评论区很多问价格的,可以回复,"我看到很多宝宝都在问价格,那大家可以猜一猜,把价格打在公屏上哦"。

(3)巧妙引导评论。在直播电商运营中,巧妙引导评论是提升观众参与度的关键策略。主播可以通过提出封闭式问题促进互动,例如,询问观众对商品颜色的喜好时,"喜欢主播现在讲解的商品颜色的宝宝们,请在评论区回复'喜欢',主播会根据大家的喜好推出福利商品。"同时,主播可以采用二选一的方式提问,例如,"宝宝们,主播手上的黑色和白色裙子,你们更喜欢哪一种颜色?请在评论区回复'黑色'或'白色'。"这样的提问方式既避免了开放式问题可能引发的负面反馈,又简化了观众的决策过程,有效提高了互动性和购买意愿。

(4)开放性话题讨论。针对性发布粉丝感兴趣的话题,引导讨论,增强与粉丝的情感交流。

(5)推动引导下单。通过引导下单,既可以提升互动,又可以促进成交。例如,"这款轻薄透气的连衣裙在一号链接,拍下以后我们还送一个手拿包,要礼物的姐妹请把礼物刷起来哦。""今天直播间礼物只送粉丝哦,没有关注的宝宝先点点关注哦。""我们的连衣裙也是品牌的,价格实惠品质高,你穿上肯定很美哦。""今天我们很有诚意,让大家通过我们这条连衣裙,认可我们的品质,成为我们粉丝,礼物不多,大家赶紧拍下哦。"

2. 用户心理挖掘

(1)福利引导关注。持续性引导用户关注主播;限时限量给粉丝福利,引导加群;口播粉丝群专属福利,引导加群。

(2)粉丝深度运营。增加维护粉丝利益的砍价环节,如果主播具备调整真实价格的权限,今天人气很高,主播可以尽可能使用自己的最大权限,降低价格,实现更好转化;结合粉丝属性分析进行选品,针对粉丝需求选品,会进一步加强用户的互动效果;打造粉丝案例,从粉丝角度讲解产品;将带货与粉丝专享福利结合,增进情感。

(3)娱乐直播场景。连麦,PK,更多互动玩法。

3. 平台营销工具

(1)巧用抖币福袋。建议开播时每 10 分钟使用 1 次,内容设置可以引导关注,也可以引导点击链接。

(2)巧用实物福袋。建议开播时每 30 分钟使用 1 次或每 60 分钟使用 1 次,内容设计技巧为抽奖设置"一键加关注",要善用福袋,营造紧张计时氛围。

(3)巧用购物红包。开播后每 15~30 分钟使用 1 次,或根据自身情况选择,可以通过利益诱惑和转化,提升粉丝在直播间互动的积极性。

(4)设置粉丝专享券。增加"专属感",可在巨量百应后台,设置粉丝券,直播间口播引导用户关注领券,用户关注并领券,主播提醒价格福利和库存稀有,促进转化。

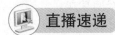
直播速递

直播间氛围的维护

实战训练

名称　直播间互动

实训背景　直播互动可以提高直播团队的互动技巧,创造有趣的互动环节并建立良好的直播互动体验。有助于引导观众的参与、增加观众与主播的互动交流,并提升直播的品牌形象和商业效益。小张是"扬扬生鲜"店铺的团队负责人。为了使直播间更快地走上正轨,仔细研究了十几个头部直播间的互动案例,试图总结观众互动的技巧。在掌握了一定的技术、方法后,他试图根据店铺所售商品,要求团队成员分工协作,完成直播产品展示和解说的同时,让观众体会到直播间的好玩,给观众实实在在的福利,留住观众。

实训要求

(1)根据直播产品,选择适合直播主题的互动玩法。

(2)掌握直播间互动玩法技巧,设置至少五种互动。

(3)根据设置的互动,运用直播互动话术,完成直播互动。

任务分析　直播团队只有了解商品、掌握讲解的方法和技巧、同时知晓消费者的需求,才能够留住观众,延长观众观看时间,激发其购买欲望,促进成交订单量的增加。在实际工作中,可以从引导关注、点赞、转发;设置公告栏;设置红包;设置抽奖活动等几个方面来完成直播互动,提高直播间的留人能力和产品销售能力。

操作要点

(1)了解各平台的互动玩法和各平台规则,培训主播和团队熟悉直播平台的功能和特点,包括如何开启互动功能、设定触发条件、管理评论和弹幕等。

(2)引导关注加入粉丝团,可以设置粉丝送运费险、七天无理由退货、粉丝优先发出等福利。

(3)引导点赞,设置点赞达到一定量级(如达到一万点赞或某个特定数字),给大家安排秒杀福利或安排一波抽奖。

(4)引导评论,设置和直播产品相关的问题和观众互动,如想要白色款的扣1,注意引导回复的内容不要太复杂,问题不要设置开放式。

(5)设置秒杀活动,引导观众留言关键词参与秒杀,统计人数,限时刷屏报名,满足人数条件就上链接。

(6)免单抽奖,引导观众刷屏,主播随机点选幸运观众,可获得赠品或免单福利。

(7)发放红包,发通用红包,引导观众抢红包,增加直播间气氛。

（8）设置福袋，设置福袋参与门槛，用户参与福袋抽奖后自动发送弹幕。

（9）设置连麦，主直播间直播可以和第二现场直播连线，进行直播内容的补充。

任务实施　以小组为单位，按照实训要求完成直播间互动设计，填写直播互动工作流程，见表5-2。

表5-2　直播互动工作流程

互动方式	互动时间	设置方法和要点	互动话术
1			
2			
3			
4			
5			

活动二　直播突发情况处理

活动描述

　　小张的直播团队成员通过前期的学习与实践已经开设了抖音店铺，掌握了直播间气氛维护的基本方法，想要开展直播活动，但对于直播间的突发情况还不太熟悉，担心会遇到解决不了的问题。本活动请小组成员帮助小张的直播团队了解并处理好直播突发情况。

直播突发情况处理

知识指南

　　直播间的运营往往伴随突如其来的挑战，这些挑战涵盖了设备故障、技术难题、情绪波动、执行偏差乃至法律风险等多维度问题。面对这些突发状况，直播团队的每一位成员都需展现出高度的冷静与敏锐，迅速响应，依据实际情况灵活应变，以最小的干扰维持直播的连贯性。通过持续的学习积累与实践锤炼，主播不仅能够显著提升自己应对突发事件的能力，更能确保直播活动在任何情况下都能平稳、有序地进行，为观众带来更加流畅、专业的观看体验。

一、设备问题、技术故障及应对措施

　　设备问题和技术故障是直播间的常见问题，它们会直接影响直播的质量和观众的观看体验。

（一）设备问题

1. 摄像头问题

　　可能因为驱动问题、硬件损坏或设置不当导致摄像头画面模糊或无法工作。应对措施包括检查摄像头驱动是否安装正确，更新驱动程序，检查摄像头硬件是否有损坏，调整直播软件中的摄像头设置。

2. 麦克风问题

　　可能因为连接问题、硬件故障或软件设置不当导致麦克风声音无法传输或声音质量差。

应对措施包括检查麦克风连接是否牢固,更换麦克风硬件,调整音频设置以优化声音质量。

3. 计算机性能问题

如果直播过程中计算机卡顿或反应慢,可能是由于 CPU 或内存占用过高。应对措施包括关闭不必要的后台程序,优化计算机性能,升级硬件,如增加内存或更换更高性能的 CPU。

4. 电源问题

可能因为电源不稳定或电源适配器故障导致设备突然断电或重启。应对措施是使用稳定的电源,准备不间断电源,检查并更换有问题的电源适配器。

5. 存储空间问题

如果直播设备存储空间不足,可能导致无法保存直播内容或运行卡顿。应对措施是清理不必要的文件,释放存储空间,或升级到更大容量的存储设备。

6. 外设连接问题

键盘、鼠标、耳机等外设连接不稳定或无法识别。应对措施包括检查连接端口是否损坏,尝试更换连接线或使用无线连接。

7. 设备过热问题

设备长时间运行可能导致过热,影响性能和稳定性。应对措施包括保持良好的通风环境,使用散热垫或风扇,定期清理设备内部灰尘。

面对设备问题,主播和团队应该提前进行设备检查和维护,确保所有设备在直播前处于最佳状态。此外,准备备用设备和配件,以便在出现问题时能够迅速更换,减少直播中断的风险。

(二) 技术故障

1. 断线或连接不稳定

可能是网络不稳定或直播软件的问题。应对措施包括检查网络连接,重启路由器或切换到更稳定的网络环境。如果是软件问题,尝试重启直播软件或更新到最新版本。

2. 直播卡顿

可能是由于网络带宽不足或直播设备性能不足。应对措施包括优化网络设置,升级网络带宽,或者降低直播的分辨率和码率,确保设备性能符合直播要求。

3. 直播画面或声音质量差

可能是摄像头或麦克风质量不佳,或者编码设置不当。应对措施包括更换高质量的摄像头和麦克风,调整直播软件的编码设置,确保画面和声音清晰。

4. 直播软件闪退或崩溃

可能是软件本身存在 bug,或者与其他程序冲突。应对措施包括更新直播软件到最新版本,关闭不必要的后台程序,或者尝试使用其他直播软件。

5. 音画不同步

通常是由于编码延迟或网络延迟造成的。应对措施包括优化网络设置,减少编码延迟,或者在直播软件中调整音画同步设置。

6. 直播过程中出现黑屏或白屏

可能是显卡驱动问题或直播软件设置不当。应对措施包括更新显卡驱动,检查直播软件显示设置,确保正确捕获视频信号。

二、执行问题及应对措施

在直播过程中经常会遇到商品信息、价格、促销活动等设置错误或不当等问题,这些问题若不及时纠正,可能会对观众信任度和品牌形象造成负面影响。因此,直播团队需要具备快速识别并纠正错误信息的能力,以维护直播的专业性和观众的满意度。

1. 商品信息错误

直播中可能会因为信息更新不及时或主播对商品了解不足,导致介绍的商品信息与实际情况不符。应对措施是确保主播在直播前充分了解、核实商品信息,包括商品名称、规格、品牌、产地等,确保信息的准确性。

2. 库存和物流问题

直播中可能会出现商品库存不足或物流延迟问题,影响消费者体验。应对措施是提前准备充足的库存,与物流团队紧密合作,确保商品能够及时发货,如果商品库存不足或者缺货,需要及时对用户进行提示并提供相似或替代商品,避免用户因为缺货问题而流失。

3. 价格设置错误

商品价格是直播销售的重要考量因素,直播中商品价格设置错误,可能会影响销售及用户的感受和满意度,甚至可能导致消费者投诉。应对措施是在直播前仔细查看,确保价格设置正确。

4. 优惠券和促销活动问题

优惠券发放或促销活动设置不当,可能会导致消费者无法使用或产生误解。应对措施是提前测试优惠券和促销活动,确保活动规则清晰易懂,方便消费者参与。

三、防范直播营销过程中的法律风险

直播营销作为一种新兴的网络营销方式,在快速发展的同时也伴随着一些法律风险,而这也是导致直播间突发情况的因素。了解和遵守相关法律、法规,加强直播内容的审核与管理,是直播营销过程中防范法律风险的关键。

(一)直播营销过程中的主要法律风险

1. 虚假宣传风险

直播营销人员或机构若发布虚假或误导性信息,可能会违反《中华人民共和国广告法》(简称《广告法》)、《中华人民共和国反不正当竞争法》(简称《反不正当竞争法》)和《中华人民共和国电子商务法》(简称《电子商务法》),面临行政处罚和民事索赔。

2. 侵犯消费者权益

未能妥善处理消费者投诉、退换货等请求,可能会违反《中华人民共和国消费者权益保护法》,影响品牌信誉并可能面临法律诉讼。

3. 侵犯知识产权

在直播中使用未经授权的商标、专利或版权内容,可能会构成侵犯知识产权,承担相应的法律责任。

4. 泄露消费者个人信息

直播购物通常需要消费者个人信息,如姓名、身份证号码、地址等,主播或相关人员必须保护顾客的个人隐私,否则可能涉嫌泄露顾客个人信息,违反《中华人民共和国网络安全法》(简称《网络安全法》),面临法律责任。

5.侵犯未成年人权益

直播内容若对未成年人身心健康有害,或未能有效识别、阻止未成年人参与不适宜的直播活动,可能违反相关未成年人保护法规。

（二）规避法律风险的措施

1.了解并遵守法律、法规

深入学习《广告法》《反不正当竞争法》《电子商务法》等相关法律、法规,对直播内容进行预审和实时监控,防止发布虚假或误导性信息,避免使用绝对化用语,确保直播内容真实、合法。

2.保护消费者权益

确保消费者知情权和选择权,提供准确的商品信息,提高产品质量,保证所售商品在市场上的评论和口碑的稳定,避免被召回,同时,建立便捷的投诉和争议解决机制。

3.尊重知识产权

不使用未经授权的商标、专利或版权内容。

4.加强个人信息保护

遵循《网络安全法》等相关法律,依法保护用户个人信息,不泄露、出售和非法提供用户个人信息。

5.强化未成年人保护

建立健全未成年人保护机制,避免在直播中展示可能影响未成年人身心健康的内容,确保直播内容适宜,不危害未成年人身心健康。

综上所述,规避风险的关键在于了解和遵守法律、法规,严格审查和识别敏感行为。加强知识产权保护,构建良好的网络生态环境,确保消费者个人信息安全,重视未成年人保护,增强法律意识和风险意识,全方位保障企业利益和品牌形象的稳定与健康,促进行业的健康发展。

四、应对直播不良情绪

直播不良情绪是主播或观众在直播过程中出现的负面情绪,包括但不限于紧张和焦虑、愤怒、沮丧、疲劳等。在直播中,不良情绪不仅会对主播、观众及其他人员的身心健康造成影响,还可能产生严重的社会影响。

直播不良情绪出现的原因很多,包括主播和观众的个人因素、环境因素、激励因素等。处理直播不良情绪的关键在于识别情绪的来源,并采取适当的策略管理不良情绪。

（一）直播不良情绪的类型

直播是一种集体活动,不良情绪的出现可能产生连锁反应,如果不能及时控制,可能会产生严重的不利后果。直播不良情绪主要包括以下几种。

1.主播紧张和焦虑

由于主播对直播过程、成绩的要求比较高,面对镜头和观众,可能会感到紧张或焦虑,尤其在直播初期或面对大型活动时,主播可能担心直播内容、直播效果、直播前后的评价等,常会出现紧张和焦虑情绪,不利于直播效果的发挥。

2.愤怒

针对直播过程中出现的负面评论或不友好的互动,主播或观众可能会出现愤怒情绪,情绪激烈,难以控制。

3. 沮丧

主播可能会因为直播效果反馈、技术问题、个人原因、长时间身心疲劳,引发沮丧情绪。

（二）应对不良情绪的措施

想要获得良好的直播效果,就必须在直播过程中处理好不良情绪,保持良好的心态和专业的态度,可以采取以下措施应对不良情绪。

1. 自我提升

直播是一个学习和成长的过程,要不断学习提高直播技能,提升直播质量和效果,随着知识和经验的积累,可以缓解紧张和焦虑情绪。

2. 保持冷静,解决问题

（1）对于无意义的攻击和恶意的负面评论,可以选择不予回应,必要时可以使用直播平台的屏蔽功能,过滤掉不恰当的言语或用户。

（2）面对烦躁或不满的顾客,要始终保持平和的态度、语气,安抚对方的情绪。认真倾听顾客的意见、建议和不满,如果确实存在错误或瑕疵,要对客户表示道歉和理解,并采取措施处理问题。

3. 专业形象塑造

无论面对何种情况,都要保持专业、礼貌和耐心的态度。即使遇到挑战或批评,也要以平和、理性的方式回应。

4. 自我激励与反思

每次直播后,进行自我反思,总结成功经验与待改进之处。同时,给予自己正面的肯定和鼓励,保持对直播事业的热情和动力。

5. 健康生活方式

保持良好的作息习惯、均衡的饮食和适量的运动,这些都有助于提升情绪稳定性和整体精神状态。

 直播速递

一个优秀主播如何处理直播危机

实战训练

名称　直播间突发情况处理

实训背景　处理直播间突发情况需要团队成员之间紧密合作、高效沟通和迅速应对。通过合理的实训步骤和演练,团队成员可以应对各种突发情况,并保证直播间的稳定和安全。小张是"扬扬生鲜"店铺的团队负责人。为了使直播间更快地走上正轨,仔细研究了十几个头部直播间的案例,试图总结规避直播间突发情况的技巧,也想提升自己团队解决直播间突发情况的能力,有效应对突发状况,减少对直播间的影响。

实训要求

(1) 掌握互动类突发状况应对措施。

(2) 掌握流量类问题应对措施。

(3) 掌握违规类问题应对措施。

(4) 掌握设备类问题应对措施。

(5) 掌握系统类问题应对措施。

(6) 掌握设置类问题应对措施。

任务分析 主播和团队成员通过紧密合作、迅速反应和灵活地沟通,使直播得以继续,最大限度地减少了对观众体验和参与度的影响。上播前充分准备,检查设备和直播相关设置,确保无误再上播;出现问题时摆正心态,应对和解决问题;每场直播都是现场直播,出现一些问题也很正常,要调节预期,做一些容错的准备和应对措施;出现问题要灵活机动,迅速辨别问题类型,找到应对方式。在实际工作中,可以从了解直播间突发状况类型出发,掌握各种类型问题的具体表现和应对措施,希望可以通过充分准备来减少直播间突发情况的发生,摆正心态,发生问题后要具备解决问题的能力,提高直播间的留人能力和产品销售能力。

操作要点

(1) 互动类突发状况及应对。有关商品的负面评论主播要及时安抚客户,帮助客户及时处理解决问题;若判断出确属恶意刷屏的、严重影响直播的,可以禁言或者拉黑处理,严重的也可联系平台处理。

(2) 流量类问题应对。直播间流量忽然暴涨,要稳住心态,及时与团队沟通,暴涨原因是否是正向的,人从哪儿来的,我要怎样去转化;流量忽然下落,无人互动,要明确原因,是否是触犯了违规机制,导致系统限流,要有条不紊地找出问题。

(3) 违规类问题应对。明确违规原因,可以规避时,可继续直播,如不清楚原因或不确认能否规避,要先下播复盘,找到原因改正后,才能继续直播。

(4) 设备类问题应对。如摄像头黑屏、没有了声音,要先评估是否可以现场解决,现场不能解决的,要及时告知粉丝,然后场下播。

(5) 系统类问题应对。如是中控台崩溃、软件插件问题,要及时排查网络因素,排查因操作不当引起的故障。

(6) 设置类问题应对。因疏漏设置出错,如产品价格出错,优惠设置错误等,要及时下架链接,暂停活动,及时止损,并且及时制定补偿机制,真实告诉粉丝设置出错,获得粉丝谅解,已经形成的订单正常发货,下播后要进行复盘,明确岗位分工和职责。

任务实施 以小组为单位,按照实训要求完成直播间突发情况处理,并填写直播间突发情况处理流程,见表 5-3。

表 5-3 直播间突发情况处理流程

互动类问题	具 体 表 现	应对措施或规避办法
流量类问题	具 体 表 现	应对措施或规避办法

续表

流量类问题	具 体 表 现	应对措施或规避办法
违规类问题	具 体 表 现	应对措施或规避办法
设备类问题	具 体 表 现	应对措施或规避办法
系统类问题	具 体 表 现	应对措施或规避办法
设置类问题	具 体 表 现	应对措施或规避办法

任务三　直播实战

　　直播带货是一种新兴的电商模式,通过直播平台向观众展示商品并进行销售。直播带货的成功很大程度上取决于主播的个人魅力、专业知识以及与观众的互动能力。通过不断学习和实践,主播可以更好地掌握直播技巧,提升表达能力,了解观众的需求和喜好,从而提供更具吸引力和价值的直播内容。直播实战的目标是通过实际操作和不断获得反馈,提高直播的质量,吸引更多观众参与,并建立和维护一个积极互动的直播社群,增加产品曝光度,促进消费者购买产品或服务。

学习目标

　　知识目标:了解单品直播和整场直播预演的基本流程;熟悉直播实战的策略和技巧;知晓直播互动设置的方法。

　　能力目标:掌握直播技术和设备的使用;能设计并完成单品直播和整场直播预演;知晓添加和上架直播商品的方法;能设置各种直播互动。

　　素养目标:加强媒体素养。培养正确世界观、人生观和价值观,增强社会责任感和使命感,培养公民素养和社会参与意识。

活动一　单品直播

 活动描述

　　小张创业团队已经知晓直播相关话术的设计要点并能够运用相关话术,具备一定的调动直播间气氛的能力,有一定处理直播间突发状况的能力。现在,为了团队尽快走入正轨,取得收益,"扬扬生鲜"直播间团队负责人小张安排了一场单品直播,团队成员需要利用运营

的抖音账号,分工协作,根据产品内容和产品特点进行展示和讲解,促进产品销售。

知识指南

一、单品直播基本流程概述

1. 单品直播的概念

单品直播是一种电商直播销售模式,主要通过直播平台对单个产品或品类的商品进行展示和销售。在直播过程中,主播会介绍商品的特点、使用方法、材质等详细信息,同时呈现商品的实际效果,以此激发观众的购买欲望。单品直播通常以限时限量的形式进行,为观众营造一种"买就赚、不买就亏"的紧迫感,以促进销售。

2. 单品直播的流程

(1)策划。确定直播时间、地点、主题、嘉宾、礼品等,撰写直播脚本和营销方案,制定直播预算和任务目标。

(2)准备。搭建直播平台、设置直播设备、制作宣传海报、预演视频等,准备直播物资和礼品,进行预演视频播放和宣传效果评估。

(3)直播。在预定时间准时开播,按照脚本进行推介和销售,引导用户加购、下单和支付,时刻关注弹幕和用户留言,及时回答用户问题,增强互动效果。

(4)监控。通过数据分析和观看情况了解直播效果,包括观看量、下单量、转化率、用户反馈等,总结经验和教训,为后续直播节目做好准备。

二、单品直播彩排

(一)单品直播彩排概述

单品直播彩排是在直播前对直播流程、内容、技术设备及主播表现进行全面测试和确认的重要环节。简而言之,它是通过技术和表演演练确保正式直播的顺利进行。

单品直播彩排

单品直播彩排通常由核心团队负责,包括主播、产品经理、营销团队以及摄像师、直播操作人员等技术人员,在彩排过程中,彩排小组将会进行实际的演示,测试整个直播流程,并对直播进行全面的检查,以确保各种问题不影响正式直播的质量和顺利执行。如果有问题,需要及时调整,逐步优化整个单品直播方案,确保在直播时获得最佳效果。

单品直播彩排的主要目的是验证直播方案和演示品质,及时解决问题,以确保直播过程顺利执行。通过单品直播的演示、全面检查和反馈优化,可以提高直播品质;加深用户对单品的了解,增强用户信任感、促进销售;还有助于营销团队和产品经理的深入沟通落实。

(二)单品直播彩排流程

1. 提前策划

在直播前,需要开通直播账号,准备好需要展示和推广的商品,确定直播的主题,直播内容的亮点和互动环节,主打商品以及直播时间。此外,也可以在直播前通过社交平台等渠道宣传直播主题和时间,提高观众的关注度。策划阶段需关注以下要点:确保直播主题和内容亮点吸引观众;合理安排直播时间;详细介绍商品信息、价格和优点;吸引观众观看并促进

购买；确保直播设备和环境满足画质与音效标准，提升观众体验；设计合理的观众互动环节，如抽奖、问答、点赞等，增强趣味性和参与度。

2．搭建直播场景

根据直播主题和展示的产品，搭建一个符合主题风格和产品特点的直播场景。场景搭建需要考虑摆设、灯光、音响、背景等多个方面，以确保整个场景的视觉效果、听觉效果、氛围营造等都能够与直播内容相匹配。直播场景如图 5-5 所示。

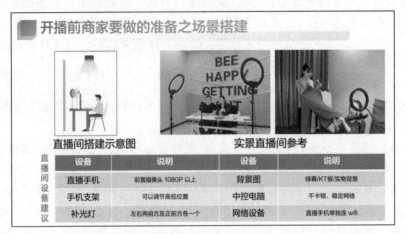

图 5-5　直播场景

3．测试设备与网络

在直播彩排之前，需要测试直播设备的稳定性和网络的流畅性。测试设备包括相机、麦克风、音响、投影仪等多个方面，确保设备的质量和性能符合直播要求。测试网络则需要考虑直播信号的上传速度、下载速度、稳定性等，以确保直播中不出现卡顿、掉线等问题。

4．模拟直播过程

（1）平台登录。开启抖音电商官网，选择右上角"登录"→"达人工作台"选项，如图 5-6 所示。选择抖音账号登录，用准备开播的抖音账号扫描二维码，如图 5-7 所示。

图 5-6　登录工作台

图 5-7　登录界面

（2）进入直播中控台。选择"巨量百应"→"直播管理"选项，如图 5-8 所示。单击"直播中控台"选项，如图 5-9 所示。添加直播商品，最后单击"确认添加"按钮，如图 5-10 所示。

图 5-8　巨量百应

（3）开始直播。在抖音 App 上，单击"＋"按钮，单击"开直播"按钮设置直播标题，要表达出直播的内容，贴合自身行业内容；设置封面，要贴合直播内容，有助于用户进入直播间；选择直播内容，设置"购物/电商"内容，有助于获得更多兴趣观众，单击"开始视频直播"按钮（图 5-11）。

（4）往直播间购物车添加商品。在开播界面，单击购物车标志，再单击"添加直播商品"按钮，如图 5-12 所示。

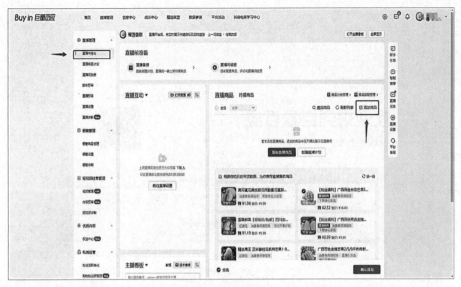

图 5-9　直播中控台

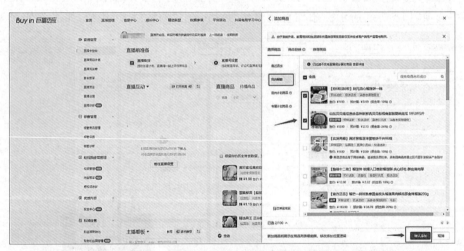

图 5-10　添加直播商品

图 5-11　开始直播

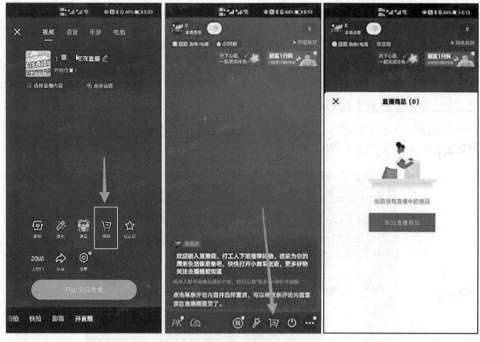

图 5-12　添加直播商品

（5）选择商品。可以从"我的橱窗"里选择（需要提前从选品广场把商品添加到橱窗）；也可以从"我的小店"里选择。如果是与商家店铺有绑定关系的抖音号（店铺的官方账号或自播账号），系统会自动读取对应店铺中在售的商品，单击"我的小店"选项，即可看到对应商品，可直接添加到直播间，如图 5-13 所示。

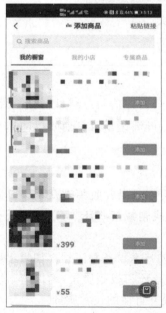

图 5-13　我的小店

5. 提高观众互动频率

在直播过程中,可以鼓励观众参与互动,提高互动频率。可以使用引流工具——店铺粉丝券,选择"抖店 PC 端"→"营销中心"→"营销工具"→"优惠券"→"店铺粉丝券"选项,可以开播就引导关注,持续整场,观众领取界面如图 5-14 所示,在直播过程中,可利用拉停留工具——购物红包,通过选择"巨量百应 PC 端"→"直播管理"→"红包管理"→"新建红包"选项进行设置,通常在商品上架前进行。此外,为提升转化率,可使用限时限量购(秒杀)工具,具体操作为选择"抖店 PC 端"→"营销中心"→"营销工具"→"限时限量购"→"立即新建"选项,同样适用于产品上架前的促销。

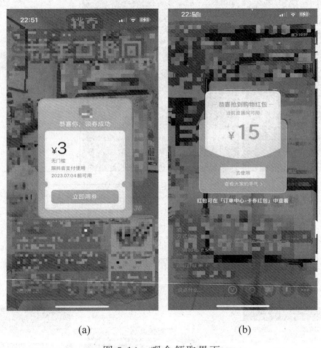

(a)   (b)

图 5-14　观众领取界面

6. 直播活动结束

直播结束后,需统计商品销售数据,并对销售效果进行全面评估与总结,以便后续优化直播策略,提升直播效果。此外,利用淘宝直播的回放功能,可确保错过直播时段的用户也能观看直播内容,增强用户体验。

三、依据单品直播彩排调整优化直播方案

(1)节目内容优化。通过直播彩排,可以观察节目的实际效果并收集观众反馈。并据此对节目内容进行优化,包括修正或改进现有的内容,增加或删减某些环节,以及加入更引人注目或更具互动性的元素。

(2)技术调整优化。直播彩排可以帮助检验直播所需的技术设备和流程。如果出现技术问题,可以根据彩排的表现进行调整和优化。例如,检查音频和视频质量,确保清晰度和稳定性;调整摄像机角度和镜头运动;优化灯光效果等,以提升直播的技术质量。

(3)时间安排优化。直播彩排可以帮助评估整个直播过程的时间安排情况。据此可以确定每个环节所需时间,并在必要时进行调整,确保直播能在规定时间内顺利完成。此外,通过观察彩排的流程,还可以发现是否有需要优化的时间过渡或缺乏连贯性的问题,以提升直播的流畅度。

(4)直播体验优化。直播彩排中的观众反馈对于调整直播方案非常重要。可以借助直播彩排过程中的观众意见和建议,以优化直播体验。例如,调整主播与观众互动的方式,增加互动环节;改善直播的平台和界面设计,以提高用户体验;选择合适的直播时间,以满足观众的需求等。

总之,直播彩排对于优化调整单品直播方案至关重要。通过观察直播内容、技术问题、时间安排及观众反馈,可以提出相应的优化方案,以确保单品直播的质量和效果达到最佳状态。

 直播速递

某知名直播间××小木马椭圆机介绍

 实战训练

名称 单品直播

实训背景 直播时,如何有针对性地把产品信息介绍、演示和推广给消费者,是确保直播效果和效率的关键。小张是"扬扬生鲜"店铺的团队负责人。为了使直播间更快地走上正轨,仔细研究了十几个头部直播间的单品直播案例,学习总结他们的商品展示技巧、讲解技巧等。在掌握了一定的技术、方法后,他根据所展示商品的特点,要求团队成员分工协作,进行一场单品直播。

实训要求 根据单品直播的流程,从产品准备、直播间准备、直播账号登录、产品介绍、直播间气氛维护、促成交易,分六个步骤完成单品直播,提前发现和解决可能存在的问题,增强直播的专业性和流畅性,提高产品的展示效果和销售能力。

任务分析 只有直播团队了解消费者的需求、了解商品、掌握商品讲解和展示的方法、才能够更好地展示商品的特色和亮点,吸引观众注意,留住观众,延长观众观看时间,激发观众的购买欲望,促进成交订单量的增加。在实际工作中,单品直播可以从产品准备、直播间准备、直播账号登录、产品介绍、直播间气氛维护、促成交易六个方面来完成单品直播,提高产品的展示效果和销售能力。

操作要点

(1)产品准备。确保所展示的产品准备充分,包括展示和演示产品所需的道具、样品等,提前准备好要展示和销售的产品,并确保产品的质量和外观符合要求。

(2)直播间准备。根据商品的属性和特点,设计、搭建一个与商品相匹配的直播间场景。确保直播间光线充足,可以选择补光灯来提高拍摄质量,摄像机或手机放置在稳定的位置以获得清晰的画面。合理地陈列商品,确保陈列的整体美观性和展示便利性。

(3)直播账号登录。打开直播平台的官方网站或手机应用,在直播平台的页面或应用中,找到登录入口,输入直播的账号信息,验证身份,完成登录。

(4)产品介绍。根据准备好的直播脚本讲解产品,包括解说产品的属性、材质、功效等,帮助观众更好地了解产品的优点和价值,选择适当的演示方式,通过实际操作、视频播放、图片展示等方法展示商品的特点,使用方法等。

(5)直播间气氛维护。维护直播间气氛需要关注观众的需求和情感,并给予他们良好的观看体验,与观众进行良好的互动,回答观众问题,打消疑虑,可以通过友好互动、兴趣激发和积极的氛围,建立一个融洽、积极和活跃的直播环境。

(6)促成交易。为观众提供独特的购买优惠,如限时折扣、赠品或其他优惠方式,强调产品的优势和购买优惠,引导观众尽快进行购买决策,提供购买链接,方便观众进一步了解和购买产品。

任务实施 以小组为单位,按照实训要求,完成单品直播,填写单品直播工作流程,见表5-4。

表 5-4 单品直播工作流程

环 节	工作项目	工 作 内 容	完 成 情 况
开播前	产品准备	准备直播产品、正确摆放道具、样品等	
	直播间搭建	直播间场地选择、布置、灯光、背景、网络、手机、计算机、耳机、麦克风是否能正常使用	
	直播账号登录	登录直播账号,开启直播	
开播中	直播间开播	直播后台推流、直播后台开播、直播粉丝推送、开场介绍、优惠券发放	
	直播间状态复查	查验直播间灯光、声音、优惠信息设置、导航条位置设置是否正常	
	产品介绍	解说产品的属性、材质、功效,展示商品,突出产品卖点,口播商品价格、物流、售后等信息	
	直播互动	粉丝气氛维护、设置不同类型的互动、回答观众疑问	
	促成交易	强调产品优势和购买优惠、引导观众尽快进行购买决策,提供购买链接、口播剩余商品数量、催单	
下播后	结束线上直播	结束直播和推流、关闭直播设备,整理直播现场,剩余物资入库,打扫直播间	

活动二 整场直播预演

 活动描述

小张创业团队已经具备单品直播的经验,知晓直播实战相关话术的设计要点,并能够维护直播间良好氛围。现在,为了拓宽销售,团队成员决定分别进行整场直播,为大家提供更多的产品。根据小张的安排,团队成员需要利用运营的抖音账号,设计整场直播,并完成整场直播,取得良好的直播效果。

知识指南

　　整场直播预演的目的是检查直播设备、网络连接、音视频质量以及节目效果等,以确保实际直播的顺利进行。预演期间可以模拟实际直播的情况,对直播流程、演员表现、布景道具等进行调整和优化。通过直播预演可减少直播中出现技术故障或其他意外情况,保障直播质量和观众体验。直播预演是团队成功开展直播营销活动的重要基础和保障。

一、整场直播营销活动流程策划

（一）整场直播营销活动的概念

整场直播营销
活动流程规划

　　整场直播营销活动是一种利用直播平台进行销售和推广的营销方法,通常通过直播平台直接向消费者展示自己的产品或服务,以吸引消费者的关注,提高品牌知名度和销售额。整场直播营销活动可以包括产品展示、演示、互动、抽奖、优惠促销等多种元素,能够给消费者带来感性的产品体验和直观的购物感受,同时也为商家提供了更直接和有效的销售手段。整场直播营销活动往往还可以通过推广和社交分享等方式扩大影响力,加强与消费者之间的互动关系。

（二）整场直播营销活动的流程

1. 策划阶段

　　确定活动目标、定位目标受众、确定活动主题和内容、选择适合的直播平台、确定营销预算等。

2. 准备阶段

　　准备直播设备、制作营销宣传素材、准备产品或服务展示物料、确定直播时间和时长、制定互动策略等。

3. 直播准备

　　进行设备和网络测试、调试直播软件、测试画面和声音效果、确认场景布置和摆放要求等。

4. 直播推广

　　利用社交媒体、网站、公众号等渠道,广泛宣传活动,加强与受众的沟通和互动,提高活动的关注度和客户参与度。

5. 直播营销活动

　　进行活动直播,介绍产品或服务,进行演示、互动和抽奖等活动,吸引消费者的关注和购买。

6. 后续跟踪

　　及时收集活动反馈和参与数据,分析活动效果,优化整场直播活动,以便更好地推广和实现营销目标。

二、团队协作完成整场直播预演

1. 整场直播预演的概念

　　整场直播预演,顾名思义即是对整场直播活动进行试水,进行一次或多次模拟演练,以便在直播正式开始前检测和优化各个环节,确保正式直播取得成功。

2. 整场直播预演的环节

（1）设备测试。对直播设备进行测试,确保画面、声音和连接的稳定性。

（2）直播软件测试。测试直播软件的各项功能是否正常运行,包括直播、屏幕共享、连麦等。

（3）画面和场景布置测试。测试直播场景布置和摆放是否合理，画面是否清晰、稳定。

（4）人员演练。对主播、助理、运营、技术人员等进行演练和培训，提高其直播技术和应对意外情况的能力。

（5）团队协调。对团队分工协作进行演练，协调每个环节的分工和配合，确保整个直播活动在各个环节上的连贯性和协调性。

整场直播预演是确保直播活动更加成功和稳定的关键步骤，通过反复地模拟演练，可以为直播中可能出现的环境、技术、人员等问题作出相应的决策和应对措施，保证直播运行顺畅。

3. 整场直播预演的目的

预演目的"一升一降"。"升"旨在提升实际直播过程中的流程顺畅度，确保直播活动的高效运行。

一段从来没有讲过的话术，口才再好的人也会磕绊，一个新的流程，第一次走难免会生疏。所以，演练的目的之一就是提升熟练程度，避免流程混乱、直播磕绊这种情况出现。

"降"则旨在降低实际直播中的出错概率，提升直播活动的稳定性和可靠性。

电商直播中最忌讳的一点就是出错。在镜头前说错了话，一方面很难挽回，另一方面会降低粉丝对主播的信任感。例如，某服装直播间的优惠是8折，但主播口误说成了5折，用户点进详情页面却发现不是说好的价格，心理上会有落差，也容易产生负面的评价，影响后续的直播。

一场直播卖几种至几十种东西，每个产品的价格和优惠都不一样，很容易出错。但很多错误是可以在演练的时候发现并改正的。例如，有直播间卖不粘锅。因没有事先排练，主播没有掌握不粘锅正确的使用流程，直接在锅里打了一个鸡蛋，主播正介绍这是一款不粘锅，却发现鸡蛋粘在锅上铲不下来。如果在开播前提前测试过煎蛋过程的话，就可以避免这种尴尬的情况发生。

4. 团队组成

（1）主播团队。主播进行日常直播，需要熟悉产品信息、介绍展示产品、与粉丝互动、复盘直播内容等。主播需要有强大的控场能力，无论在什么情况下，都能让整场直播按照正常流程走完，在保障流畅的基础上推商品，促成直播间成交；要具备较快的反应能力，面对直播间的突发情况，能及时给出最佳解决方案。例如，测试某款产品时出现失误，怎样才能让用户接受并继续购买，是对主播反应能力的考验。副播协助主播直播、与主播进行配合、讲解直播间规则说明等。助理负责协助主播工作，包括前期直播脚本、流程核对、产品准备、产品摆放、及时反馈用户问题等。

（2）策划团队。进行市场调研，了解目标观众的需求和偏好；负责直播的整体策划，包括直播主题、内容、流程和互动环节的设计；负责直播脚本的编写，确保直播内容有吸引力且符合品牌形象；制定详细的直播流程和时间表，确保直播有序进行；设计观众互动环节，提高观众参与度；直播结束后，评估直播效果，收集数据进行分析，并提出优化建议。

（3）运营团队。负责直播的推广和运营，包括社交媒体宣传、合作伙伴关系建立等；监控直播效果，收集数据进行分析，优化直播策略；负责直播过程中的观众互动，如回复评论、管理直播间秩序等；负责快速挂上宝贝链接、给粉丝发优惠券，犹如"后勤保障"，让粉丝能以最优惠的价格拍下宝贝；根据直播效果和观众反馈，调整产品上下架策略；管理订单和物流配送，确保顾客满意度。

（4）直播技术团队。负责直播的技术保障，包括直播设备的搭建、调试和维护；确保直播过程中的音视频质量，处理可能出现的技术问题，保证直播平台的稳定性和流畅性，创造更好的直播体验；负责直播内容的后期制作，如剪辑、添加特效等。

5. 团队协作完成整场直播预演

（1）确定直播日程和主题。在进行整场直播预演之前，需要先确定直播的日期和主题。直播主题和产品需要提前确定，以便直播预演更加贴近实际直播。

（2）布置现场和设备测试。在直播前，需要对直播现场进行布置，包括摄像头、音响、灯光等设备的组装和测试，确保设备设施正常、声音通畅、画面清晰。

（3）测试直播平台账号及权限。测试直播平台账号、密码，以及对应的权限。主播需要登录对应的直播账号进行测试，以确保账号登录正常、权限设置正确。

（4）测试素材准确性及顺序。测试素材，包括用于介绍产品的文字、图片、视频等，检查素材的准确性和展示顺序是否合理。确保展示的素材足够吸引用户，并能准确地介绍产品和服务。

（5）测试各项环节的时间和流程。在直播预演过程中，需要测试互动环节、参与用户数量、抽奖等环节的流程和时间。需要确保各环节流畅、时间充足、用户可以得到良好的互动体验。

（6）调整直播细节。通过直播预演，可以发现并解决问题、完善直播流程和内容。需要在直播预演时找出直播中可能出现的问题，及时调整并改进，以确保实际直播顺利进行。

总之，整场直播预演的核心在于全面检查直播的各个环节与细节，以排除实际直播中会出现的潜在问题，提升直播质量，实现更佳的直播效果。

6. 演练的重点

（1）商品的顺序。一般低价位的生活用品比较容易打开用户的购买欲望，接着上线不同品类、不同功能的各类商品。商品过多就会容易造成混乱，因此，预演的目的是确认商品的正确顺序。

（2）产品介绍及试用。关于产品的介绍一定是在实际使用的基础上，主播进行适当范围内的自我发挥。电商直播和传统电商最大的不同就是直播间里会对自家的产品当场试用，试用的目的是让用户看到动态效果后产生购买的冲动。如果直播间主打推销一件显瘦的风衣，但是主播穿上后却显得虎背熊腰，这种情况就需要换一个身材更好、可以展示风衣卖点的主播。

（3）直播间的优惠政策。用户在直播间听了 10 分钟的产品介绍，等着优惠机制出来后下单，主播介绍说 50 元钱能买到，付款时却发现要 80 元，就算这个产品市面上价值 100 元，他们也会产生落差感，甚至会选择退出直播间。所以一定要在实际直播前进行一场或多场全流程的预演。

三、依据整场直播预演调整直播方案

根据整场直播预演调整直播方案是一种常见的做法。在预演中，主播和团队会测试直播的各个环节，包括设备、网络、摄影、音响等方面。通过预演，可以发现并解决可能出现的问题，提升直播的品质和效果。同时，预演还可评估直播的时间、内容和流程，以及观众的反应。根据预演的结果，直播团队可以进行调整和改进，以确保直播的成功和品牌受欢迎程度。一般情况下，可以把预演过程中发现的问题归纳为以下几个方面。

（1）内容问题。预演会帮助检查直播内容是否符合受众需求，内容是否清晰明了，是否能够引发受众兴趣等。

（2）技术问题。预演过程中可以检查技术设备是否正常运行，网络连接是否稳定，是否存在画面卡顿等问题，确保技术问题不会影响直播效果。

（3）时间安排问题。通过预演可以检查直播的时间安排是否合理，各项环节是否协调一致，时间是否充足等。

（4）受众互动问题。预演也可以帮助检查受众互动方案是否完善，互动是否顺畅、直观，是否能够及时解决受众的问题等。

在预演过程中，需要收集并整理出现的问题，深入分析其原因，并据此对直播方案进行针对性的调整与优化，以确保直播正式进行时能够达到最佳效果。在调整直播方案时，应持续关注受众需求，致力于提升直播的专业性、真实性和趣味性。同时，需结合产品特点及市场调研结果，制定切实有效的直播策略，以进一步提升直播效果，实现既定的营销目标。

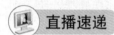

某知名直播间七夕节专场直播

名称　整场直播

实训背景　整场直播流程可以根据不同的直播内容和形式进行调整，重点是确保团队成员的配合顺畅、直播过程的流程完整，以提供流畅、专业和吸引人的直播体验。

通过规划和精心准备，可以开展一场成功的整场直播，提供有价值的内容并与观众建立良好的互动。小张是"扬扬生鲜"店铺的团队负责人。为了使直播间更快地走上正轨，仔细研究了十几个头部直播间的整场直播案例，总结经验，汲取教训。在掌握了一定的技术、方法后，他根据店铺所售商品，要求团队成员分工协作，完成整场直播，确保直播效果和效率。

实训要求　根据整场直播的产品特点，从开播前、开播中、下播后三个时间维度，制定直播间标准化执行流程。开播前要做时间提示，后台登录，设备检查，画面检查，商品检查，人员检查，后台设置，问题预案，私域推流；直播中要注意把控直播节奏，调动直播间气氛，及时处理突发情况，回复观众问题，上架商品，发放福利，促成交易等；直播后要及时总结，提出整改方案等完成整场直播预演，增强直播的专业性和流畅性，提高产品的展示效果和销售能力。

任务分析　只有直播团队共同协作，把控直播节奏，了解商品、掌握讲解的方法和技巧、同时要知晓消费者的需求，才能够留住观众，延长观众观看时间，激发其购买欲望，促进成交订单量的增加。在实际工作中，可以从开播前准备、开播中、下播后这几个维度来完成整场直播，提高产品的展示效果和销售能力。

操作要点

（1）开播前。开播前要确定直播主题和目标，确定要介绍的产品或内容，准备好所需的物品、道具或样品,并检查它们的完整性和质量,测试直播设备(相机、麦克风等)和互联网连接的稳定性,设计和布置直播间的背景,确保整体美观、吸引人,并与直播主题相符,安排良好的照明,以确保清晰度和视觉效果,进行后台登录,测试直播画面的稳定性和清晰度,设计具有吸引力的直播话题,并进行私域流量的推广。

(2)开播中。开播后,团队成员需明确分工,紧密合作,围绕直播开场、产品介绍、气氛维护以及结尾等关键环节,精准把控直播节奏。主播介绍直播主题、活动和产品,团队成员配合协作,展示商品卖点和优势,强调每个产品的价值和亮点,提供有价值的信息,引导观众购买商品,设计互动环节,包括观众提问、抽奖、评论答复等,以增加观众的参与度,确保整个直播过程控制在预设的时间范围内,避免过长或过短。直播接近尾声时,应总结本次直播的重点产品和亮点,并再次强调购买链接,引导观众完成购买。结合订单数据,辅助主播把控节奏,补充遗漏,向观众传达感谢和邀请观众参与下次直播的信息。

(3)下播后。直播结束后,及时关闭直播设备,并进行后续整理工作,包括数据汇总、效果评估及经验总结等。

任务实施　以小组为单位,按照实训要求完成整场直播,并填写整场直播工作流程,见表5-5。

表 5-5　整场直播工作流程

项　目	工 作 内 容	人　员	完 成 情 况
开播前	根据直播商品,确定直播主题,互动活动	策划	
	开播前直播场景、直播设备、直播样品、道具检查	技术、助理	
	直播产品顺序梳理、直播走位确定、提词准备、突发情况预案	运营、主播、助理	
	设备、账号登录	运营	
开播中	商品上架、开始直播、调整摄像头角度	运营、技术	
	直播粉丝推送、优惠券发放	运营	
	直播间设备、导航条位置、优惠信息检查	运营	
	开场介绍(包括自我介绍、店铺介绍、活动主题介绍、引导关注、点赞、转发等)	主播	
	产品1开播引流款商品介绍、售后信息介绍、打消客户疑虑、上链接、催单、促成交易	主播、运营	
	粉丝气氛活跃与互动	主播、助理	
	产品2、产品3、产品4利润款商品介绍、售后信息介绍、增强客户购买信心、上链接、催单、促成交易	主播、运营	
	回答客户问题,设置红包和抽奖调节直播气氛	主播、运营	
	产品5活动款商品介绍、售后信息介绍、打消客户疑虑、上链接、催单、促成交易	主播、运营	
	直播结尾(包括感谢观看直播、感谢购买商品、口播购买商品的物流信息、引导关注、预告下一次直播时间和活动、再见等)	主播	
下播后	结束线上直播、结束推流、关闭直播设备、直播样品登记入库、直播间清扫整理、直播复盘	全员	

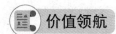 **价值领航**

总销售额破 1.4 亿元 东方甄选四川行圆满收官

思考与讨论：

（1）请结合文章，谈谈你对东方甄选出圈的看法，有哪些值得学习的地方？

（2）请谈一谈怎样运用所学知识，推广家乡地方特色产品。

赛教融合——技能竞赛大比拼

直播营销模块是全国职业院校技能大赛直播电商赛项的竞赛内容。大赛技术要求是根据直播活动方案，搭建直播间并对直播间进行装修，完成直播商品上架、优惠券等活动设置，根据直播脚本、商品销售话术进行直播，直播过程中与直播间观众积极互动，把控直播节奏、活跃直播间氛围。

在大赛中直播活动实施部分的得分要点具体有直播商品管理、内容策划、推广策划、直播间装修、直播销售和直播互动。直播商品管理 4 分，直播内容策划 15 分，直播推广策划 10 分，直播间装修 12 分，直播销售 29 分，直播互动 9 分。

直播活动实施分析可以从以下两个方面进行。

1. 直播策划

直播策划涉及内容策划、商品管理和推广策划等方面的工作。在直播策划过程中，需要考虑目标受众，确定他们的需求和兴趣，选择商品，进行商品管理，提供定制化的内容和推广策略。

内容策划包括直播主题和时间策划，直播互动内容要设计合理，直播流程及各环节时间合理，直播脚本逻辑清晰且有创意。

商品管理包括选择合适的产品或服务，确保商品的库存充足，安排好商品展示的时间和方式，商品的定价合理，处理订单和售后服务等。

推广策划包括对目标客户的年龄分布、性别分布、区域分布、人群分布等维度的数据进行精准定向分析，形成客户画像。根据分析结果设计营销策略，选择合适的推广渠道进行广告投放，提升展现量、点击量、点击率等指标数值。

2. 直播运营

直播运营涉及直播间装修、直播销售和直播互动等方面的工作。通过精心装修直播间，营造良好的视觉效果；通过直播销售，达到商业目标；通过直播互动，增加观众的参与度和忠诚度，从而实现更好的直播效果和商业价值。

直播间装修对直播的吸引力和专业性起到至关重要的作用。通过选择合适的背景、色彩和道具，创造一个吸引观众眼球的环境。合理的灯光设置和摄像角度也可以提升直播的视觉效果。在一些竞赛中，直播间装修包括直播间欢迎语准确，直播间屏蔽词设置准确，直播间快捷短语设置准确,直播间场景布置合理,直播间信息设置合理,商品主图设计合理,商品标题设计合理,商品详情页设置准确。

　　直播销售是直播运营的核心部分,通过直播销售可以向观众展示产品或服务,并促使他们进行购买。直播销售的关键在于引起观众的兴趣和需求,提供清晰的产品介绍和演示,解答观众的问题,并提供购买链接促成交易等。直播销售包括直播开场预热要素完整,商品引入话术合理,商品属性及卖点讲解准确,销售促单具有吸引力,直播收尾讲解要素完整,主播礼仪得体、形象良好、人设鲜明,商品上架及时,直播达到规定时长,新增粉丝数量,商品介绍成果以出单为准。

　　直播互动是吸引观众并增加参与度的重要手段。通过与观众的互动,可以增强观众的黏性和对直播的兴趣。直播互动包括根据直播互动方案,在直播后台完成直播互动的预设,在直播过程中,积极与观众进行抽奖、发红包等福利互动以及弹幕互动,活跃直播间氛围,同时配合主播讲解进度,完成直播互动推送。

■■ 书证融通——证书考点大揭秘

　　对接《互联网营销师国家职业技能标准(2021年版)》对应等级技能要求见表5-6。

表5-6　对接《互联网营销师国家职业技能标准(2021年版)》对应等级技能要求

工　种	工作内容	工种等级	技　能　要　求
直播销售员、视频创推员、平台管理员	4.2 直播销售	五级	4.2.1 能介绍销售产品的基本特性及卖点
			4.2.3 能引导用户下单
		四级	4.2.1 能使用营销话术介绍产品特点
			4.2.2 能介绍平台优惠及产品折扣信息
		三级	4.2.2 能调动直播间气氛
	7.2 复盘	五级	7.2.1 能采集营销数据
		四级	7.2.1 能对售前预测数据进行复核
			7.2.2 能通过复盘提出营销方案的优化建议
		三级	7.2.1 能制定数据维度和分析标准

　　注：该表内容来源于《互联网营销师国家职业技能标准(2021年版)》第三部分工作要求。

　　过关秘籍：掌握直播复盘的三个维度和数据复盘的关键指标,掌握直播复盘的基本方法和步骤。

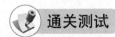 通关测试

一、单项选择题

　　1. "请大家点击一下右下角的转发链接,和亲朋好友分享我们的直播间,谢谢!"该主播采用了(　　)话术技巧。

　　A. 引导关注,表达感谢　　　　　　　　B. 引导转发,表达感谢

　　C. 引导加购　　　　　　　　　　　　　D. 商品预告

　　2. 主播在介绍电热锅时,描述提前享受"双11"特惠的价格是采用了(　　)方式引起用户关注。

A. 品牌介绍　　　　　B. 商品卖点　　　　C. 注意事项　　　　　D. 直播利益点

3. 直播平台中,(　　)功能可以进行直播预演。

A. 直播美颜　　　　　　　　　　　　B. 直播背景音乐

C. 直播测试　　　　　　　　　　　　D. 直播礼物特效

4. 在直播间气氛维护中,以下(　　)因素不属于"视觉方面"的手段。

A. 背景图案和颜色　　　　　　　　　B. 主播的语音清晰度

C. 灯光效果　　　　　　　　　　　　D. 特效元素,如转场动画

5. 在营造直播间气氛时,(　　)活动可以帮助提高观众的参与度和互动性。

A. 直播内容回顾　　　　　　　　　　B. 抽奖

C. 主播的个人故事分享　　　　　　　D. 直播时间延长

二、多项选择题

1. 以下(　　)话术属于收尾部分。

A. 表达感谢的词句　　　　　　　　　B. 引导关注

C. 下次直播预告　　　　　　　　　　D. 再见

2. 下列话术中,属于介绍农产品话术的是(　　)。

A. 中国国家地理标志产品　　　　　　B. 绿色无污染、不打药

C. 新鲜采摘,口感好　　　　　　　　D. 推荐搭配

3. 以下(　　)手段可提升直播间的互动性。

A. 开启弹幕互动　　B. 主播着装选择　　C. 进行投票　　　　D. 设置背景音乐

4. 在直播间,为了提供有价值的内容并吸引观众,以下(　　)策略是有效的。

A. 深入介绍产品的特点、使用方法和优势

B. 分享真实的客户使用反馈和评价

C. 避免在直播中展示产品的实际效果

D. 提供与产品相关的教育内容,如使用教程

5. 为了加强直播间的互动环节,以下(　　)做法是可取的。

A. 在直播前准备一些有趣的问题或话题

B. 在直播中避免与观众进行任何形式的互动

C. 利用社交媒体推广直播间并增加曝光率

D. 选择性地送出小福利或奖励来提高观众参与度

三、判断题

1. 在商品介绍话术中,要介绍商品的基本属性、价格信息、温馨提示等,但不用介绍价格信息,可在催单环节介绍。　　　　　　　　　　　　　　　　　　　　　　　(　　)

2. 直播预演中,只需要检查资讯的准确性,其他方面不需要过多关注。　　　(　　)

3. 直播预演主要是讲解新款设计,不需要进行互动。　　　　　　　　　　　(　　)

4. 直播过程中,可以将观众留言、点赞等互动内容自动投射到视频画面上进行展示。

(　　)

5. 在直播间互动中,主播应时刻关注粉丝情绪,并避免回应评论区的用户提问,以保持直播的流畅性。　　　　　　　　　　　　　　　　　　　　　　　　　　　　　(　　)

直播后期运营

直播电商的优势在于可以通过直播的形式展示商品,增强消费者的购买欲望。然而,与传统电商运营相比,直播电商的后期运营也更加复杂和重要。直播后期运营一方面要重点关注粉丝的诉求,针对性地对产品或者活动做调整,同时做好直播后复盘,优化直播环节和技巧。另一方面要把直播时的精彩片段剪辑出来发布到各大平台,做好直播二次推广和舆情监测,以达到更好的传播效果。

思维导图

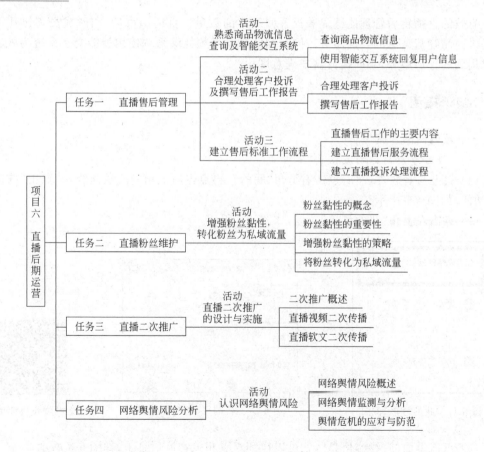

任务一　直播售后管理

 学习目标

知识目标：掌握商品订单物流信息的查询与管理的方法；熟悉直播投诉处理流程及常见的客户投诉类型；了解直播售后工作的主要内容和重要性，掌握直播售后服务流程的各个环节和操作流程。

能力目标：掌握直播平台商品物流信息的查询方法及技巧；掌握智能交互系统回复用户信息的能力；能够熟练运用处理客户投诉的方法与技巧；掌握售后工作报告的撰写方法；能够根据售后标准工作流程，处理直播售后服务问题；能够运用客户沟通技巧，有效处理客户投诉，提升客户满意度。

素养目标：强化对社会责任的认识；提高职业道德素养，树立良好的职业形象；培养创新意识和实践能力；加强团队协作与合作精神。

活动一　熟悉商品物流信息查询及智能交互系统

 **活动描述**

有效的直播售后管理能够显著提升回头客的数量。直播结束后，团队成员需迅速为顾客提供商品物流信息的查询服务。同时团队成员必须能够熟练使用智能交互系统为顾客提供更周到的售后服务，不断提升客户满意度。

知识指南

一、查询商品物流信息

（一）抖音查看商品物流信息"三部曲"

（1）打开抖音软件，然后点击右下角"我的"，再点击右上角的三条横线，并点击"我的订单"功能，如图 6-1 所示。

（2）点击左上角"我的订单"功能，如图 6-2 所示。

图 6-1　"我的订单"截图　　　　图 6-2　"我的订单"功能截图　　　　查询商品物流信息

（3）点击里面的"物流信息"，就可以详细查看相关物流信息了，如图 6-3 所示。

此外，对于直播团队成员而言，不仅要了解如何操作，还需深入理解其背后的逻辑，因

图 6-3　"物流信息"查询截图

此,熟悉抖音小店对商家发货的一系列规则至关重要。

（二）抖音小店发货进度和规则

抖音小店发货看似是一个简单的事情,但平台也有相关要求。所以,小张团队需要按照抖音小店发货流程和规则来发货,提升和维护抖音小店物流分。

1. 抖音小店发货进度

如果小店只有几个订单,直接点击"订单管理"处的"发货"按钮,上传物流单号,即可发货。如果有大量订单需要发货,就可以参照抖音小店批量发货流程发货,具体操作如下。

（1）打开抖店,选择"订单"→"批量发货"选项。注意:抖店的订单批量发货需要下载模块。如图 6-4 所示,点击"下载模板"→"下载物流公司编码"选项可以获取物流公司编码信息,填写物流公司编码及运单号,如图 6-4 所示。

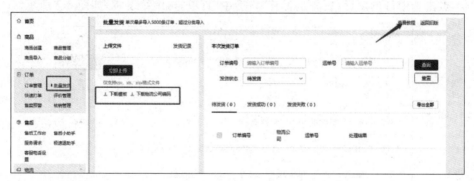

图 6-4　抖音小店发货—物流公司模板下载

（2）点击"立即上传"按钮,导入模板要求的格式文件,若文档大小超过 1M,就分多次导入,如图 6-5 所示。

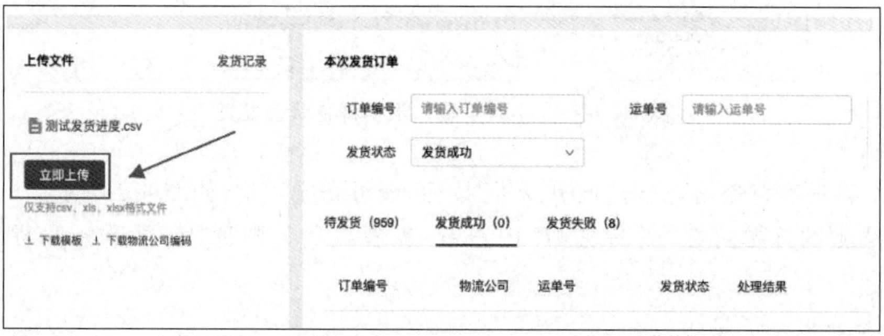

图 6-5　抖音小店发货—批量上传物流信息

上传文件成功后,页面会显示发货状态为"待发货"。若没有上传成功,检查文件是否因超过规定大小导致上传失败,然后重新调整大小再上传,如图 6-6 所示。

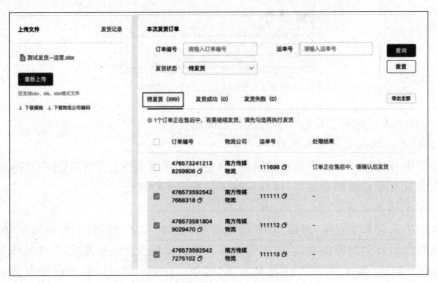

图 6-6　抖音小店发货—核实上传后的物流信息

(3) 点击选中订单发货,查看是否有"售后中"订单,再继续发货,如图 6-7 所示。

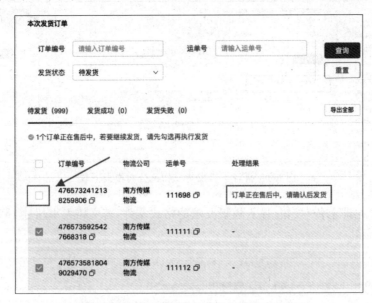

图 6-7　抖音小店发货—根据订单状态发货

(4) 全选所有订单后,点击"批量发货"按钮,即可完成发货,如图 6-8 所示。

发货失败的订单可在"发货失败"内查看,查看发货失败原因,再重新发货,如图 6-9 所示。

2. 抖音小店发货规则

(1) 商品必须在规定的时间内发货,并上传有效的物流单号。

图 6-8 抖音小店发货—批量发货完成

图 6-9 抖音小店发货—核实发货是否成功

（2）可以调整商品发货的时间，但必须在平台规定的时间范围内。注意：对于已经生成的订单，发货时间不能更改。

（3）如果商品详情页承诺的发货时效与商品创建时的设置发货时效不一致，对消费者的发货承诺时效则需以商家设置的更短时效为准。

（4）超时发货或虚假发货，会累计违规积分，严重者商品下架或店铺被清退。

抖音小店发货流程和规则是物流体验分维护的重要内容,而物流体验分又是抖音小店运营的关键环节。每一个流程、每一个环节都有它的作用,如图6-10所示。

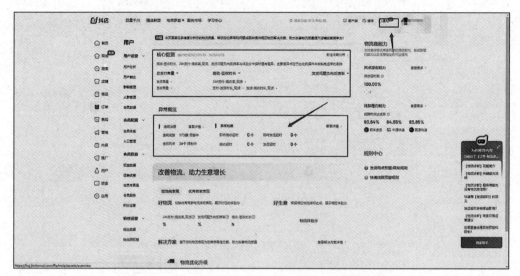

图6-10　抖音小店发货—发货核心数据概览

二、使用智能交互系统回复用户信息

用户在直播平台购买商品过程前后,通常会提出关于商品功能、价格、物流等方面的问题。这些问题往往具有共性,商家可以针对常见问题提供标准化答案。这个环节,采用智能交互系统,可以有效降低客服成本,提高服务效率。

使用智能交互系统
回复用户信息

（一）智能交互系统概述

智能交互系统是基于人工智能技术帮助企业实现客户服务自动化、智能化的系统,能够提升客服服务质量和效率,进而降低成本。

它能够快速识别客户需求信息,通过聊天机器人＋人工坐席组合的方式回复客户的问题,还能提供个性化的咨询和服务建议,提升客户体验;基于知识库与大数据分析,智能交互系统可以自动判断并推荐答案,帮助直播平台挖掘潜在客户和商机。

（二）智能交互系统的基本功能

智能机器人:例如,文本机器人和电话机器人,可以主动识别客户问题,并与客户进行对话,还能根据对话内容了解客户需求,然后向客户推荐符合其需求的商品和服务,这类客服机器人可以处理很多基础咨询需求,并提升整体服务效率。

在线客服平台:在线客服平台能够为企业集成多样化的服务渠道,例如,App、小程序、官网、官微、短信、邮件等,用户可以根据自身习惯选择平台进行咨询,而企业都能在第一时间接收消息并为其服务。在线客服系统还支持工单管理、监控报表等功能,能够帮助企业提升工作效率和服务质量。

呼叫中心平台:可以帮助企业搭建统一的语音通信平台,接入各种渠道的客户电话和在线咨询,及时满足客户的需求。

工单系统:可以将企业所有的服务内容和流程进行统一管理、统一监控,快速响应并提高客户满意度,同时也为企业提供高效的数据分析工具。

CRM系统:可以对企业各个环节进行管理,帮助企业更好地了解客户信息、了解客户需求、挖掘客户需求,提高服务质量和效率。

(三)智能交互系统的使用方法

在直播平台的客服工作中,常用的是IM(instant message)系统。不论是什么类型IM工具,它的基础功能就是聊天。而直播平台IM与常规IM的区别在于面向商户端,满足商户的沟通需求。直播平台在接入IM客服系统后,可以使擅长不同领域的客服人员,负责相对的领域,在遇到复杂棘手的问题,可以向上一级反馈或转接给更高层次的人员进行处理。

为了更好地理解并掌握智能交互系统相关知识,本活动将以抖音飞鸽为例,展示智能交互系统的使用方法。

飞鸽系统是抖店的IM客服系统。商家可以通过飞鸽系统处理客户咨询,解决售前、售后问题。

(1)下载飞鸽桌面客户端。

下载飞鸽桌面客户端有两个入口:一是直接访问"飞鸽官网",按照需求下载相应客户端即可;二是在"抖店商家后台"点击右上角"网页版飞鸽"进入,点击左下角"下载"进入"飞鸽官网"下载,相应客户端。

(2)登录飞鸽系统。

出现登录界面,利用店铺注册账号的手机号/邮箱或店铺绑定的客服子账号的手机号进行登录即可。登录会出现选择登录身份的界面,飞鸽支持商家/达人客服使用,选择自己的身份即可。选择身份后出现手机号/邮箱已绑定的店铺,飞鸽客户端支持最多选择10个店铺同时登录,如图6-11所示。

图6-11　抖音飞鸽登录界面

(3)打开消息提醒。

登录成功后,进入飞鸽工作台界面,请务必在左下角"设置"中打开声音、弹窗和闪烁提醒,以免错过买家咨询,然后就可以用飞鸽接待买家咨询,如图6-12所示。

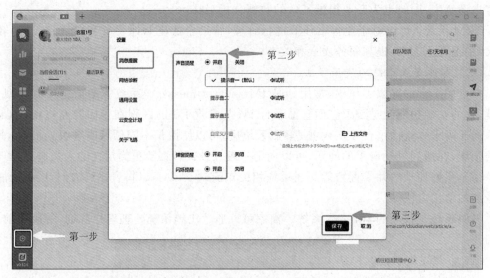

图 6-12　抖音飞鸽工作台界面

（四）飞鸽系统会话界面操作说明

会话界面包括会话列表、会话窗口和右侧工作台，用于接待买家咨询，是一线客服主要使用的界面。

1. 会话列表操作说明

会话列表展示了"当前会话""最近联系"（已关闭的会话）；会话列表支持搜索买家，支持对买家进行星标、关闭会话、举报和拉黑等操作。"最近联系"新增"今日咨询未下单"和"今日咨询下单未付款"两个选项。

（1）搜索用户。支持使用用户昵称/抖音号/订单号进行搜索。

注意：用户昵称搜索只支持搜索本客服联系过的买家；抖音号/订单号搜索只支持搜索在本店铺下过单的买家。

（2）星标用户。支持客服按需给用户标记红、橙、蓝、绿四种颜色的星标，标记星标操作可以用快捷键唤起，快捷键在"客服管理"→"个人设置"→"快捷键设置"选项中设置。如图 6-13 所示，星标用户最多支持 100 个星标，如果超过 100 个，最早被星标的用户会被取消星标，保证当前客服星标的用户总数为 100 个。

图 6-13　飞鸽系统—会话列表

（3）关闭会话。关闭会话后用户会从"当前会话"进入"最近联系"。

注意："最近联系"中"近 7 天的会话"支持客服主动发起会话，更早的会话可以前往"商家后台"→"订单管理"中的"联系买家"，从而发起会话，支持发起 180 天内的订单会话。

关闭会话的操作还可以在"会话窗口"中点击"关闭会话"按钮进行操作，还可以使用默认快捷键 Esc 一键关闭当前会话。

2.会话窗口操作说明

会话窗口是指客服与买家聊天的窗口,客服与用户聊天主要在这个窗口进行。会话窗口由上、中、下三部分组成。

(1)顶部指标栏。顶部指标栏显示客服实时更新的数据,客服需要重点关注本组排队、3分钟回复率(会话)、不满意率,具体指标含义可见飞鸽数据看板更新,如图6-14所示。

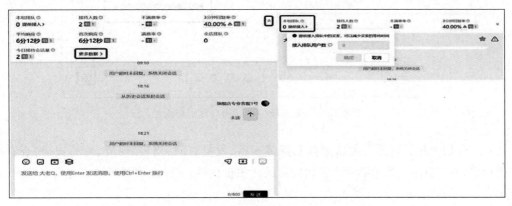

图6-14　飞鸽系统—会话窗口顶部指示栏

根据《商家体验分规范》规定,飞鸽IM客服系统的近90天人工客服会话量中,3分钟人工回复率(会话)和不满意率两大指标纳入体验分考核。同时,平台数据表明,客服提升首次响应速度和平均响应速度后,能让消费者进线咨询时,对客服的满意度评价更高,所以首次响应时长和平均响应时长也是能间接影响商家体验分的两大指标。

(2)中部聊天内容区域。中部是客服和买家的聊天内容区域,顶部的4个按钮支持对买家星标、拉黑/举报、转接客服和关闭会话操作,如图6-15所示。

(3)底部聊天栏。底部聊天栏的按钮含义依次如下。

发表情:支持发送表情包。

发图片:计算机客户端一次发1张,手机端App一次最多发9张。

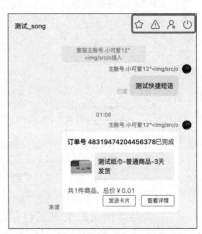

图6-15　飞鸽系统—会话窗口中部聊天内容区域

发视频:支持客服向买家发送视频。

发送快捷回复:点击后跳转右侧工作台的快捷回复界面,也可以用默认快捷键"/"唤起快捷短语,可以使用个人快捷短语、团队快捷短语,在"客服管理"→"客服工具"→"快捷短语"中设置。

发送优惠券:这些优惠券分为店铺优惠券和商品优惠券。优惠券需要先在"商家后台"→"营销中心"中创建,如图6-16所示,也可以在这里点击"前往商家后台创建更多优惠券"直接去创建,支持搜索优惠券名称。

图 6-16 飞鸽系统—会话窗口底部聊天栏

（4）商品卡片。商品卡片新增商品保障权益、发货时间、预售/现货、商品规格、查看尺码等标签，方便客服一眼了解用户咨询的商品的关键属性，快速准确解答买家咨询，如图 6-17所示。

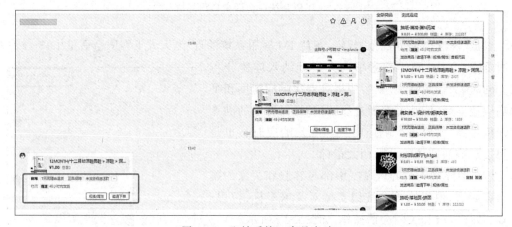

图 6-17 飞鸽系统—商品卡片

对于商品详情页的关键属性信息，飞鸽侧也支持便捷点击"规格/属性"并查看明细。以服饰商品为例，客服可以便捷查看衣服的材质、衣长、面料等信息，并进行复制，无须再打开商品详情页查找后手动输入，大幅提升客服效率。

商品属性不仅支持复制和发送文字内容，还支持复制和发送图片内容，免去客服的搜索成本。

飞鸽支持客服在商品卡片便捷点击"邀请下单"，点击后，客服可选择邀请下单的文案和需要邀请下单的商品，选择后发送给买家即可。

为了促进用户有购买的欲望，平台提供了一些利益点吸引的话术，如商品优惠、库存紧张、发货迅速、售后保障等，客服也可以根据自己的需要选择或者编辑话术。

3. 右侧工作台操作说明

会话模块的右侧工作台，集成了订单、商品、快捷短语、智能助手四个选项。主要为一线客服日常使用,实现在飞鸽里完成客服需要采取的动作。

右下方有反馈(欢迎您提出对飞鸽的意见与建议)、帮助(详细的飞鸽使用说明)、下载(跳转至飞鸽官网下载客户端)三个按钮。

下面介绍查看订单功能。

查看订单功能需要给客服配置"订单"→"订单管理"权限才能使用。可以设置快捷键唤起查看订单功能(在"客服管理"→"个人设置"→"快捷键设置"中可以设置常用快捷键)。

顶部可以查看买家相关信息,展示买家昵称、来访渠道、来访次数、交易情况、会员状态,客服还可以按需给买家进行自定义描述备注;如果买家不是店铺会员,客服可以邀请顾客加入会员。

支持对未付款订单:可以进行查看订单详情、改价、改地址、发送催付卡片、备注订单、核对商品信息、核对收货信息、修改收货信息等一系列操作。

其中改地址、改价的功能还需要给客服额外配置"订单"→"改地址服务"、"飞鸽会话"→"改价"权限才能使用。

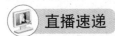

抖音对于商家的发货规则要求

实战训练1

名称　不同直播电商平台物流信息查询与分析

实训背景　直播售后管理是直播电商运营的关键环节。作为运营团队的核心成员,小张需要熟练掌握商品物流信息查询技能,以深入理解直播运营流程。

实训要求　熟练掌握不同直播电商平台的物流信息查询方法,提供多个直播平台的物流信息查询方式,并能够运用核心物流指标进行分析。

任务分析　通过分析直播商品物流信息查询案例,帮助学生了解直播售后管理的重要性和基本步骤,培养学生收集和分析数据、总结经验及提出优化方案的能力。

操作要点

(1)分组讨论。将学生分成若干小组,每小组3~5人,通过计算机端或者手机端完成直播商品物流信息在不同平台查询的比较(至少3个平台,推荐抖音、快手、淘宝等)。

(2)现场汇报。每个小组派出一名代表上台汇报,总结归纳物流信息查询流程和方法,分析在直播中发现的问题,提出优化改进办法,并完成填写直播平台物流信息查询对比表(表6-2)。

(3)其他小组可以进行补充和提问,教师归纳总结常见直播平台的物流信息查询方法和流程。

任务实施 以小组为单位,按照实训要求,填写表 6-1。

表 6-1 直播平台物流信息查询对比

对 比 指 标	平 台 名 称			
	抖 音	快 手	淘 宝	其 他
PC 端/手机端				
平台查询商品物流信息截图 (结合知识指南"三部曲")				
平台以外的查询物流方式截图				
官网单号查询				
浏览器搜索查询				
App 和公众号查询				
批量查询				
查询商品物流信息的方法或流程优化建议				

实战训练2

名称 智能交互系统应用实训

实训背景 针对用户在直播平台购物后的常见共性问题,提供标准化答复,降低客服的成本投入,熟悉常见的智能交互系统。小张团队成员为了巩固"提效率,降客诉,提流量"三大目标,准备进一步学习抖音飞鸽智能交互系统的使用。

实训要求

(1) 团队成员能够列举常见的售后问题。

(2) 能够熟练设置并使用智能交互系统开展售后服务工作。

(3) 掌握自动化处理工具辅助小张团队处理售后订单。

任务分析 直播平台客服是直播行业基础且重要的岗位,本次实操目的是熟悉以抖音飞鸽为代表的智能交互系统在售后管理中的应用,同时提升学生的服务意识和团队意识,培养学生随机应变的能力。

操作要点

(1) 期初设置。注册并登录飞鸽,并根据界面展示,设置客户进店时自动弹出、首次回复、回复速度、使用表情等功能。

(2) 根据本活动的"知识指南",结合抖音官方在线学习资料,在飞鸽系统上完成设置。

任务实施 以小组为单位,按照步骤的逻辑顺序截图填写表 6-2。

链接:抖音电商
学习中心

表 6-2　飞鸽系统售后相关功能设置汇总

序号	抖店售后自动化工具设置流程	飞鸽设置截图(.jpeg)
1	抖店后台→"售后"模块→"售后小助手"	
2	创建策略入口	
3	设置售后原因 为了降低商家配置售后原因费力度,小助手支持按照商品品质、物流品质、无理由、其他原因大类来配置售后原因	
4	设置买家留言 在售后小助手自动执行策略的同时,商家配置的买家留言将同步提示至消费者售后详情页面	
5	策略配置 目前售后小助手提供极简策略模板和高级策略模板共 14 种模板(任意展示一种)	
6	下班自动同意退模板: 可设置店铺上下班时间,当买家发起发货前仅退款申请时间,在店铺下班后,则可实现自动同意买家退款申请	

活动二　合理处理客户投诉及撰写售后工作报告

 活动描述

　　直播售后工作是指在直播平台上负责处理顾客投诉、退换货等内容。小张直播间团队成员充分认识到了直播售后工作的重要性,期望学习本活动中合理处理客户投诉和撰写售后工作报告技巧,进一步提升售后工作水平。

 知识指南

合理处理客户投诉

一、合理处理客户投诉

　　在面临客户投诉时,如果不熟悉投诉问题类型,直播间就会因客户不满导致品牌口碑下降,进而影响其他客户购买产品或服务。因此,首先客服人员必须熟悉平台用户反馈问题的类型。

　　(一)用户反馈问题的类型

　　直播平台用户反馈问题的类型主要包括售卖假货、虚假描述、发货超时、退货问题。

　　(1)售卖假货。售卖假货是一种很严重的行为,如果被平台发现,一定会被罚款,并且要求下架该商品,会扣分,情节严重的会被清退店铺。

　　(2)虚假描述。商家在进行商品描述的时候不能过分夸大描述,如果虚假描述客户收到货后,会产生落差感,就很容易去投诉。

　　(3)发货超时。商家需要在承诺的时间内去发货,尤其是做无货源的商家,在选品的时候,就需要确定上游产品的发货时间,符合条件的再上架。

(4)退货问题。如果是自己店铺的问题,那么要及时主动联系客户,要主动道歉给予解决方案。退货的时候自己主动承担运费,尽量让客户满意,减少投诉。

除此以外,抖音平台推出的消费者负反馈(CCR)也是近期用户反馈问题维度的集中体现。CCR是衡量商品品质、商家服务和物流服务水平的综合指标,指标覆盖了订单评价、售后、投诉、进线咨询等多渠道的消费者反馈原声。CCR通过识别消费者反馈的负向内容进行综合评估。体验分为百分制,最低为50分,由商家近30天内的"商品体验""物流体验"及"服务体验"三个评分维度加权计算得出,具体考核指标及考核周期如表6-3所示。

表6-3　抖音商家体验分规范(CCR)

评分维度及权	细分指标	指 标 定 义	考 核 周 期
商品体验	商品差评率	商品差评率=近30天商品差评订单数/近30天物流签收订单数 注:取用户首次评价结果	近30天物流签收订单
	商品品质退货率	商品品质退货率=近30天物流签收订单中商品品质退货的订单数/近30天物流签收订单数 注:取用户首次申请售后原因	近30天物流签收订单
物流体验	24小时支付—揽收率	24小时支付—揽收率=近30天支付订单中支揽在24小时内的现货订单数/近30天应揽收现货订单数 注:无须发货订单、定制类订单不参与计算	近30天应揽收订单
	48小时支付—揽收率	48小时支付—揽收率=近30天支付订单中支揽在48小时内的现货订单数/近30天应揽收现货订单数 注:无须发货订单、定制类订单不参与计算,仅配饰、鲜花速递/花卉仿真/绿植园艺、服饰配件、潮品鞋服、花卉/绿植盆栽、定制珠宝义玩考核48小时支付—揽收率,其他行业考核24小时支付—揽收率	近30天应揽收订单
	订单配送时长	订单配送时长=近30天签收订单配送时长之和/近30天签收订单量 注:订单配送时长是指订单从物流揽收到物流签收所用时长	近30天物流签收订单
	发货问题负向反馈率	发货问题负向反馈率=近30天支付中产生发货问题负反馈的订单数/近30天支付订单数 注:现货承诺发货时效内发货慢的负反馈不计入考核,预售订单支付后48小时内发货慢的负反馈不计入考核	近30天支付订单
服务体验	仅退款自主完结时长	仅退款自主完结时长=近30天每条仅退款售后单中等待商家操作时间总和/近30天仅退款订单量 注:等待商家操作时间为消费者申请退款到商家确认的时间	近30天售后完结的仅退款售后订单
	退货退款自主完结时长	退货退款自主完结时长=近30天每条退货退款(含换货)售后单中等待商家操作的时间总和/近30天退货退款(含换货)订单量 注:等待商家操作时间为消费者申请退货到商家确认+商家退货物流签收到商家确认时间之和	近30天售后完结的退货退款(含换货)售后订单

续表

评分维度及权	细分指标	指标定义	考核周期
服务体验	售后拒绝率	近30天已完结的发货后售后订单中最后一次售后单结果为拒绝的订单量/近30天已完结的发货后售后订单总量 注：不支持7天无理由退货的商品只考核发货后商品品质问题申请售后的售后单；另，以下几种情况的售后单不计入售后拒绝率考核：①订单物流显示已签收，消费者因主观原因申请仅退款；②商家拒绝售后申请后消费者申请仲裁，平台判定非商家责任；③商家拒绝售后申请后，用户手动关闭售后	近30天完结的发货后售后订单
	平台求助率	平台求助率＝近30日支付订单中产生投诉或纠纷商责的订单数/近30日支付订单数	近30天支付订单
	IM平均响应时长	近30日工作时间消费者与商家飞鸽对话轮次的回复时长之和/近30天工作时间人工咨询对话轮次总数 注：只考核发起时间在8:00:00—22:59:59的人工客服会话，若用户发消息后，客服未回复，本轮回复时长记为10分钟	近30天人工客服会话量
	IM不满意率	IM不满意率＝近30日IM差评（1～3星）数/近30日有评价IM数 注：只考核发起时间在8:00:00—22:59:59的人工客服会话	近30天人工客服会话量

在熟悉了用户反馈问题的类型后，就需要有针对性地合理处理问题。

（二）分类处理用户反馈问题

1. 及时回复用户反馈

对于用户的反馈，无论是好还是坏，都需要及时回复。对于正面反馈，可以表达感谢和欣喜之情，同时鼓励用户继续支持账号。对于负面反馈，应仔细听取用户的意见和建议，并提出具体的解决方案和改进措施。及时回复用户反馈，可以让用户感到被关注和尊重，增强用户对账号的信任度和忠诚度。

2. 建立问题反馈机制

为了更好地处理用户反馈，可以建立问题反馈机制，让用户能够方便地提出问题和建议。可以在抖音账号的主页或相关频道上设置问题反馈的入口，让用户能够快速、便捷地提交问题和反馈。

3. 重视用户体验

针对用户的反馈意见，及时调整和优化账号的内容和服务，提升用户的满意度和体验感。同时，需要时刻关注用户需求和兴趣，开展相应的活动和推广，增加用户互动和参与度。

4. 加强品牌形象管理

对于不同的反馈，需要根据实际情况采取不同的处理措施和策略，避免负面反馈对品牌形象造成不良影响。高效迅速地响应客户投诉是小张团队成员应熟知的基本准则。

（三）客户投诉的处理

投诉处理四要点如下。

（1）倾听需求，探索问题。

（2）换位思考，赢得信任。试着从客户的角度思考问题，真诚建立信任关系。

（3）实事求是，正面应对。优先给予致歉，正面应对客户情绪，先解决客户情绪问题。

提出第一方案：根据客户问题不断探索，提出常规解决方案。

提出第二方案：客户不接受方案，探索是否存在个性化需求或特殊问题。

（4）积极行动，有效沟通，快速响应，有效解答。

有销售就有售后，所以团队成员要用好的心态去面对售后工作，售后工作看似磨人，但是处理售后比销售产品更能提升团队成员分析问题和解决问题的能力。把每一次售后都当成一次锻炼的机会，因此需要掌握撰写售后工作报告的方法。

二、撰写售后工作报告

（一）售后工作报告的作用

1. 与工作计划目标进行对照检查

在售后工作开始运行之初，都会形成一份明确的计划书或目标清单，对这项工作的进程和成果进行一定展望。在进行售后工作报告撰写时，一定要紧贴当初的工作计划。对照检查，当初的计划进度完成了多少，完成的质量如何，在工作报告中都应该有所体现。

撰写售后工作报告

2. 重点关注未完成部分

描述未完成的售后工作内容不能仅强调这一结果，而是应从成因、预期、措施等各方面进行深入分析，并有必要对这部分的工作任务进行再一次的可行性调查报告。

3. 行文的语言风格及运用

售后工作报告属于应用文的范畴，语言重在准确、简洁、流畅，忌用复杂而无意义的修饰。

4. 数据的运用

在售后工作报告的撰写中，数据往往作为最直观、最有力的证据事实而出现。善于运用各类数据来说明工作过程中的根本性变化，体现自己及团队的工作成果。可以采用可视化分析和数据报表的方式，让信息更直观、清晰。例如，可以制作销售额趋势图、销售渠道占比图、客户满意度表格等，让受众更容易理解和掌握。

5. 客户画像

客户是售前、售中、售后的核心，需要汇总客户的数量、类型、地域分布等信息，并分析客户的购买行为和满意度，找到提升客户体验和忠诚度的方法。

（二）售后工作报告的主要内容

（1）建立所有产品档案的要求，售后服务在服务过程中记载出厂产品的使用情况、质量和服务状况等记录资料要及时整理，归入出厂产品档案。

（2）建立产品的详细配置及服务条款，出厂日期、编号、主要配置及客户单位、名称、联系人、电话。

（3）及时跟踪、反馈所有产品运行情况、质量和服务状况。

（4）持续对产品的改进提出建议和要求。

（5）每个月要对保修期内、保修期外产品维护服务进行统计、分析，便于为公司完善产品和改进产品提供有效数据。

（三）售后工作报告的撰写方法

（1）综合报告。这种报告是本单位、本部门或本地区、本系统工作到一定的阶段,就售后工作的全面情况向上级部门写的汇报性的报告。其内容包括工作的进展情况,成绩或问题,经验或教训以及对今后工作的意见等。这种报告的特点是全面、概括、精练。

（2）专题报告。这种报告是本单位、本部门或本地区、本系统就某项工作或某个问题,向上级领导部门所写的汇报性报告。例如,可以结合"双11""6·18"等电商促销季,进行专题性售后工作报告的撰写。

（3）例行工作报告。例行工作报告是售后部门,因工作需要定期向业务主管部门撰写的报告,包括日报、周报、旬报、月报、季报等。

　直播速递

抖音小店客服话术及客服工作技巧

　实战训练

名称　客户投诉处理与售后工作报告撰写

实训背景　在直播电商快速发展的背景下,售后服务的质量直接影响客户的满意度和品牌的信誉度。对直播团队来说,妥善处理客户投诉和撰写售后工作报告至关重要。作为直播团队的一员,小张希望通过本次实训,提高团队成员处理客户投诉的能力,并能撰写高质量的售后工作报告。

实训要求　熟悉直播平台用户反馈问题的类型,模拟客户投诉场景,提出解决方案;收集和分析售后服务数据,撰写售后工作报告。

任务分析　通过实训,掌握处理客户投诉的流程,并通过撰写报告反映问题解决的过程和结果。

操作要点

（1）识别客户投诉类型,包括售卖假货、发货超时、虚假描述和退货问题。

（2）模拟客户投诉场景,练习分类处理用户反馈问题。

（3）撰写客户投诉处理报告,包括投诉类型、处理过程、结果和改进建议。

（4）撰写售后工作报告,包括工作计划对照、未完成部分分析、数据运用和客户画像。

任务实施

（1）分组进行,每组选择一个客户投诉类型模拟处理,填写客户投诉处理记录表（表6-4）,记录处理过程和结果。

（2）根据处理记录,撰写售后工作报告表（表6-5）,反映问题解决的全过程。

（3）小组分享报告,讨论改进措施,教师提供反馈和指导。

表 6-4　客户投诉处理记录

投诉类型	投诉详情	处理措施	处理结果	客户反馈	改进建议
售卖假货					
发货超时					
虚假描述					
退货问题					

表 6-5　售后工作报告

报告部分	内容要点	数据支持	改进措施建议
工作计划对照	对比原计划与实际完成情况，评估完成度和质量	完成度百分比，质量检查结果数据	根据客户反馈调整计划，提高服务响应速度
未完成部分分析	深入分析未完成工作的原因，预期目标与实际结果差异	问题统计数据，目标与结果对比分析	制定针对性改进措施，如流程优化、加强培训等
数据运用	利用数据展示工作成果和问题	销售额趋势图、客户满意度调查结果等	根据数据调整服务策略，如提升响应速度、优化产品介绍等
客户画像	分析客户特征，如数量、类型、地域分布等	客户数据汇总，购买行为分析	根据客户画像制定个性化服务策略，提升客户忠诚度

活动三　建立售后标准工作流程

 活动描述

　　直播带货的后期运营中，售后服务是一个重要又棘手的问题。售后服务做得好，可以提高客户满意度；可以增加重复购买率；可以带来转介绍客户；可以通过服务树立企业形象。经过一段时间的运营，小张直播间在平台上已经小有名气，为了进一步巩固现有的成绩，小张和团队成员也在学习优秀直播企业的成功经验，逐渐形成标准化的工作流程，以期不断提高售后服务水平。

 知识指南

　　售后服务相当于整个交易流程中的最后一环，也是最关键的一环，售后不仅可以影响客户的满意度，复购率、对店铺的评分也会有不小的影响。因此同学们需要掌握直播售后的工作内容和服务流程，以便建立科学的售后工作标准流程。

建立售后标准
工作流程

一、直播售后工作的主要内容

　　直播售后是平台卖家和平台为消费者建立的售后体系。直播售后专员主要负责客服相关疑问解答，商品或服务相关问题的解决，其主要工作内容包括负责解答来自私信、粉丝等客服相关咨询和问题。熟悉产品，了解客户需求，耐心回应客户咨询。对接客户日常沟通，维护客户关系，指引和跟进客户成效下单，处理咨询。协助 KOL 推广人员对达人粉丝订单处理以及发货安排，其中会涉及跨部门沟通。关注后台的数据、信息模块，是否有异常，进行跟进处理。协助抖店的运营和管理，如上架、优化、推广、报名活动等。根据营销提出优化建议，帮助团队完成 KPI，提升业绩。

二、建立直播售后服务流程

1. 售后处理流程

（1）收到客户反馈。客户在收到货物后，可能会遇到各种问题，例如，商品瑕疵、尺码不合适等。客户可以通过私信或者抖音平台的客服通道向卖家提出售后要求。

（2）卖家回复客户。卖家需要及时回复客户的售后要求，并根据具体情况提供解决方案，例如，重新发货、退款等。

（3）卖家收到退货并处理。如果客户要求退货，卖家需要提供退货地址和退货方式，例如，快递公司和快递单号等。收到退货后，卖家需要检查商品是否有损坏或者缺失，并根据客户要求进行处理，例如，退款或者重新发货等。

（4）客户确认收到退款或者重新发货。客户收到退款或者重新发货后，需要及时确认是否满意，如果有任何问题，需要及时联系卖家协商解决。

直播卖货的售后处理需要卖家及时回复客户的要求，并根据客户的具体情况提供解决方案，保证客户的权益得到有效保障。同时，卖家需要认真处理客户的退货要求，确保商品质量符合要求，并根据客户的具体情况进行退款或者重新发货等售后处理。

2. 售后注意事项

除了上述提到的售后处理流程，以下是一些抖音直播卖货的售后注意事项。

（1）建立完善的售后服务体系。卖家需要在抖音平台上建立完善的售后服务体系，包括明确的售后政策和处理流程，以及及时的客户服务渠道和客户服务人员。

（2）注意客户满意度。卖家需要注重客户满意度，及时解决客户的问题，并根据客户的反馈意见不断改进服务质量。

（3）保持良好的沟通和信誉。卖家需要及时回复客户的咨询和售后要求，保持良好的沟通和信誉，树立良好的品牌形象。

（4）遵守相关法律、法规。卖家需要遵守相关法律、法规，保证商品质量符合要求，避免售后纠纷。

三、建立直播投诉处理流程

首先根据相应的规定和条款核实投诉事由是否符合投诉范围，如果事由符合投诉范围，可以继续以下步骤。

（1）在官方客服平台联系直播平台客服，并针对具体问题进行反馈和投诉，了解相关政策和规定。大多数直播平台都会提供客服联系方式，例如，在线客服、电话投诉、微信公众号等。

（2）如果直播平台未能及时解决投诉问题或投诉未能得到有效处理，可以向相关部门或组织提出申诉投诉。一些地方的互联网发展部门或有关部门会对直播平台进行监管，可以通过这些机构了解相关投诉渠道。

（3）如果用户的权益受到严重侵害，可以联系相关律师或法律机构，寻求法律支持和帮助。

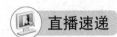直播速递

抖音直播平台投诉处理流程

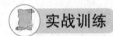实战训练

名称　直播售后标准工作流程的认知实训

实训背景　小张直播间在平台上已经小有名气,为了进一步巩固现有的成绩,全体团队成员将对比不同直播平台的售后标准工作流程,以期不断提升售后服务水平。

实训要求

(1) 对于直播售后的主要工作内容、售后服务流程和投诉处理流程建立较为全面的认知。

(2) 制作"主流直播平台售后标准工作流程对比"的 PPT 文档并进行展示汇报。

任务分析　通过对比主流直播平台的售后标准工作流程,总结售后服务的规律性,掌握规范性,建立一致性,以便科学建立售后标准工作流程。

操作要点

(1) 分组讨论。将学生分成若干小组,每小组 3～5 人,通过计算机端或者手机端查询主流直播平台售后工作流程,并进行比较(至少 3 个平台,推荐抖音、快手、淘宝等)。

(2) 现场汇报。每个小组派出一名代表上台汇报,总结归纳售后标准工作的一般流程,分析比较不同直播平台的流程差异性,并提出优化改进办法,制作成"主流直播平台售后标准工作流程对比"的 PPT 文档并进行展示汇报。

(3) 其他小组可以进行补充和提问,教师归纳总结常见直播平台售后标准工作流程的核心步骤和关键环节。

任务实施　以小组为单位,按照实训要求完成主流直播售后标准工作流程,并填写表 6-6。

表 6-6　任务评价

序　号	评 分 内 容	分　值	得　分
1	团队分工合理、成员参与度高	10	
2	选取三个以上直播平台进行分析	10	
3	总结归纳售后标准工作的一般流程	20	
4	分析比较不同直播平台的流程差异性	20	
5	PPT 内容完整制作美观	20	
6	汇报展示流畅、表达清晰	20	

任务二　直播粉丝维护

 学习目标

　　知识目标：理解粉丝黏性的概念和重要性，掌握增加粉丝黏性的策略；掌握转化粉丝为私域流量的方法。

　　能力目标：能够对粉丝行为和偏好进行分析；能够制定有效的粉丝运营和转化策略；熟练运用社交媒体和互联网营销工具做好粉丝的运营和维护。

　　素养目标：认识到企业对粉丝的责任和影响，培养对社会和用户的关怀和责任感；强化创新创业意识。

活动　增强粉丝黏性，转化粉丝为私域流量

 活动描述

　　目前直播团队已经运行了一段时间，在直播间成员们积极与粉丝互动，对于粉丝送礼物或者是夸赞都表示感谢。但这是远远不够的，要想做好粉丝维护，必须掌握增强粉丝黏性以及将粉丝转化为私域流量的方法。

 知识指南

一、粉丝黏性的概念

　　粉丝黏性是指粉丝对某个直播间、产品、品牌、明星或内容创作者的忠诚度和互动频率，这直接关系到品牌的变现能力和粉丝群体的稳定性。粉

增强粉丝黏性

丝不是普通的用户或消费者，而是对品牌或个人有着强烈的认同和忠诚度的群体。粉丝对于其所支持的品牌或个人产生了强烈的情感依恋，他们愿意付出更多的时间、金钱和努力来支持和参与品牌或个人的活动。粉丝黏性可以通过各种因素来衡量，包括忠诚度、参与度、互动度和转化率等。

二、粉丝黏性的重要性

　　粉丝黏性对于品牌或个人来说具有重要的意义和作用。

　　(1)能够提升品牌或个人的影响力和知名度。通过积极的口碑传播和参与活动，粉丝可以扩大直播间的影响范围，吸引更多的潜在用户或消费者。

　　(2)能够创造更高的用户参与度和用户留存率。粉丝对直播间或个人的忠诚度使他们更愿意持续参与和使用直播间的产品或服务，从而提升用户的参与度和用户的留存率。

　　(3)提高品牌或个人的商业价值。粉丝是直播间或个人的重要资产，他们不仅是消费者，还可以成为付费用户、忠实客户或直播间支持者。他们愿意购买直播间的产品或服务，参与直播间的活动，从而为直播间创造商业价值。

　　粉丝黏性是直播间或个人在建立强大影响和用户忠诚度方面的重要因素。通过有效的粉丝运营和管理，直播间或个人可以提升粉丝的忠诚度和黏性，进而实现直播间的增长和发展。

三、增强粉丝黏性的策略

（一）洞察不同类型粉丝心理

1. 强调忠诚

粉丝是以一个群体出现的，这个群体身上最重要、最直接的标签是就是他们追随的偶像。为保证偶像的粉丝不流失，粉丝会自发地维护这个群体的稳定性，讲究"属性"的纯洁，如果一个粉丝在社交网络上公开表达喜欢另一个形象有重叠的明星，他可能会被开除"粉籍"或在粉丝食物链中降级。

2. 喜爱新鲜

粉丝一方面是重视忠诚的，另一方面又是喜爱新鲜的，这是人性的本能。平台需要不断有新的面孔和新的内容刺激粉丝，并营造社交氛围沉淀用户，才能留住这些喜爱新鲜的用户。

3. 注重互动

现今的明星不再是隔着屏幕高高在上、不食烟火的仙儿，只贡献银幕形象和作品。粉丝更喜欢接地气、互动性强的偶像，也喜欢养成偶像、塑造偶像，明星需要按照粉丝的意愿打造人设和规范形象，并定期互动。

4. 社区性

如果一个偶像走饥饿营销或高冷神秘路线，则不会有过多曝光，只有那些活跃的、有内容输出和互动良好的粉丝群才能帮助留住用户。一个个粉丝群则是一个个社区、兴趣小组，是头部内容的延伸，社区是用户沉淀的土壤，微博、豆瓣、贴吧就提供了这样的土壤，而抖音、快手等则没有，闭环上缺了一道口子。

（二）增加粉丝停留时长

1. 保持内容的垂直性

保持内容的垂直性需要做到一个账号创作一个类型，一个类型做精、做细、做到极致。对于粉丝而言，只有看到创作者保持垂直内容的不断输出，才会在他们心中树立某一类的品牌，并产生极强的黏性。对于创作者而言，只有保持内容的垂直性，除了给粉丝减少选择的成本，也可以增加粉丝退出的成本。

2. 保证内容质量的稳定性

内容质量的稳定性是指创作发布内容保证持续高质量，要做到每一个作品都能上热门。只有保证对外发布的作品内容质量稳定，才能吸引粉丝的关注，得到他们的青睐，让他们成为忠实粉丝。保持内容的稳定性需要围绕一个品类、一个群体需求、一个固定人设对外输出内容。

3. 与自己账号内的粉丝保持互动

互动目的是通过忠实粉丝的反馈，调整创作思路，改进不足，让更多粉丝精准关注。另外，一旦粉丝反馈被客服肯定，对于粉丝来说，有种被尊重的感受。这种感觉会拉近彼此的距离，提升粉丝黏性，从而增加留存时长。

在与粉丝互动时可以采用赞同对方看法、答疑解惑、征求对方看法、有趣沟通等方式。

（三）提升粉丝转化率

1. 货：商品精细划分，优化价格策略

对于绝大部分商家来说，没有办法像达人或者机构直播那样，有各种类目的选品，更多的时候只是把自己店铺现有的货卖出去。即使是这样,在货品方面还是有一些直播的细节,而不是一味降价。商家会把货分为新款、主推款、秒杀款、直播间专享款、引流款、利润款,甚至还有抽奖款,不同款式采取不同的推广策略。例如,引流款价格低,点击率高,可以用来给店铺引流,带动其他商品的销量,如图 6-18、图 6-19 所示。

图 6-18　直播间布置场景实例一

图 6-19　直播间布置场景实例二

　　秒杀款用来增加用户时长(类似千元商品限量只需要花费 2 位数的价钱);新款主要用来刺激直播间的老用户等;利润款主要用来保证直播间的利润。另外,众所周知,直播带货还有一个价值点是"便宜"，对此，商家直播如果盲目降价，可能会影响产品的正常售卖。

2. 场：直播间布置，提升用户信任感

除货之外，商家直播还可以在"场"上发挥自己的优势。例如，在线下场景布置方面，品牌商家做直播，一般会把选择品牌 Logo 墙作为直播背景，然后桌上放一堆自家的产品，品牌感非常强烈。还有的商家，会直接选择在自己的门店、批发市场，甚至是工厂来进行直播，让用户看到"货源"，提升用户的信任感。

3. 人：主播话术打造，增加用户转化

抓住每一个可能转化的观众，主播需及时与粉丝互动。具体包括：欢迎新粉丝进入直播间；点名欢迎老粉丝；解答弹幕中的疑问；适时强调"关注不迷路"等引导话术。直播时，配合手势引导，鼓励用户关注直播间。主播可以通过激励机制与场控合作，例如，当场控提示即将出现悬浮窗时，主播可以即时告知粉丝点击关注以获取福利。此外，在直播间设置动态小挂件，如推流时出现小动物点击的手势，并结合福袋、秒杀等仅限粉丝参与的活动，有效提升转粉率。

（四）增强粉丝归属感

1. 建立粉丝群

创建 QQ 群或微信群，让粉丝感受到加入了一个特别的社群。

2. 统一粉丝昵称

粉丝昵称应与主播相关，这样可以强化粉丝的身份认同感，使之成为群体的一部分。

3. 形成个人风格

主播需要培养独特的个人风格，这不仅有助于吸引更多的关注，还能提供独特的粉丝体验，减少被替代的可能性。

4. 拉新策略

新粉丝加入社群初期可能不够熟悉，要考虑如何帮助新粉丝融入，通过互动活动加快他们融入过程。

5. 促进互动

寻找共同话题并主动发起讨论，可以让新老粉丝更好地融合，从而增进彼此之间的熟悉感，产生更强的归属感。

（五）积极运营粉丝群体

主播要逐渐能够洞察粉丝心理，让粉丝愿意长时间留在直播间，这对提升粉丝转化率和增强粉丝归属感尤为重要。以下是运营粉丝群体的一些建议。

1. 运用公开法则

粉丝的体验感很大程度上源自群体比较，这包括对外群体的优越感以及群体内部的竞争感。为了激发这种体验，需要建立一种公开的比较机制，如积分、等级、排行榜和奖品等，以满足粉丝的炫耀欲和竞争欲，促使他们不断设定新的目标，就像游戏中不断过关升级一样，保持积极的动力。

2. 建立粉丝资源数据库

在直播间公示 QQ 群/微博/微信群等信息（注意保护隐私），邀请粉丝加入，并在开播或举办活动时通知他们。以下是粉丝群的一些管理技巧。

（1）群名应具有特色且与主播相关，具有吸引力。

（2）挑选可靠粉丝作为管理员，构建稳定的核心团队。

（3）提高粉丝活跃度，定期发放红包，组织游戏和互动活动。

（4）设置相册分类，包括粉丝赠送礼物截图、主播生活照片和个人相册。

（5）直播时积极宣传粉丝群，吸引新成员加入。

3. 积极交流，了解粉丝需求

主播的核心工作是与粉丝建立长期关系，主播应主动与粉丝交流，并关注粉丝的喜好。例如，主播可以私下多练习，唱粉丝喜欢的歌曲，以展现对粉丝的关注和尊重。

4. 真诚相待，视粉丝为家人朋友

主播应多花时间了解粉丝，思考如何为粉丝创造价值，关注粉丝的需求，而非一味索取。记住粉丝的重要日子，如生日或纪念日，并通过发送信息或打电话的方式表达关心，这些小细节能够增强粉丝的归属感。

5. 不断提升，丰富直播内容

主播不应止步不前，应该不断创新直播间的布置和着装风格，多读书以提升个人素养和知识水平。要持续创作有新意的内容，分享主播的生活态度、感悟和美好的一面，让粉丝了解主播的努力、个性及价值观，这样能够建立起有高度认同感和归属感的粉丝群体，提高他们的忠诚度和活跃度。

四、将粉丝转化为私域流量

将粉丝转化为
私域流量

在主播的粉丝维护中，除增强粉丝黏性以外，还需要学会如何将粉丝转化为私域流量，下面是常用的措施。

（一）做好粉丝群的维护

建立粉丝社群，让主播快速接触和认识粉丝，对粉丝画像有一个大概的了解，只有了解粉丝，才能够和粉丝更好地沟通。新主播可以建立自己的粉丝群，慢慢地粉丝积累到一定量的时候，就需要对粉丝做一个分类，例如，建立老粉丝和新粉丝的互动群，运营时更有目标性。

引导粉丝进入社群，在直播间放置二维码或者社群号。可以通过拉票和发红包的方式调动粉丝活跃度。推广自己的粉丝群，做到有效的拉新。必要时可以制定一些群规和明确的奖惩规定，粉丝也可以做等级划分，培养粉丝的团队荣誉感。

（二）引导粉丝分享直播

1. 直播＋社群

借助门店导购将线下的购买力快速转化到线上，进行社群分级分层管理。同时，共享直播内容、社群里导购一对一介绍，用户形成更大覆盖，黏性也相对更高，使直播转化率得到提高。

2. 直播＋社交裂变

直播和裂变的结合能够帮助商家在短时间内聚集大量用户，促进销量的提升。例如，商家在直播中将原价119.9元的外套设置最低9.9元的砍价活动，用户在直播间发起购买后分享给好友、朋友圈等进行砍价，砍价结束后，用户可以优惠价购买商品，好友可以再次发起砍价，通过好友裂变为直播间带来更多流量。

3. 直播＋限时折扣

价格优势一直是商家吸引客户下单的重要方式，在直播中同样可以借助限时折扣，集中引爆用户购买意愿,在短时间内形成销量的爆发式增长。在直播中通过主播发放优惠券、限时折扣等折上折的方式,营造良好的直播氛围,刺激用户购买,实现快速促单。

4. 随时录播回放

回放功能不但可以帮助商家复盘直播,而且可以让老用户回顾直播将心仪商品添加到购物车,新用户查看直播商品解读,了解品牌和商品,从而下单购买。录播回放的开启,让每场直播的投入获得最大化的价值与收益。

(三)将公域流量转化为私域流量

为了尽可能吸引流量,主播还要善于将直播中的公域流量转化为私域流量,可以参考以下方法。

1. 注重短视频内容营销

内容营销的作用在什么时候都不过时。通过优秀的内容从公域流量中吸引用户,让真正感兴趣的用户成为粉丝,形成自己的私域流量是值得长期做的事。一些品牌在入驻抖音之后,日常都会制作和发布内容,感兴趣的用户会观看并成为品牌的粉丝,那么当品牌进行直播的时候,这些粉丝自然而然就进来观看了。同时,一些品牌在直播时会获得额外流量,这些用户如果对直播感兴趣也会成为品牌的粉丝,逐步沉淀为品牌的私域。

三只松鼠在"6·18"大促之前,通过趣味短视频预热吸引粉丝,通过自己的社群预告和导流。直播当天粉丝看播时长达到了日常的4倍,新客看播时长也达到日常的3倍,项目整体达到了5倍的投入产出。三只松鼠的整个营销,从长期内容预热到直播,既完成了从公域流量导流,也完成了私域流量变现的目标。

2. 从明星、达人的公域中获取流量

在传统广告时代,明星代言是一种常规营销方式,明星是有流量的,但品牌很难将明星的流量变为自己的流量。这一点在社交媒体时代越来越有实现的可能。例如,唯品会在"6·18"大促时邀请了薛某某和邓某某两位明星进行直播,直播通过撬动明星粉丝的能量,实现了销售增长:薛某某粉丝贡献了50%的购物车点击,邓某某使唯品会品牌号获得超12万的粉丝积累。直播快速、可见的特点容易让品牌将明星、达人们的粉丝转化为自己的粉丝,但并不是说明星们的粉丝转化为自己的粉丝就是私域流量了,后续必须持续运营,直到这些粉丝真正成为品牌的粉丝。

 直播速递

如何获取私域流量

 实战训练

名称　撰写直播粉丝群维护方案

实训背景　结束直播以后,主播需要继续维护与粉丝的关系。小张直播间的团队成员也清楚要学会维护与直播间粉丝的关系。本次实训需要小张团队成员掌握如何增强粉丝黏性以及如何维护粉丝群,以便更好地经营小店与客户的关系,并实现小店销量和人流量的增加。

实训要求　以3～5人为小组单位,结合小张农产品直播间的运营,撰写直播间粉丝群维护方案。每个小组完成一份"直播间粉丝群维护方案"的 Word 成果文档,完成一份"直播间粉丝群维护方案"的 PPT。派出一名代表上台路演展示,其他小组可以进行补充和提问。

任务分析　通过方案的撰写,让学生在写作过程中,思考整理所学知识,运用于实践应用中,体现"活学活用、学以致用"的效果。

操作要点

(1)明确粉丝群的目标和定位。例如,是为了提升品牌知名度,还是为了增加销售额?是针对特定的用户群体,还是面向所有用户?

(2)粉丝等级划分。借助(飞鸽)客户管理系统,对店铺会员进行分级管理(可以按照订单金额、客单价等指标进行设置,彰显粉丝不同身份及优惠待遇)。

(3)提供有价值的内容。在抖音群中发布欢迎话术,福利款商品链接;根据抖音关键词(词云分析),从热门商品标题以及交易评论中,制造关注话题,定时在群里发送热点话题或关键词相关的商品链接;定期发送包括图片、视频等多种形式有益信息(可结合产品卖点及当前热点)。

(4)定期互动和回复。定期发布问答活动、抽奖活动等互动内容,及时与粉丝进行互动,增强用户的参与感和忠诚度。

(5)定期分析和优化。观察分析粉丝群的活跃度、互动情况等数据,根据数据结果进行优化和改进,提升粉丝群的效果和用户体验。

任务实施　以小组为单位,按照实训要求撰写"直播间粉丝群维护方案"文档,制作PPT,并派代表上台展示。填写任务评价表,见表6-7。

表 6-7　任务评价

序　号	评分内容	分　值	得　分
1	团队分工合理、成员参与度高	20	
2	方案内容完整、结构清晰	20	
3	内容有针对性	20	
4	PPT 内容完整、制作美观	20	
5	汇报展示流畅、表达清晰	20	

任务三　直播二次推广

直播结束并不意味着整个直播工作的结束。在直播结束后,直播运营团队要对直播活动的视频进行加工处理,并在抖音、快手、微信、微博等平台上进行二次传播,以最大限度地放大直播的效果。

学习目标

知识目标：理解二次推广的定义、意义和设计步骤；了解直播短视频的二次传播内容的制作方式和创作要点；掌握直播二次传播软文的方法。

能力目标：能够设计和实施直播二次推广计划，明确目标并选择适合的传播形式和媒体；能够创作有效的二次传播短视频，能够撰写直播软文。

素养目标：树立职业道德意识；加强创新创业意识。

活动　直播二次推广的设计与实施

活动描述

除直播前的引流预热外，直播后期更要做好二次推广，增加产品和主播的曝光。本次任务，直播团队就需要通过短视频传播和文案传播方式完成直播活动的二次传播。

知识指南

一、二次推广概述

（一）二次推广的概念

直播内容运营的成功不仅在于充分预热直播前，还需要进行二次推广，也称二次传播。二次传播是指一段信息在经过媒介传播后，再被其他人传播下去的过程。这并不意味着信息传播的终止，而是将信息的传播范围扩大到更广泛的受众群体。

（二）二次传播的意义

二次传播对于直播来说具有重要意义，因为一场成功的直播本身就是一个新闻焦点。在直播过程中和结束后，直播内容本身以及引发的话题都可以成为二次创作的素材，实现再次传播。这些衍生的直播内容往往能够引发新一轮的关注，达到最大化和最优化的传播效果。

（三）二次传播的设计步骤

1. 明确目标

设计直播活动的二次传播计划，首先要明确传播计划的目标，例如，提高品牌知名度、增加品牌美誉度、提升商品销量等。需要注意的是，直播活动的二次传播计划的目标应与企业或品牌制定的整体市场营销目标相一致。

2. 选择传播形式

明确传播目标后，直播运营团队应选择合适的传播形式，将直播活动的二次传播信息发布到网络上。目前常见的传播形式主要有视频和软文两种，直播运营团队可以选择其中一种形式，也可以将两种形式相结合。

3. 选择合适的媒体

在确定传播形式后，直播运营团队需将制作好的信息发布到合适的媒体平台上。如果是视频形式的信息，可以发布在抖音、快手、秒拍、视频号、腾讯、爱奇艺、微博等平台上；如果是软文形式的信息，可以发布在微信公众号、知乎、百家号、虎嗅网等平台上。

二、直播视频二次传播

在直播结束后，通过视频的形式分享直播活动的现场情况是直播活动二次传播的有效方式之一。

（一）二次传播视频的制作方式

直播活动二次传播视频的制作包括录制直播画面、直播画面浓缩摘要和直播片段截取三种方式。

将直播视频剪辑成
精彩短视频再次传播

1. 录制直播画面

直播运营团队可以将直播画面全程录制下来，也就是说，直播运营团队一边做实时画面的直播，一边录制，这样直播完成后，就可以直接用录制的文件来制作直播回放视频，错过实时直播的用户可以通过观看直播回放视频来获取直播内容，如图 6-20所示。

2. 直播画面浓缩摘要

直播画面浓缩摘要的制作逻辑与电视新闻的制作逻辑基本相同，即直播运营团队将直播画面录制下来后，删除那些没有价值的画面，选取关键的直播画面制作成视频，并为视频画面添加旁白或解说。例如，一场新品发布会直播结束后，直播运营团队将现场直播画面制作成浓缩摘要式视频，并为视频配上解说："××月××日下午 2:00，××公司直播了新款手机发布会。发布会上，公司产品经理详细介绍了新款手机的性能（插入产品经理介绍新款手机性能的画面），随后公司邀请了名人××现场体验手机的各项功能（插入直播中名人体验手机功能的画面）……"

3. 直播片段截取

直播运营团队也可以从直播中截取有趣、温暖、有意义的片段，将其制作成视频发布到网上。例如，东方甄选直播间会将主播在直播中有趣的片段剪辑成短视频发布在抖音平台上。

图 6-20　东方甄选直播间实时
直播录制画面

（二）二次传播短视频的创作要点

活动直播结束后的宣传短视频，可以从以下几个角度创作。

1. 活动的亮点剪辑

一场活动直播要有一个突出的亮点，以便用户因为这个亮点而记住这场活动直播。例如，主播或者嘉宾在活动直播间说了一句口口相传的金句，讲了一个让人共情的故事，两位较有名气的"大咖"在活动直播间展开了一个小辩论等。在活动直播结束后，将亮点部分剪辑成短视频进行二次宣传，就能引发用户对这场活动直播的后续讨论，提高这场活动直播的曝光度。

2. "大咖"的演讲片段

活动直播中的"大咖"的演讲片段也可以做成短视频进行二次宣传。在实际操作中，需要对"大咖"表达自身核心观点的演讲片段进行编辑整理，可以用"观点＋现象＋解释说明"的形式，制作成逻辑清晰、观点简单明了的短视频。这样的短视频能让用户感觉"大咖"说得有道理而记住直播活动，如图 6-21 所示的雷军年度演讲，有助于提升直播活动的口碑，为后续的转化奠定基础。

3. 总结类短视频

活动直播运营者可以将一场活动中的精华内容提炼出来,制作成"一分钟看完××活动""一分钟带你了解××活动说了什么""一分钟看完××新品发布会"等短小精悍、利于宣传的短视频。将这样的短视频发布在多个平台上,可以扩大活动的影响力,如图 6-22 所示。

图 6-21 雷军年度演讲

图 6-22 一分钟总结小米新品发布会

三、直播软文二次传播

直播软文二次传播是将直播活动的细节撰写成软文并发布到相关媒体平台上,用图文描述的形式向用户分享直播内容。直播运营团队撰写直播软文时,可以从分享行业资讯、提炼观点、分享主播经历、分享体验和分享直播心得等角度切入。

1. 分享行业资讯

对于严肃主题的直播,直播运营团队可以撰写行业资讯类软文来对直播活动进行二次传播。在行业资讯类软文中插入直播画面或直播视频片段,从而吸引更多的业内人士关注或回看直播。

2. 提炼观点

提炼观点是指将直播活动的核心内容,如新品的主要功能、企业未来的发展方向、产品未来的研发方向等提炼出来,并撰写成软文。

3. 分享主播经历

主播可以用第一人称撰写一篇类似日记、工作日志的软文,在软文中回顾直播过程。用第一人称撰写的文章更有温度,也更容易拉近主播与用户之间的心理距离,所以采取这种方式来推广直播更容易引起用户的阅读兴趣。

4. 分享体验

分享体验就是从用户的角度出发,撰写一篇描述观看直播的体验或感受的软文。由于这种推广软文不是从直播运营团队的角度来写的,而是以用户的视角来写的,体现的是用户的亲身感受,所以更具吸引力和说服力。

5.分享直播心得

分享直播心得是直播运营团队从操盘者的角度撰写一篇分享直播幕后故事的软文,软文的主题可以是"如何策划一场直播""直播宣传引流三部曲"等。

引流短视频的互动引导

名称　制作直播二次传播视频

实训背景　在这个"无视频无真相"的时代,通过短视频的形式将直播中的精彩画面推广出去,是直播二次传播的最佳方式之一。小张团队运营专员晓丽负责制作直播后传播短视频,她选择了一次直播中截取有趣、温暖、有意义的片段内容,剪辑了一段30秒的短视频,准备选择合适的平台分发推广。

实训要求

(1)根据直播信息,选择直播中有趣、温暖、有意义的片段,设计短视频文案。

(2)选择至少两个分发平台,完成推广分发设置,要求突出直播间的亮点。

任务分析　在直播后将直播过程中的精彩画面或片段重新剪辑,形成短视频在主流媒体平台推广,如果想要获得比较好的推广效果,视频的创意和质量至关重要,同时一定的短视频文案技巧运用、标签的恰当设置及分发平台的选择和分发信息设置都能在一定程度上提升短视频传播效果。

操作要点

(1)选择直播片段。设计短视频主题,选择直播中有趣、温暖、有意义的片段。

(2)设计短视频文案。可以使用直观阐明内容价值、借势热点、抓住用户心理、提出疑问/反问、借用数据说话、引发思考或争议六种短视频文案技巧进行创作。

(3)制作短视频。选择使用手机剪映App、计算机剪映软件等工具制作短视频。

(4)设计标题文案与标签。根据选择的文案技巧,拟定有吸引力的短视频标题和简介,并设置标签。标签是短视频创作者定义的用于概括短视频主要内容的关键词。标签越精准,越容易得到平台的推荐,可以更快触达目标用户群体。

为短视频打标签需要注意以下几点。

首先,需要合理控制标签的个数和字数,一般标签个数3~5个为佳,每个标签字数为2~4个最好。

其次,标签要根据视频内容提炼,力求表达出内容最有价值和代表性的特征。

再次,标签的范畴要适度合理,不能太细分,容易造成局限。

最后,适当的跟踪热点可以使标签有更大的曝光度,从而获得更多的推荐。

(5)选择分发平台。系统提供微博、抖音、公众号、朋友圈、头条等多个平台供选择,用户需分析各平台的特点、目标人群和传播效果,结合短视频的内容形式和特点,选择效果更优的渠道组合。

任务实施　以小组为单位,按照实训要求制作直播二次传播视频,填写表6-8。

表6-8　任务评价

序　号	评分内容	分　值	得　分
1	短视频主题符合营销目标	20	
2	内容有吸引力	20	
3	视频画面清晰、声音流畅、长度适宜	20	
4	短视频标签适度合理、曝光度高	20	
5	视频发布平台选择得当	20	

任务四　网络舆情风险分析

网络舆情风险分析是指对可能引起公众关注、媒体报道、政府或企业关注的事件或话题进行舆情监测、分析、报告和应对的一系列过程。它可以预测和评估相关风险,为制定有效的风险应对策略提供重要参考。网络舆情风险分析的重要性在于通过及时掌握舆情信息,提前预警和应对可能的风险,降低不良影响,维护政府、企业或个人的形象和声誉。

 学习目标

知识目标:了解网络舆情的概念和网络舆情管控的意义,掌握收集网络舆情的渠道、内容和网络舆情分析方法。

能力目标:培养对网络舆情的洞察力和分析能力,能够对事件汇总并提出正确的公关流程,能应对与防范网络舆情危机。

素养目标:树立正确的商业伦理和社会责任观念;培养以人为本的价值观。

活动　认识网络舆情风险

 **活动描述**

小组已经完成了整场直播,直播活动看似结束了,但实际上还有很多工作要做,例如,收集和分析网络舆情信息。请模拟一次公关危机并制作一个危机处理方案。

知识指南

一、网络舆情风险概述

(一)网络舆情风险的含义

网络舆情风险是指在互联网上,因为某些事件、人物、言论、产品等引起的一种公众情绪的波动,可能给个人、组织、企业等带来负面影响的风险。网络舆情风险的形成和传播往往受到网络社交媒体、搜索引擎、博客、微博、论坛等各种互联网平台的影响。

网络舆情风险的特点是传播速度快、覆盖面广、影响力大、难以控制。一旦出现负面舆情,可能会导致企业形象受损、销售业绩下滑、投资者信心动摇等一系列负面影响。

为了避免网络舆情风险的出现,企业需要建立完善的舆情监测和危机处置机制,及时发现和处理潜在的负面舆情。同时,企业需要加强与社会各界的沟通和合作,并制定诚信经营、品牌保护等相关策略,维护好自身形象和声誉。

（二）网络舆情管控的意义

网络舆情管控对于不同的主体而言,具有各自独特的意义和价值。企业作为社会中最为活跃的群体之一,其自身发展和壮大离不开对互联网技术的运用和推广。从企业的视角来看,网络舆情管控在多个方面扮演着至关重要的角色。

1. 纠正谬误和错误的言论,以确保公众舆论的准确性

通过网络舆情管控,企业能够及时掌握舆情的动态演变,及时纠正错误和不准确的舆论,从而保持舆情的稳定和健康发展。

2. 维护公司的品牌形象

企业在互联网中发布或转发的大量负面信息不仅影响到用户体验,还可能会导致网络舆论危机。对于企业而言,对网络上相关的负面信息进行有效的监测、及时了解和处理,是至关重要的。通过对网络舆情进行有效管控,企业得以提前预警并及时处理负面信息,从而维护企业的健康良好形象。

3. 为决策提供可靠的基础

企业要根据不同类型的网络舆情特点制定相应的管理对策。除负面信息外,网络舆情中还蕴含着积极和中立的情感元素。通过网络舆情管控,企业能够捕捉和收集信息,并对其进行分类,包括正面、中性和负面三种类型。接着,通过对信息进行分析和整理,及时了解负面信息可能引发的舆情危机,以及行业趋势、竞争环境、品牌现状、产品动态和用户画像与需求等,从而评估企业在市场竞争中的真实实力,为企业经营提供科学的决策依据。

4. 提升企业的治理水平

加强对网络舆情的管控,是企业发现问题、持续改进、不断提升管理水平的一项有效措施。

5. 建立完善的舆情管理机制

网络舆情管理系统的完善需要从监测、分析、引导到处置,最终形成一套高效的日常舆情管理和协作办公的舆情管理体系。

二、网络舆情监测与分析

（一）网络舆情监测

网络舆情管控的核心在于对网络上与企业相关的舆情进行监测和分析,以提供详尽的分析报告和舆情应对策略,从而协助企业有效应对负面舆情。通过网络舆情监测可以发现网络中的不良信息,进而采取积极措施来减少或消除这些不良因素所造成的不良影响。

网络舆情风险分析

1. 网络舆情监测渠道

在网络环境中,网络舆情的传播途径多种多样,而这些传播途径也可以被视为一种监测机制。在对网络舆情进行监测时,必须掌握这些渠道。当前,监测网络舆情的主要渠道如下:①百度指数,该指数可提供与关键词相关的搜索指数、热度趋势、地域分布等信息,以及相关的新闻报道、网页、问答等资讯。②微博热搜榜是指微博平台上热门话题的排名榜单,可供用户了解当前热门话题的受关注程度、热度趋势等相关信息。③微信公众号,用户可以获取与关键词相关的最新动态、评论等信息,从而更全面地了解相关内容。

在监测舆情时,营销人员需要重点关注舆情的首发渠道和该渠道的影响力,以此判断舆情下一步的走向。

2. 网络舆情监测内容

明确网络舆情监测渠道后,营销人员需关注传播渠道上与企业相关的内容,包括以下几个方面的内容。

(1)品牌内容监测。营销人员需要监测与企业相关的品牌、产品、服务、售后等受影响的程度,以及代言人和领导人相关信息等。通过监测品牌内容,企业可以了解消费者对其品牌的评价和反馈,及时发现和解决问题,提高品牌声誉和形象。

(2)竞品内容监测。营销人员需要监测行业竞争对手的市场规模、产品、服务、上下游企业等,收集并整理竞争对手的信息,分析竞争对手的竞争策略。通过了解竞争对手的情况,企业可以制定更加精准的营销策略,提高市场竞争力。

(3)行业内容监测。营销人员需要监测企业所处行业的产业动态、法律法规、行业政策等方面的动态变化,包括企业所关注的行业招标信息、用户需求、知识产权风险、供应链信息等内容,帮助企业实现业务创新。通过了解行业动态和政策变化,企业可以及时调整业务策略,适应市场变化。

(4)营销内容监测。营销人员需要监测企业网络营销的效果,对营销信息的传播情况、口碑变化、用户互动等进行量化分析,并监测竞争对手的网络营销动向,以便及时调整营销决策。通过监测营销内容,企业可以了解营销效果,优化营销策略,提高营销效果。

(二)网络舆情分析步骤

网络舆情分析是指基于网络舆情监测,运用系统科学的程序和方法,对收集和监测的网络舆情信息进行甄别、分析和归纳,去伪存真、删繁就简,提炼并整理出具有趋势性、指导性和预警性的信息的过程。同时也是网络舆情管控的重要组成部分,它连接着舆情的监测与收集和舆情的引导与应对,起着承上启下的作用。通常,网络舆情分析可按照辨别真伪、信息整理、判断趋势与走向、提出对策建议的步骤进行。

1. 辨别真伪

网络上的信息种类繁多,真假难辨,甚至有时候还存在着商业博弈。这就需要营销人员在开展网络舆情分析之前,要先对这些信息进行辨别真伪。

2. 信息整理

首先,需要对舆情信息进行预处理,包括转换格式、清理数据、统计数据等。例如,对新闻评论,需要剔除无关信息和删除重复信息,然后记录新闻的标题、发言人、发布时间、内容、点击次数、评论人、评论内容、评论数量等,形成格式化的信息。这样就可以概括出主要的问题、内容和观点,并以此为基础写出网络舆情信息摘要。

然后,需要对舆情信息进行分类。这样做的目的是针对不同类型的网络舆情采用不同的应对方法与技巧。按照不同的标准,可以将舆情信息分为不同的类型,例如,按地域划分或者按内容涉及的行业划分。不过需要注意的是,在具体的网络舆情分析过程中,舆情信息的分类并不是固定不变的,有些舆情事件在发展过程中,其所属类型是动态变化的。

3. 判断趋势与走向

判断网络舆情的趋势与走向是网络舆情分析的核心环节,这个判断的结果是网络舆情引导与应对的重要依据。通过对已经分类的舆情信息进行系统的分析,可以做出关于舆情发展趋势与走向的基本判断,例如,判断舆情是否会继续扩大、影响是否会升级、影响是否可控、大规模群体事件是否会爆发等。营销人员需要根据这些判断结果,选择合适的应对策略。

需要注意的是,网络的互动性和即时性使网络舆情的变化非常迅速,每个时间段的舆情可能具有不同的特征,并呈现出不同的发展趋势。因此,网络舆情分析需要实时更新和动态调整。

4. 提出对策建议

在准确判断网络舆情发展的趋势与走向后,营销人员应该为企业决策者提出具有针对性和可操作性的对策建议。这些对策建议包括以下几个方面。

(1)信息发布的方式。确定合适的发布渠道和信息呈现方式,以确保信息能够有效地传达给目标受众。

(2)信息发布的时机。选择最佳的发布时间,以最大化信息的传播效果。

(3)信息发布者。确定合适的信息发布者,以确保信息能够被目标受众信任和接受。

(4)信息发布的渠道。选择合适的发布渠道,以覆盖尽可能多的目标受众。

(5)信息发布的基调。确定信息的基调,例如,道歉、认错或澄清事实等,以适应不同的舆情情况和目标受众需求。

这些对策建议应该具有针对性和可操作性,能够切实帮助企业应对网络舆情,维护企业形象和声誉。

三、舆情危机的应对与防范

尽管企业并不会经常遭遇舆情危机,且可以通过日常的舆情管理进行预防,但危机的出现往往出乎意料。如果对危机事件处理不当,将会对企业造成严重的负面影响,即当企业失去公信力时,无论其陈述的是事实还是虚假言论,都会被公众认为是虚假的。

因此,企业必须科学、有效地应对和防范舆情危机,以化险为夷,实现"转危为机"的效果。

(一)网络舆情危机的概念与成因

舆情危机是指面对负面事件或突发事件,作为主体的民众对客观存在的事件或现象表达自己的信念、态度、意见和情绪等,当这些信念、态度、意见和情绪汇总时,其舆论影响范围空前扩大,并给当事人造成危机感的信息现象。

互联网的开放性使用户能即时发表对企业产品、服务等方面的意见,并在网络中迅速传播,形成一种舆论,并对企业的发展产生影响。如果不利于企业的言论在网络上迅速扩散,将会对企业产生不利的影响，进而形成企业网络舆情危机。站在企业的角度，舆情危机的成因主要有以下几种。

（1）产品质量不佳、价格过高、售后拖沓等与产品和服务有关的问题。这些问题容易引发消费者对企业的不满和抱怨，进而在网络上扩散和传播，形成企业网络舆情危机。

（2）管理不善、产生劳资纠纷、违背企业伦理等与企业管理有关的问题。这些问题容易引发企业内部员工的不满和抱怨，也容易引发公众对企业的不信任和反感。

（3）产权交易、企业上市、企业竞争等与企业经营有关的问题。这些问题容易引发公众对企业经营状况的关注和猜测，进而形成企业网络舆情危机。

（4）环境污染、发生安全事故等与公共安全有关的问题。这些问题容易引发公众对企业社会责任的关注和质疑，进而形成企业网络舆情危机。

（二）舆情危机的应对原则与方法

1. 舆情危机的应对原则

企业在遭遇舆情危机时，需要遵循一定的应对原则，根据企业面临的实际情况，采取合理有效的应对方法，才能达到转危为安的效果。

（1）及时性原则。一旦发现有舆情危机的迹象，企业应该迅速反应并做出应对措施。尽快处理负面信息和问题，有助于避免危机的进一步扩大和扩散，并且可以为后续的应对工作留下更多的时间和资源。

（2）真实性原则。在应对舆情危机的过程中，企业的态度和处理方式非常重要。应该始终坚持真实、客观的态度，如实公布事件真相和处理结果，以赢得公众的理解和支持。

（3）多方协作原则。舆情危机可能涉及多个方面的问题，如政府机构、媒体、消费者等。为了妥善解决危机，企业需要与这些相关方进行沟通和合作，形成合力来共同解决问题。

（4）持续改进原则。面对舆情危机，企业不仅要解决当前的问题，还需要从中吸取教训，不断完善自身的经营管理水平和危机预防机制。只有通过持之以恒地改进内部管理，才能真正提高企业的抗风险能力。

2. 舆情危机的应对方法

应对舆情危机可不是一件轻松的事情。在企业面对舆情危机的时候，不仅要遵循应对原则，还需要根据舆情事件的类型、舆论群体的特征等，采用灵活多变的应对方法。下面将介绍一些企业舆情危机的应对技巧。

（1）以诚动人。这种方法的核心在于"态度诚恳、承担责任、真诚沟通"。如果企业在相同或类似的问题上屡次犯错，那么即使采取了再巧妙的公关手段、再诚恳地道歉，也无法获得公众的包容和谅解。因此，企业应对舆情危机，不能只停留在应对方法上，最根本的还是要提高产品或服务质量。

（2）公开和透明。在舆情危机发生时，企业需要尽可能地公开和透明，向公众展示企业的态度和行动，避免信息不透明导致的舆论猜测和误解。

（3）及时回应。企业需要在舆情危机发生后尽快回应，发布官方声明或回应舆论质疑，避免事态扩大。

（4）借助专业机构。如果企业遇到重大的舆情危机,可以借助专业机构进行危机公关,向公众传达企业的正面形象。

（5）加强内部管理。企业需要加强内部管理,提高产品质量和服务水平,减少舆情危机的发生。

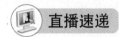 **直播速递**

五天两起拦路收费事件,川西旅游容不得"拦路虎"

 **实战训练**

名称 策划网络舆情危机处置方案

实训背景 由于小张的疏忽,主播在直播时将商品的卖点从"国产"说成了"进口"。这个口误本无伤大雅,但偏偏有些网友抓住了这个漏洞,开始在网络上大做文章。然而,此事已在网络上发酵并进一步扩散,对品牌形象造成了一定的负面影响。为此,品牌需立即进行舆情信息分析,策划舆情危机处置方案,应对舆情危机,以获得公众谅解,挽回品牌形象和声誉。

实训要求

（1）根据舆情信息制定舆情危机处置流程。

（2）写作品牌危机公关文案。

任务分析 网络舆情风险传播速度快、覆盖面广、难以控制。一旦出现负面舆情,可能会导致企业形象受损、销售业绩下滑等一系列负面影响,需要及时发现和处理。

操作要点

（1）制定舆情危机处置流程。该品牌此次网络舆情是由口播错误引发的,舆情危机处置流程主要分为三步。

① 快速响应。快速了解事件前因后果;诚恳道歉,安抚用户,避免矛盾激化;了解用户的诉求。

② 制订补救方案。稳定内部员工情绪,保证内部团结;根据用户要求与品牌情况,及时制订补救方案。

③ 与公众沟通,化解危机。通过微博、微信、官方网站等渠道发声,及时、积极与公众沟通,表明态度、诚恳道歉,公布补救方案,并同步实施补救方案。

（2）写作品牌危机公关文案。依据品牌制订的补救方案写作危机公关文案,解答公众的疑惑,化解公众的不满,重塑品牌形象,重新赢得用户信任。危机公关文案写作结构如下。

① 标题简明扼要,表明回应对象。

② 说明事件起因。

③ 承认过错。

④ 诚恳道歉。

⑤ 表明态度。

⑥ 给出解决方案。

⑦ 表示感谢,再次表明态度。

⑧ 表示诚恳接纳各方建议,并提出愿景。

⑨ 落款并加盖公章。

危机公关范文如下。

×× 针对×× 的声明(标题简明扼要,表明回应对象)

针对××××××××××××的问题(说明事件起因),我们高度重视,并充分意识到自己×××××××(承认过错),对于给××带来的困扰,我们表示最真诚的歉意(诚恳道歉)。××一直高度重视××××××××××××××××××(表明态度),对于××指出的问题,×××××××××××××××(给出解决方案),最后非常感谢你们的监督与批评,我们将×××××××(表示感谢,再次表明态度),同时也欢迎提出建议与意见,我们将不断×××××××××××××,继续××××××××(表示诚恳接纳各方建议,并提出愿景)。

××(公司)

××××年××月××日

任务实施 请以小组为单位,按照实训要求完成危机公关文案写作。

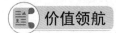

价值领航

大学生直播助农 为乡村振兴注入青春涌流

思考与讨论:

(1) 为了让电商助农直播可持续性发展,作为大学生有何好的建议?

(2) 结合个人实际情况,谈谈你会通过什么方式将"大众创业、万众创新"结合并应用于乡村振兴实践中。

赛教融合——技能竞赛大比拼

全国职业院校技能大赛(高职组)直播电商技能赛项的比赛模块分为直播策划、直播运营、直播复盘三个模块。本项目主要和直播运营对接。

书证融通——证书考点大揭秘

对接《互联网营销师国家职业技能标准(2021年版)》对应等级技能要求见表6-9。

表 6-9 对接《互联网营销师国家职业技能标准(2021 年版)》对应等级技能要求

工 种	工作内容	工种等级	技 能 要 求
直播销售员、视频创推员、平台管理员	7.1 售后	五级	7.1.1 能查询产品的发货进度 (1) 查询平台产品发货规则 (2) 使用电商工作后台查询下单用户订单信息 (3) 查询物流信息及售后状态 (4) 解决常见的发货纠纷
		四级	7.1.2 能建立售后标准工作流程 (1) 建立直播售后服务规范 (2) 建立投诉处理流程 (3) 建立售后标准工作流程
		三级	7.1.1 能使用智能交互系统回复用户信息 (1) 分类常见的智能系统用户问题 (2) 设置智能交互系统 7.1.2 能撰写售后工作报告 (1) 确认售后分析维度 (2) 撰写售后工作报告

注:该表内容来源于《互联网营销师国家职业技能标准(2021 年版)》第三部分工作要求。

过关秘籍:掌握直播售后的五个维度和售后工作报告的撰写。掌握直播售后洞察不同类型粉丝的心理,增加粉丝停留时长,提升粉丝转化率和增加粉丝归属感。

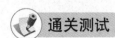 通关测试

一、单项选择题

1. 查询直播订单的物流信息的方法是( )。

   A. 在卖家店铺中查找　　　　　　　　B. 在直播平台中查找

   C. 在快递公司官网中查找　　　　　　D. 在小程序查找

2. 在快递公司官网中可以查询( )。

   A. 快递单号信息　　B. 手机号码信息　　C. 付款信息　　　　D. 未发货信息

3. 售后工作报告中,与工作计划目标进行对照检查的主要目的是( )。

   A. 强调已完成的工作量　　　　　　　B. 突出个人贡献

   C. 检查计划进度和完成质量　　　　　D. 展示团队协作能力

4. 如果物流信息查询出现异常,应该( )。

   A. 联系卖家咨询　　　　　　　　　　B. 在快递公司官网上留言咨询

   C. 直接拨打快递公司客服电话　　　　D. 直接电话平台投诉

5. 如果物流信息长时间没有更新,应该( )。

   A. 直接等待　　　　　　　　　　　　B. 联系卖家咨询

   C. 直接拨打快递公司客服电话　　　　D. 申请退款并投诉卖家

6. 下面( )方式可以增加粉丝停留时间。

   A. 提供有价值的内容　　　　　　　　B. 广告轰炸

   C. 随机发帖　　　　　　　　　　　　D. 删除老帖

7. 下面(   )方式可以增加用户对网站的忠诚度。

    A. 缩短页面加载时间   B. 卖出更便宜的商品

    C. 隐藏价格信息   D. 提供优质的客户服务

8. 下面(   )方式可以增加粉丝的参与度。

    A. 定期发布调查问卷   B. 发布大量广告

    C. 关闭用户评论   D. 删除用户的无用评论

二、多项选择题

1. 客户在投诉中应该提供(   )。

    A. 订单号、商品名称等基本信息   B. 投诉内容、照片等相关证据

    C. 个人隐私信息   D. 自己的家庭住址及电话号码

2. 避免客户投诉的方法是(   )。

    A. 提供优质的产品和服务   B. 在直播前进行充分准备和演练

    C. 结束直播后立即下线,不与观众交流   D. 不及时回复客户疑问

3. 处理客户投诉的方法是(   )。

    A. 首先及时回复客户,并耐心倾听客户的投诉内容

    B. 仔细核查核实客户的投诉,并给予合理的回复和处理

    C. 忽视客户的投诉,让其自行解决问题

    D. 根据工作进度安排,按部就班的回复客户

4. 在撰写售后工作报告时,以下(   )做法是可取的。

    A. 仅强调未完成工作的结果

    B. 使用复杂而无意义的修饰语言

    C. 运用数据和可视化分析来展示工作成果

    D. 汇总并分析客户画像以提升客户体验

5. 直播平台在处理客户投诉时候应该考虑(   )因素。

    A. 保障消费者权益和提升消费者满意   B. 维护商家利益和形象

    C. 尽可能采取快速和简便的处理方法   D. 对于客户投诉因人而异进行回复

6. (   )方法可以提升粉丝转化率。

    A. 提供有价值的内容   B. 提供优惠券和促销活动

    C. 发布大量广告   D. 加强与粉丝的互动

7. (   )因素会影响粉丝的转化率。

    A. 页面加载速度   B. 用户体验   C. 商品价格过高   D. 客户服务质量

8. (   )步骤可以提高营销活动的转化率。

    A. 清晰的目标设定   B. 确定目标受众

    C. 选择合适的渠道   D. 提供足够的信息和可信度

9. 不同类型的粉丝需要的内容不同:(   )。

    A. 对于新手,应该提供详细的入门指导

    B. 对于老用户,可以提供高级操作技巧

    C. 男性和女性粉丝需要不同类型的产品介绍

    D. 年轻人、中年人和老年人需要不同类型的商品推荐

10. 不同类型的粉丝在购买过程中需要：不同的促销活动（　　）。

    A. 积分和优惠券对所有粉丝都有吸引力

    B. 较年轻的粉丝更喜欢折扣和免费礼品

    C. 中年人可能对赠品和套餐更感兴趣

    D. 老年人比较注重品质和服务

三、判断题

1. 直播销售商品和传统电商的售后服务方式是一样的。　　　　　　　　　（　　）

2. 直播带货商品一般不存在问题，因此不需要考虑售后服务问题。　　　　（　　）

3. 直播售后服务应该追求快速处理和商家利益最大化。　　　　　　　　　（　　）

4. 直播售后服务只需要提供在线客服，不需要实际处理问题。　　　　　　（　　）

5. 直播售后服务结束后，不需要对消费者提供任何跟进和回访。　　　　　（　　）

6. 在粉丝管理中，应该拒绝删除任何负面评论或反馈。　　　　　　　　　（　　）

7. 提供有价值的内容是提高粉丝管理效果的核心因素之一。　　　　　　　（　　）

8. 在粉丝管理中，直接与粉丝沟通可以促进客户忠诚度。　　　　　　　　（　　）

9. 提高页面加载速度对于转化率并不重要。　　　　　　　　　　　　　　（　　）

10. 提高社交媒体的互动可以增加粉丝的停留时间和转化率。　　　　　　（　　）

项目七

直播复盘与数据分析

直播复盘与数据分析是通过回顾直播过程和分析数据来优化直播内容和互动方式,进而提升直播质量和用户体验的重要手段。它帮助运营人员了解用户需求和市场趋势,为直播平台提供更优质的服务和产品。

➡ 思维导图

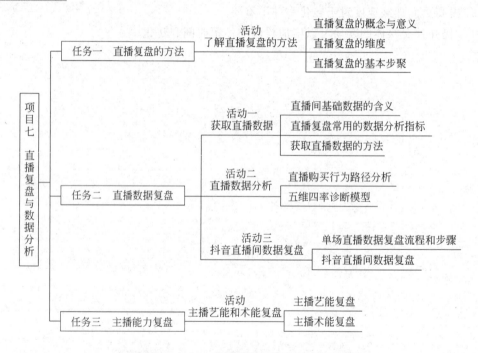

任务一　直播复盘的方法

复盘在运营中至关重要,通过对直播内容、直播效果、观众反馈等方面的回顾总结,不断优化直播策略,提高直播效果,实现更好的推广与营销效果。没有复盘的直播就是在碰运气,没有数据的决策就是在拍脑袋,方向不对,努力白费。复盘是要去找出问题、分析问题与解决问题最终目的是指引团队优化方向,这样才能少走弯路,快速迭代升级。

学习目标

知识目标：了解直播复盘的概念，掌握直播复盘的维度，掌握直播复盘的基本步骤。

能力目标：培养对直播运营数据的敏感性和分析能力，能够对单场直播的流程进行复盘。

素养目标：树立正确的商业伦理和社会责任观念，培养社会责任感和担当精神，培养爱国情怀和民族自信心。

活动　了解直播复盘的方法

 活动描述

直播团队成员们通过前期的学习与实践已经在抖音平台完成了单品直播和整场直播，但直播效果如何、有哪些地方需要改进，都需要团队成员结合运营数据进行科学分析并做出改进，但团队成员并不知道该如何开展复盘，应该如何准备复盘内容。

知识指南

一、直播复盘的概念与意义

（一）直播复盘的概念

复盘是围棋术语，也称"复局"，是指对局完毕，复演该盘棋的记录，以检查对局中招法的优劣与得失关键。"复盘"在贸易术语中是指项目结束后，对其进行回顾和总结。为了继续提升营销效果，企业在营销活动结束后通常也要进行复盘，总结经验教训并作为下次营销活动的参考。

直播复盘是指在直播活动结束后，主播及团队对此次直播活动的各项数据进行回顾、分析、总结，查找差距，弥补不足，积累经验，确定后续整体直播的节奏，优化直播效果的过程。

（二）直播复盘的意义

1. 强化目标

通过直播复盘，可以让团队成员更清晰地认识到直播的目标，有助于团队为下一场直播更有针对性地做好准备。

2. 发现规律

通过复盘总结每一场直播的得失，发现潜在规律，流程化工作，提高效率。

3. 复制技巧

通过复盘可以吸收成功的经验，不断提高团队的能力和技巧。

4. 避免失误

通过复盘可以找到直播过程中出现的问题并找出失败的原因，避免在下次直播中再次犯类似的错误。

（三）参与直播复盘的人员

一场直播的成功，一定是多方协调努力的成果，选品、运营、主播、场控、投手等环环相扣,保证直播顺畅进行。因此,在进行直播复盘时,每个成员都应该参与复盘,除了复盘分内工作的成效,也需要思考配合的问题。

二、直播复盘的维度

1. 人员复盘(人)

直播复盘的三个
维度:人货场

直播过程是团队所有成员配合的过程,因此,直播复盘需要清晰地了解直播过程中每个人的工作是否执行到位。

(1)主播复盘直播中脚本话术问题、产品卖点掌握、场控情况。

(2)场控复盘直播间场景搭建、直播中的实时目标关注,直播热度变化,突发事件预警能力。

(3)助理复盘商品上下架,关注直播间设备,确认发货快递和发货时间,与主播配合等。

(4)运营复盘预热/引流视频的准备和发布,巨量千川等的投放操盘问题。

(5)选品复盘选品是否合理,利润款、引流款、福利款产品的结构是否合适,过款流程是否合适。

(6)客服复盘活动福利说明及客服预案是否完备。

2. 产品复盘(货)

产品复盘是指对直播过程中涉及的产品进行评估,以获取用户需求并优化产品策略。主要是分析直播间的产品选择是否符合逻辑,引流款、利润款、主推款的分配是否合理,过款流程的安排是否合理,各方向的资金分配是否合理,付费流程安排是否妥当,以及产品核心卖点是否精准高效地提炼出来,直播间展示的产品是否清晰美观等。

3. 场景复盘(场)

场景复盘相较于人和货的复盘是比较简单的,主要是复盘场地布置、直播间背景、直播间灯光设备、商品陈列等。

三、直播复盘的基本步骤

直播复盘分为回顾目标、描述过程、分析原因、提炼经验、编写文档五个基本步骤。

(一)回顾目标

直播复盘的第一步是回顾刚刚结束的那场直播的目标。目标是否达成是评判一场直播成功与否的关键。将直播的实际结果与目标进行对比,直播团队就可以明白一场直播的营销成绩究竟如何。回顾目标的环节,拆分后有两个小步骤:展示目标、对比结果。

1. 展示目标

在直播之前,直播团队往往已经根据实际情况制订了合适的目标。此时,只需要把目标展示出来即可。

2. 对比结果

对比结果,即直播团队将直播的实际达成结果与希望实现的目标进行对比,发现两者的差距。在后续的复盘过程中分析造成这种差距的原因,探究实现目标的有效方法。

(二)描述过程

描述过程是分析现实结果与希望目标差距的依据,是为了找出来哪些操作过程是有益于目标实现,哪些不利于目标实现。因此,在描述过程时,需要遵循以下三点原则。

1. 真实、客观

直播团队需要真实、客观地记录直播的整个工作过程,不能主观的美化,也不能进行有倾向性的筛选。

2. 全面、完整

直播团队需要提供直播过程中各个方面的信息,而且每一方面的信息都需要描述完整。

3. 细节丰富

直播团队需要描述在什么环节,谁用什么方式做了哪些工作,产生了什么结果。

(三)分析原因

分析原因是直播复盘的核心步骤。只有把原因分析到位,整个复盘才是富有成效的。

分析原因时,通常情况下,直播团队可以从"与预期不一致"的地方入手,开启连续追问"为什么"模式,经过多次追问后,往往能探究问题背后真正的原因,从而找出切实可行的解决办法。

追问"为什么"可以从以下三个角度展开。

(1)从"导致结果"的角度,问"为什么会发生"。

(2)从"检查问题"的角度,问"为什么没有发现"。

(3)从"暴露流程弊端"的角度,问"为什么没有从系统上预防(事故/糟糕结果)"。

直播团队从这三个角度,连续多次追问几个"为什么",往往可以得出各自角度的结论。这些结论,可能就是问题形成的根本原因。

(四)提炼经验

不难看出,"可控环节"及"半可控环节中可控的部分"是直播团队可以在之后的工作中能够改进的部分,可以作为经验保存下来,并用来指导后续的直播工作。而对于"不可控"环节,由于直播团队无法预判结果,其相关结论在下次直播时可能就不会出现,因而就不具备指导意义,也就不能作为经验或方法。

可见,直播复盘的核心就是要从一场具体的直播中,提炼出经验和方法,从而解决直播工作中出现的一个问题甚至一类问题,从而提升直播营销的成绩。

(五)编写文档

编写文档是记录复盘中发现的问题、原因以及得出的经验和改善方法,看似微不足道,但对直播团队运营技能的提升意义重大。

(1)编写文档可以为直播团队留下最真实、准确的记录,避免遗漏或遗忘。

(2)编写文档将工作过程、工作经验变成具有一定逻辑结构的显性知识,可查阅、可传播,可以避免直播团队在同样的知识上再次支付学习成本。

(3)文档方便存储,也方便提取。直播团队可以在后续工作需要时,快速拿来借鉴使用,提升工作效率。

此外,文档还有利于直播团队进行对比学习。直播团队不断地将刚刚完成的直播与过去存储的经验文档进行对比,往往可以提升对事情本质的认识,甚至提炼出新的认识事物的方法。

总之,编写文档虽然不是直播复盘过程的核心环节,却是直播团队学习的一个重要资料来源,是不可或缺的环节。

 直播速递

直播间自诊断

 **实战训练**

名称 复盘单场直播

实训背景 掌握直播复盘的流程与步骤、直播复盘的维度指标是每一位直播运营人员必备的技能,小张作为直播团队的核心运营人员,为了更好地掌握运营技能,对主播小丽的单场直播做了全程录屏,直播结束后就拉上团队所有人员边看录播视频边复盘直播流程。

实训要求 直播结束后小组成员要统计本场直播基础数据,组织团队成员一同观看直播录像,并从直播画面、声音、脚本节奏等方面进行复盘,找到存在的问题,并提出优化方案。每位成员结合各成员岗位职责,分析在直播中发现的问题,提出优化方案并完成填写直播复盘工作流程表。

任务分析 只有掌握基本的直播复盘技巧,才能找到直播间存在的问题,并有针对性地提出解决方案。在实际工作中要能够统计基础数据,并从直播间的视觉/听觉感受和直播节奏、团队成员配合度等角度对直播进行整体流程复盘。

操作要点

(1)通过回放,检查画面是否美观,主播、商品、场景是否匹配。分别查看直播间背景布置是否到位,背景色的选择是否合理,直播间灯光有没有出现曝光现象,直播间的直播设备有无出现故障或未到位的情况。直播间的商品陈列是否合理。直播间的尺码表、商品卡、质检报告等道具是否出现未到位的情况。

(2)直播声音是否正常,主播和助播的语速及音量是否合适。直播间背景音是否正常。

(3)脚本节奏复盘,整体是否流畅、是否有环节出现问题。

(4)对照岗位职责,分析直播过程中每个人的工作是否执行到位,团队成员是否配合到位,直播间主要角色岗位的主要任务和容易出现的问题,见表7-1。

表 7-1　直播间主要角色岗位的主要任务和容易出现的问题

角　色	直　播　任　务	容易出现的问题
直播	主播是直面用户的第一人,只要不是特殊产品或者特殊直播间,一般都会选用高颜值的靓男俊女,身高体重符合产品特点,口头表达能力强,应变能力强,抗压能力强。有自己对产品及直播间的独特见解,能主导或参与选款、卖点归纳、产品展示方式、直播玩法策划、复盘优化等事项。要有优秀的状态调整能力、语言表达能力、善于总结并持续优化的能力	直播过程中,主播一般出现的问题是在线人数激增时无法承接流量、直播间节奏出现偏差、黑粉出现时的临场反应、粉丝提出专业问题无法及时回答、产品介绍卖点错误且混乱(特别是服装穿搭出现明显问题)、直播间号召力差、催单、逼单、付费能力弱等
场控	场控作为整场直播的指挥官,也是复盘的组织者,随时观察直播过程中的任何事情,时刻要关注今晚的目标达成情况,在线人数低的时候要组织加大引流、上福利、留住人并增加互动等方案实施,对整场直播的稳定性和高效性负责	直播间场控需要关注的问题主要是产品上镜没有特点(主要在服装行业比较突出)、产品要点归纳不足、预估直播数据出现偏差,直播中突发状况无法做出有效判断等
运营(投手)	主要的工作内容为直播间引流,不管是直播间画面短视频或者引流短视频的准备和发布,还是巨量千川或者"DOU＋"的投放,都需要做好及时输出	直播过程中,投手出现的问题主要是引流人群不精准、转化率不足,上福利款时直播间人气偏少,计划上线了却跑不出量,只有浅层数据、没有深层数据等

任务实施　以小组为单位,按照实训要求完成直播复盘工作流程,见表 7-2。

表 7-2　直播复盘工作流程

直播主题		
直播商品		
直播基础数据	直播销售额	
	直播时长	
	直播时段	
直播间存在的问题	画面、道具、声音	
	节奏	
	商品	
	人员	
改进方案	画面、道具、声音	
	节奏	
	商品	
	人员	

任务二　直播数据复盘

　　直播数据复盘有助于优化策略,发挥优势,避免短板。通过对直播数据进行仔细的分析和评估,可以了解用户观看和参与行为的趋势,可以发现潜在问题并提供有针对性的改进建议,对主播能力的提升、内容策略的调整和用户体验的优化起到重要作用。

学习目标

知识目标：了解直播复盘数据的含义，掌握直播数据获取的方法，理解直播购买行为路径分析的概念和方法，了解五维四率诊断模型的定义、作用、类型和影响因素。

能力目标：能够完成单场直播数据收集并独立进行单场直播数据复盘。能够使用五维四率诊断模型，识别并分析不同类型的数据变化；能够运用直播间数据指标，进行直播数据分析。

素养目标：培养对数据隐私保护和信息安全的意识；在获取直播数据的过程中遵守相关法律、法规，维护用户权益和社会公序良俗。

活动一　获取直播数据

活动描述

小张同学的直播团队已经初步掌握了直播流程复盘的方法，现在他们迈向了直播数据复盘的新阶段。为了更好地了解直播效果和优化业务，他们决定进行直播数据复盘，并将第一步定为获取直播数据。然而，团队成员对于直播数据的含义不甚了解，对于如何获取直播数据以及获取哪些数据也并不清楚。

知识指南

一、直播间基础数据的含义

1. PV

直播数据指标

PV 即 Page View，是指直播间浏览量，常称为流量。直播间每被浏览一次，就产生一次 PV 流量。但是 PV 并不直接决定直播间访客数量，PV 高也不一定代表访问直播间的客户数量就多。一个客户（一个独立的 IP 地址）通过不断刷新页面也可以制造出非常高的 PV，因为他每刷新一次页面，就会产生一次 PV；刷新 100 次页面，PV 记录就是 100 次。

2. UV

UV 即 Unique Visitor，是指独立访客数，也就是单次直播活动中通过各种途径访问直播间的客户数量。与 PV 不同的是，一个客户（一个独立的 IP 地址）访问直播间只产生一次 UV，无论他刷新多少次页面，反反复复多少次进入该次直播活动，UV 记录都是 1。值得一提的是，整场直播的流量总 PV 和总 UV 非常重要，显示了直播受欢迎的程度。

3. 驻留时长

驻留时长可以从侧面反映直播间热度、粉丝活跃度及内容专业度。驻留时长的计算方法：驻留总时长＝[直播总时长（单位为秒）/总 UV]×平均在线人数；平均驻留时长＝直播总时长（单位为秒）/总 UV。用户在直播间驻留时长越久，同时主播的内容越能吸引粉丝和客户，说明直播间售卖的时间也越久，相应的直播间的下单转化率也就越高。

4. 粉丝回访次数

粉丝回访次数即直播活动中粉丝进出直播间观看直播的次数。这在一定程度上可以反映出直播活动及内容的吸引力,也影响着直播间的复购率、转化率等。

5. 粉丝互动频率

粉丝互动频率即直播活动中与主播进行交流的人数与已关注主播的人数的比值。计算方法:粉丝互动频率＝互动人数/粉丝总数。粉丝互动频率越高,说明直播间粉丝活跃度越高,直播间氛围越好;反之,则说明直播间场面冷清。

6. 取关粉丝数

取关粉丝数是直接影响直播间数据权重的一项数据,可用累计粉丝数量减去现有粉丝数量求得。

7. 粉丝回访时段

粉丝回访时段就是粉丝的消费时段,在这些时段开播,观看直播的粉丝数量可能会比较多,粉丝的回访率和直播间的转化率也较高。

8. 平均在线人数

该场直播平均每分钟在线人数。其作用是与最高在线人数作对比,差距较大,说明直播间流量承载力不稳定,或流量不精准等

9. 粉丝画像

粉丝画像指标包括粉丝的性别分布、年龄分布、地域分布活跃时间、粉丝来源等。

10. 商品总成交额(GMV)

GMV 的英文全称是 Gross Merchandise Volume,即直播间商品交易总额,是电商中最核心的指标,是衡量直播带货效果的最关键指标。

11. 千次观看成交金额(GPM)

GPM＝GMV×1000/直播间观看人次,其作用是反映每千次观看带来的成交金额,一定程度代表了流量效率。

12. ROI 投产比

ROI 投产比＝成交金额/投放消耗,其作用是衡量付费投放的效率,其值越高,说明投放效率越高。

13. 下单转化率

直播间下单转化率能清楚反映直播效果与产品吸引程度。下单转化率的计算方法:下单转化率＝下单成交客户数/UV。了解这些基础数据后,主播可以更清楚地了解直播间客户的消费习惯,能够更有的放矢地做好直播。

14. 自然流量转化率

自然流量转化率＝通过自然流量产生的订单数/自然流量观看数×100%。自然流量转化率剔除了付费流量的影响,仅针对直播间自然流量产生的转化进行评估,最能反馈直播间"硬实力"。

15. 商品点击率

商品点击率＝商品点击人数/商品曝光人数×100%。当直播间保持长期稳定的直播节奏时,大部分商品的点击转化率会维持在一个相对比较稳定的水平。

16. 粉丝转化率

粉丝转化率是指直播间客户转为粉丝的人数和直播间客户人数的比例,即粉丝转化

率＝直播间内成为粉丝的客户/直播间内总客户人数。它反映了直播间整体内容是否有价值，也反映了新增长的潜力。

17. 客单价

客单价＝GMW/成交人数。其作用是反映平均每个用户成交金额的水平，其值越高，说明用户质量越高，越有购买力。

二、直播复盘常用的数据分析指标

数据复盘是直播复盘中最核心的内容，通过分析直播过程中产生的各项数据，以衡量直播效果并指导未来策略。数据复盘常用的数据指标有三类：人气数据指标、互动数据指标及转化数据指标。

1. 人气数据指标

人气数据指标也称流量数据指标，包括观看人数、新增粉丝、人气峰值、"转粉"率（新增粉丝数/观看人数）、平均在线、本场点赞、本场音浪、送礼人数等数据，如图7-1所示。

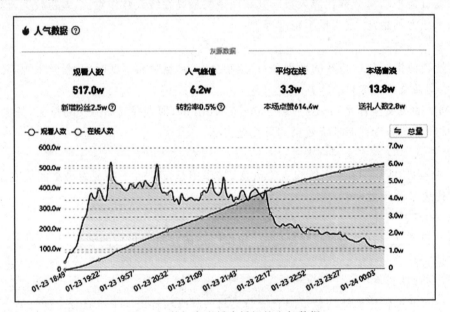

图 7-1　某知名主播直播间的人气数据

2. 互动数据指标

互动数据指标是指用户在直播间的互动行为数据，主要包含点赞、评论、分享和关注等。互动用户数占直播间用户访问数的比例，即为本场直播的互动率。

除以上数据，直播团队还可以根据用户在直播间的评论内容，通过"词云生成器"制作"评论词云"。"评论词云"是将用户评论中出现次数最多的关键词突出显示，从而让直播团队能够直观地看到用户互动频率最高的内容，进而据此快速进行相应的直播运营方案的调整。

3. 转化数据指标

转化数据指标是指引导成交的数据，主要包括客单价、总成交额、自然流量转化率、商品点击率和商品转化率等数据。

三、获取直播数据的方法

直播数据复盘主要查看自身数据和同行数据两类数据。

（一）查看自身数据

以抖音直播间为例，若想查看自身数据，主要从四个板块进行：①巨量百应里面的数据参谋；②电商罗盘里面包含的商家视角、达人视角及机构视角的数据；③数据主屏，用来查看单场直播详细数据；④创作者或者企业服务中心，点击进主播中心查看。

1. 巨量百应

登录"巨量百应"，进入"数据参谋"页面，可以看到每一场直播的列表，单击右侧"实时大屏"，可以看到单场直播的详细数据，主播可以在直播的时候随时观测着人气趋势、互动趋势或者是商品成交转化的数据，如图 7-2 所示。

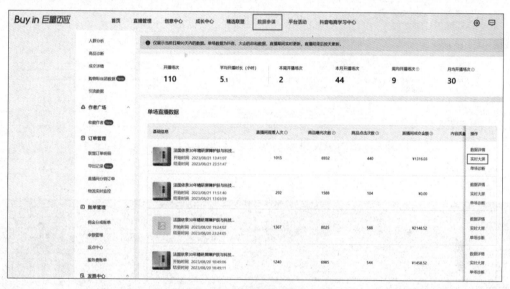

图 7-2　巨量百应数据参谋页面

2. 电商罗盘

用户可以分别从商家视角、达人视角及机构视角取数，电商罗盘页面就是从达人视角取数，页面如图 7-3 所示。

3. 数据主屏

抖音电商数字主屏页面如图 7-4 所示。

4. 创作者中心

抖音电商创作者中心页面如图 7-5 所示。

（二）查看同行数据

要想查看同行数据，需要用到第三方的数据平台。

1. 抖查查

抖查查平台某账号的截图如图 7-6 所示，"达人直播带货诊断"下的五维图包含了视频引流能力、流量留存力、UV 价值力、观众互动能力及整体带货能力的分析。从图 7-6 可以看出分析出同行账号的优势与劣势，某账号的长板与短板，"达人直播带货诊断报告"从五个能力的数据分析给卖家做了一些优化建议。

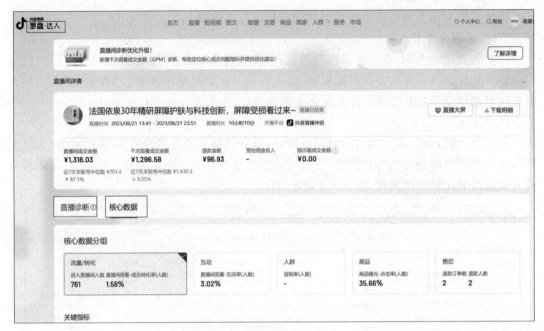

图 7-3 电商罗盘页面

图 7-4 抖音电商数字主屏页面

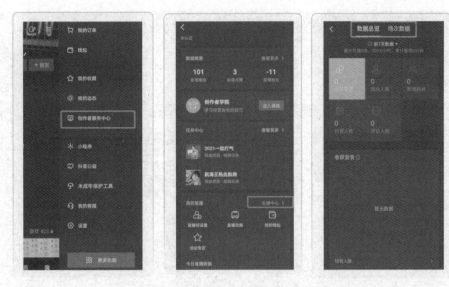

图 7-5　抖音电商创作者中心页面

图 7-6　抖查查页面

2. 蝉妈妈

蝉妈妈是一款全网短视频电商数据服务网站。蝉妈妈基于强大的数据分析、品牌营销及服务能力,善于挖掘数据背后的商业价值,蝉妈妈的抖音数据平台提供抖音达人、商品、直播、短视频、小店等数据分析服务,为品牌主、商家匹配达人以及一站式抖音营销服务,如图 7-7 所示。

蝉妈妈抖音数据平台具有五个优势功能。

(1)展示直播数据。为品牌主、商家、达人提供运营直播间的数据。

(2)直播监控。提供直播数据功能,实时更新直播销售额、用户在线人数等。

(3)排行榜。平台可生成达人、商品、品牌等排行榜。

图 7-7　蝉妈妈数据分析页面

（4）行业分析。平台可随时查看各品类热销商品销量和达人带货趋势。

（5）达人智能匹配。为品牌主、商家提供达人匹配功能，30 个核心数据，为品牌主、商家匹配带货达人。

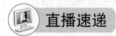
直播速递

抖音电商用户画像与消费习惯分析

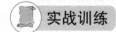
实战训练

名称　直播数据采集

实训背景　直播数据获取是进行直播数据复盘的基础步骤，也是直播运营人员必备的基本技能。小张和团队成员为了更好地掌握这项技能，充分利用抖音平台数据查询功能，对每场直播的关键数据进行了采集和整理，完成了直播数据记录表。

实训要求　熟练掌握直播后台数据查询方法，准确采集单场直播的基础数据、电商数据、投放数据。

任务分析　获取并采集直播数据是直播复盘中非常重要的环节，一般情况下运营人员会在每次直播结束后对当场的直播数据进行采集和处理，数据的采集一般从三个方面进行，分别是采集直播基本数据、电商数据和投放数据。

操作要点

（1）登录抖音后台→电商罗盘→直播明细→详情，可以查询直播单场基础数据。

（2）对照记录表内数据项，在抖音罗盘对应板块找到相应数据填写进表格。

（3）根据查阅数据，计算转化率填入数据记录表。

（4）每场直播结束后填写数据记录表，对比直播数据变化，进行周复盘。

任务实施　以小组为单位，按照实训要求完成直播数据统计表，见表7-3。

表7-3　直播数据统计

场次	日期	直播时长/小时	基础数据								电商数据						投放数据				
			观看人数	粉丝流量占比	评论人数占比	在线人数峰值	平均在线人数	平均停留时长/秒	新增粉丝数	粉丝团总人数	转粉率	成交人数	销售额	转化率	粉丝下单占比	UV价值	客单价	抖加投放	抖加投放成交额	抖加ROI	千川投放	千川投放成交额	千川ROI

活动二　直播数据分析

活动描述

直播团队成员们通过前期的学习与实践已经可以在直播平台上查看自己直播间的电商数据和运营数据了，也能在第三方平台上查阅同行数据，接下来就是对数据进行分析，但是该如何进行分析、数据间的关联如何，直播团队的成员并不清楚。

知识指南

一、直播购买行为路径分析

用户的直播购买行为路径如图7-8所示。用户从进入流量入口、点击进入直播间、在直播间互动，点击浏览商品，再到点击下单购买，到最后的售后服务，一共有六步。前三个动作是衡量直播间的吸引力的，后三个动作是衡量直播的销售力的。每一步都对应关键数据指标。

（1）进入流量入口。流量分为免费流量与付费流量两大部分，以抖音平台为例，免费流量包含直播推荐、短视频引流、关注tab、搜索、个人主页、订单中心及其他。付费流量包含"DOU＋"、千川竞价、品牌-TopLive、品牌-其他。无论是免费流量还是付费流量，关键的指标是展现量以及视频或直播的点击率。

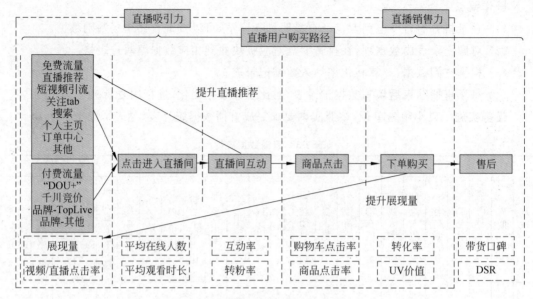

图 7-8　用户的直播购买路径

（2）点击进入直播间。进入流量入口之后，下一个步骤就是点击进入直播间了，这个步骤的关键数据指标是平均在线人数及平均观看时长，这两个指标代表了流量的留存能力。

（3）直播间的互动。互动率和转粉率可以反映直播间互动的水平，同时直播间互动的数据良好还能反向提升直播推荐的免费流量。

（4）商品点击。这个步骤重点考核购物车点击率及商品的点击率。

（5）下单购买。转化率与单体经济（unit economics，UE）价值从侧面反映出用户下单购买的能力，同时用户下单购买的越多，越能提升流量入口的展现量。这个步骤也标志着整个直播间里面的流程结束。

（6）售后环节。售后重点考核的是带货口碑以及卖家服务评级系统（detail seller rating，DSR）的评分。

二、五维四率诊断模型

（一）五维四率的含义

为了更好地进行用户直播购买行为各阶段的分析，在运营过程中，将直播用户购买路径图转化为更加数据化的五维四率模型。五维四率模型是通过抓取直播间关键数据，对直播间开展流程和数据分析的方法论。

五维分别是直播间曝光人数、直播间进入人数、商品曝光人数、商品点击人数和直播间成交人数。

四率分别是直播间点击率、商品曝光率、商品点击率和点击支付率。

这几个数据是在整个直播转化链路中相对关键的指标，掌握了这九个数据之间的互相联系，对理解直播运营有很好的帮助作用。

五维四率模型诊断法是指直播运营选择用五维四率模型对直播间的健康程度进行检测。五维四率模型诊断法是通过直播间成交链路的科学诊断，找到直播间的问题根源，快速做出反馈并进行优化。所以在掌握五维四率模型之后,就可以对自己直播间的健康度进行诊断了。

一般而言,五维四率模型可以理解为一个漏斗模型,如图 7-9 所示。

图 7-9　五维四率模型

根据直播用户购买路径图,知道第一步是流量引入,那么转换为五维四率模型解读后,可以将流量引入理解为直播间曝光人数,也就是通过多渠道将直播间曝光出去,包括前面课程提到的巨量、千川、"DOU＋"等。当直播间获得一定的曝光量之后,一部分用户会被直播内容吸引,从而点击进入直播间,这时也就来到了第二阶段的直播间进入人数维度。正常来说,直播间进入人数会小于直播间曝光人数,所以四率中的直播间点击率肯定会小于 1。点击进入直播间的粉丝会在直播间停留的时长各不相同,直播间的商品曝光频率也不尽相同,有的商品 3 分钟会弹出一次卡片,有的粉丝进入直播间会一直查看商品页面。但整体来说,进入直播间的粉丝大多是对商品有一定兴趣的,所以无论是商品的主动曝光还是被动曝光,曝光人数一般是比较高的,但也会低于整个直播间进入的人数,也即商品曝光率小于 1。当商品曝光之后,部分粉丝选择点击查看具体商品信息,这就是商品点击人数。同理,商品点击率也就是商品点击人数和商品曝光人数的比值。最后则是点击直播间商品的粉丝,同时也下单支付,也就是直播间成交的人数形成了最终转化。整个模型梳理下来,其实会发现五维和四率是相互关联的,任何一个数据指标的变动都会对整个模型产生影响。例如,商品点击人数如果较低,直播间成交人数肯定就不会多。

(二)五维四率的诊断作用

当成交链路里四率中的某一率数值较低,就会影响五维中的人数,进而影响最终的成交人数,导致 GMV 受限。因此直播间的健康状况,实际上可以由五维四率反推进行诊断。找到直播间五维四率中出现问题的"率",对其进行优化,进而提升最终的成交人数,拉升直播间 GMV。

(三)五种数据变动类型

直播运营对直播间每个阶段都应该保持关注。按照五维四率模型梳理,对直播间常见的五种数据变动类型进行分类,如图 7-10 所示。

第一种类型是高直播间曝光,低直播间进入。看到直播间的人很多,但是进入直播间的人数很少。

第二种类型是高直播间进入,低商品曝光。直播间累计观看人数较高,但是商品曝光人数较低,这一部分是因为流量虽然大,但是质量低,另一部分可能是因为商品曝光的质量和频率问题。

第三种类型是高商品曝光,低商品点击。曝光强度大,但是商品点击情况不理想,这种现象很多直播间都会存在,也是亟待直播运营去优化的地方。

第四种类型是高直播间观看,高直播间流失。这种类型和第一种类型是稍有区别的,第一种类型是流量引入直播间的人数较少。第四种类型是直播间流量的留存较少,例如,进入直播间 1 万人,1 分钟以内流失 9000 人。

图 7-10　直播间常见的五种数据变动类型

第五种类型是高商品点击,低直播间成交。如果商品点击高,一般不会出现太差的商品成交。如果成交情况不理想,一般是选品和话术有问题。

（四）五维四率的具体影响因素

1. 直播间点击率

直播间点击率＝外层用户点击进入直播间的人数/直播间总展示人数

除直播间的整体视觉因素会对其造成影响外,巨量千川投放人群以及引流视频均会对这一数值产生影响。直播间点击率影响因素分析见表 7-4。

表 7-4　直播间点击率影响因素分析

板　块	归　因	具　体　内　容
视听体验	场景	场景的视觉观感影响用户的第一体验,新、奇、特、美观的场景有助于树立良好的第一印象,吸引更多用户进入直播间
	主播/直播团队成员	主播的个人形象/风格具有吸引力及亲和力,直播团队成员与主播是否能够营造出热闹、亲切的氛围
	权益	直播间是否有吸引人的活动贴片(包含抽奖、免单、低价购等),是否有产生信任度的权益贴纸(七天无理由退换货、运费险等)
	听觉	直播间声音是否清晰(人声清晰,无杂音、无回音、无爆音),是否有适当音量的 BGM 烘托气氛
引流视频(信息价值)	商品曝光	引流视频中商品整体与细节是否展示清晰,整体视频是否能够突出商品的特点、质量与美感
	权益曝光	视频中是否清楚说明优惠力度(满减、优惠券、抽奖等)、用户权益(七天无理由、运费险等)
	明星达人背书	视频中是否有明星达人进行背书
巨量千川	投放人群	巨量千川的广告投放人群是否与目标人群重合

2. 商品曝光率

商品曝光率＝商品曝光人数/直播间进入人数

商品曝光包含购物车商品展示、正在讲解商品弹窗展示、闪购卡展示等。商品曝光率影响因素分析见表 7-5。

表 7-5　商品曝光率影响因素分析

板　块	归　因	具　体　内　容
视听体验	直播间话术（商品讲解话术＋引导话术）	主播话术中是否引导用户点击进入购物车购买商品、对于商品的讲解是否生动丰富吸引用户停留
	直播间基础引导	评论区展现的直播间介绍内容是否通过利益点、商品内容等吸引用户点击进入购物车，是否有手势贴纸指向购物车引导用户点击
后台操作	正在讲解功能	在直播过程中，后台是否多次操作"正在讲解"功能，充分将商品弹窗展现给用户

3. 商品点击率

$$商品点击率＝商品点击人数/商品曝光人数$$

商品点击人数主要计算点击进入商品详情页的用户数。商品点击率影响因素分析见表 7-6。

表 7-6　商品点击率影响因素分析

板　块	归　因	具　体　内　容
视听体验	主播上身视觉效果	商品上身后是否具有美感，很大程度影响了客户对于商品的购买欲望
	直播间话术（商品讲解话术＋氛围营造）	主播对于商品的讲解是否生动丰富（商品细节、设计、材质等），让观众应知尽知；对于商品的介绍是否击中用户的痛点；是否营造出直播间的紧张抢购氛围
购物车信息	主图	一个核心看得清、看得美（哪怕人美也可以）
	标题	板型＋风格＋上身效果＋样式
	卖点	有噱头（买一送一、主播宠粉福利、现货秒发、限时预定）
	价格	可以用限时限量秒杀去突显价格优势，上下品之间价格有逻辑可循（价格错落），更能减少用户的决策焦虑
后台操作	正在讲解功能	在直播过程中，后台是否多频次操作"正在讲解"功能，充分将商品弹窗展现给用户，吸引更多用户直接进入商品详情页
商品属性	商品性价比	与其他商家同类商品相比，直播间所售卖的商品是否更具有性价比（同样价格更好的质量/同等质量，更低价格）
	上新率	对于长期关注直播间的用户（大部分为老粉）而言，上新率是影响其是否愿意查看商品详情页的重要原因

4. 点击支付率

$$点击支付率＝商品成交人数/商品点击人数$$

成交人数为已完成支付的人数。点击支付率影响因素分析见表 7-7。

表 7-7　点击支付率影响因素分析

板　块	归　因	具　体　内　容
商品属性	性价比	与其他商家同类商品相比，直播间所售卖的商品是否更具有性价比（同样价格更好的质量/同等质量，更低价格）
	供需不匹配	直播间是否过度宣扬低价、优惠等信息，促使观众冲动消费，但在支付期间，理性战胜感性（核心为选品上是否击中目标群体的需求）

续表

板 块	归 因	具 体 内 容
视听体验	话术（核心：促单话术）	是否营造出直播间的紧张抢购氛围（报库存、时间限制等）；对于商品的介绍是否击中用户的痛点，主播对于商品的讲解是否突出商品的性价比
后台操作	客服（服务力）	助播/评论区客服是否对观众提出的问题进行充分解答，帮助观众应知尽知，充分了解商品
店铺与账号	用户信任度	账号是否为蓝 V 认证账号，带货口硬分的高低以及店铺的品牌信息均会影响消费者的最终购买信心

直播速递

直播间营销效果

实战训练

名称 分析直播转化漏斗

实训背景 分析直播间转化率、优化直播实施步骤是直播数据复盘中最关键的环节，直播团队要对直播间点击率、商品曝光率、商品点击率和点击支付率的转化做出详细分析，找出转化率不高的数据、分析可能的原因并进行优化。

小张作为团队运营的核心成员，在直播结束后要对每场直播数据进行统计，并对关键转化直播进行分析，提出优化建议。

实训要求

（1）在直播平台后台，查询统计转化率数据。

（2）根据数据结果，找出转化率低于预期的数据，分析直播转化存在的问题。

（3）根据对五维四率的影响因素分析，提出直播间优化建议。

（4）完成直播间转化漏斗复盘表。

任务分析 直播间转化效果的分析，需要分析直播间点击率、商品曝光率、商品点击率和点击支付率等指标，在分析时先统计结果，再找出问题，然后分析原因，最后提出解决方案，只有掌握了直播间的转化漏斗分析技巧，才能总结经验教训，为下一次直播做好准备。

操作要点

（1）登录抖音罗盘，查看并记录单场直播数据，并填入直播间转化漏斗复盘表（表 7-8）。

（2）分析直播间曝光人数、直播间进入人数、曝光率，对照预期目标，对比往期数据，从视听体验、引流视频（信息价值）、巨量千川投流三个方面，分析可能存在的问题或总结成功的经验，提出优化建议。

表 7-8 直播间转化漏斗复盘表

	直播间曝光人数	直播间进入人数	曝光进入转化率	商品曝光人数	进入-曝光转化率	商品点击人数	曝光点击转化率	成交人数	成交转化率
时间	数据下降：素材点击率不够，提升素材质量，营销力			数据下降：产品卖点吸引力不够，没有对用户产生价值（兴趣），讲解点击率不够，要加强		数据下降：直播间优惠、玩法、组合不够吸引人		数据下降：主播逼单能力不够，需要帮助主播找到方式进行调整	
分析要点	直播间曝光率： (1) 素材层面 ① 千川素材是否优质 ② 直播间场景是否吸引人 ③ 是否卖点突出 ④ 直播间画面是否舒适（画面颜色、产品吸引力、直播间的鲜明度） ⑤ 素材商品是否突出 ⑥ 性价比是否够高 ⑦ 是否突出了质量 (2) 主播层面 ① 主播优质话术密集程度如何 ② 主播是否在这个时间段连续输出优质话术 ③ 主播外貌是否吸引人 ④ 主播营造的直播间氛围是否足够好			购物车点击率： (1) 商品层面 ① 商品本身是否有吸引力 ② 商品展示是否有吸引力 (2) 主播层面 ① 商品在描述层面是否有吸引力 ② 引导购物车的频率是否适宜 ③ 是否进行有力的打单操作 (3) 界面层面 ① 购物车弹出的频率是否适宜 ② 动态效果引导素材层面是否适宜 ③ 短视频素材是否适宜		商品点击率： (1) 主播层面 ① 商品讲解的吸引力是否足够 ② 主播引导的打单、逼单质量好坏 (2) 界面层面 ① 链接卖点是否合适 ② 链接的价位排版主图和标题是否恰当 ③ 限时秒杀等活动玩法是否吸引人 (3) 商品层面 商品本身吸引力是否足够		订单转化率： (1) 主播层面 ① 打单、逼单话术的营造性是否恰当 ② 下单步骤引导卖点、福利的放出是否适宜 ③ 售后说明是否准确 ④ 紧迫感营销能力够不够 (2) 商品层面 ① 价格的接受度是否适宜 ② 发货时间是否明确 (3) 客服层面 在线咨询的说服力是否足够强	
存在问题									
优化方向									

（3）分析商品曝光人数、进入-曝光转化率，对照预期目标，对比往期数据，从视听体验、后台操作两个方面分析可能存在的问题或总结成功的经验，提出优化建议。

（4）分析商品点击人数、曝光点击转化率，对照预期目标，对比往期数据，从视听体验、购物车信息、后台操作、商品属性等方面分析可能存在的问题或总结成功的经验，提出优化建议。

（5）分析成交人数、成交转化率，对照预期目标，对比往期数据，从商品属性、视听体验、后台操作、店铺与账号等方面分析可能存在的问题或总结成功的经验，提出优化建议。

任务实施   以小组为单位，按照实训要求完成直播间转化漏斗复盘表，见表7-8。

活动三   抖音直播间数据复盘

 活动描述

小张同学的直播团队通过前期的学习实践，已经能够完成直播数据采集和转化漏斗的统计分析。下一步他们将通过抖音平台对直播带货全过程进行数据分析和优化，不断提高直播间的带货能力。想要完成一场完整的直播数据复盘，必须熟练使用直播平台，熟悉后台操作。既要关注直播基础数据，又要关注重点数据，还要能在直播内容质量、直播销售效率、直播流量优化、短视频内容优化、单品销售数据等方面进行全面分析。

 **知识指南**

一、单场直播数据复盘流程和步骤

（一）直播回顾

回顾流程，首先梳理出本场直播的优点和缺点，例如，直播过程中哪里犯错了，哪里互动有问题，或者粉丝提到的哪些问题没有解决，以及商品上架问题等。

单场直播数据复盘
流程和步骤

（二）数据分析

复盘重点查看的数据包括用户停留时长、互动直播间内所有的行为产生的数据、商品点击率与转化率等。例如，商品点击率代表主播的引导能力与商品的吸引力，那么就要考虑如何提升直播间的商品点击数等。

对直播来说，有一个很好的方式就是观察同行，通过分析同行的数据表现，结合自己的需求预期设置直播目标。此外，也可将直播间自然流量转化率和商品点击率的平均值作为直播复盘时的参考依据。

（三）直播间优化

找出问题之后，接下来要做的就是直播间优化。直播间优化可以从以下几个方向去改进。

1. 合理让利

精选引流款和秒杀款商品，增强粉丝参与感，确保他们以更低的价格获得高品质商品。

2. 提高主播水平

增强主播的引导力、感染力和亲和力。幽默且形象佳的主播更能吸引和留住用户。

3.增强商品与目标人群的适配度

直播带货的核心在于商品,尤其是高性价比的商品。粉丝关注直播间,除了认可主播,更期待能够愉快购物。

（四）粉丝需求反馈

复盘最后一个环节,应当尽可能多地收集粉丝观众的反馈信息。反馈的渠道来源可以通过直播时的评论、私信以及客服收集的粉丝问题等。这些内容不仅有利于解决问题,还包含了用户对于直播或者对商品的需求。

二、抖音直播间数据复盘

在进行数据复盘时,既可以通过手机端进行简单的数据分析,也可以通过计算机端的抖店后台用抖店罗盘进行详细的数据分析。

（一）手机端单场直播复盘

从手机端打开"创作者服务中心"→"主播中心"→"场次数据"页面,可以看到直播基础数据和直播观众来源两大部分,如图7-11所示。

图7-11　进入手机端数据查询页面

1.直播基础数据

直播基础数据包括收获音浪、观众总数、新增粉丝、付费人数、评论人数五个部分,其中收获音浪和付费人数对于带货直播间的参考意义不大,可以不必在意,如图7-12所示。

（1）收获音浪。直播间收获的音浪总数,带货直播间不同于娱乐直播间,一般音浪收入普遍不高,不做参考。

（2）观众总数。观众总数决定了直播间所在流量池等级,是决定直播间流量的关键指标,因为有人的地方就有市场。

（3）新增粉丝。在直播推荐打开的情况下,一般新增粉丝比例达到5％就算比较不错的数据,代表对新进直播间用户的吸引程度。单场直播转化新粉比例低于3％时,说明陌生用户没有被你的直播内容吸引。

（4）付费人数。送出粉丝团灯牌及其他的抖音礼物都算是付费用户，带货直播间付费用户数据一般参考性不大，不必过于深究。

（5）评论人数。直播间的用户互动情况，是影响直播间人气的关键因素。一般互动比例达到 10％算是不错的数据，低于 5％就要考虑对直播间的人货场进行优化了。

2．直播观众来源

从手机端还可以看到本场直播的观众来源，一共包括直播推荐、其他、关注、同城、视频推荐五个部分，如图 7-13 所示。

图 7-12　手机端基础数据查询

图 7-13　手机端查询观众来源

（1）直播推荐：包括直播广场、直播推荐流等免费推荐流量。

（2）其他：包括巨量千川等付费流量，也包括小时榜、PK 连麦等免费流量。

（3）关注：用户通过粉丝推荐和关注页面进入直播间。

（4）同城：用户通过同城推荐进入直播间。

（5）视频推荐：通过自己或者他人的视频引流进入直播间。

其中直播推荐和视频推荐的占比最高，而且大部分都是免费的，这两部分流量一定要尽可能多获取。

（二）计算机端抖店罗盘数据复盘

计算机端复盘一般是利用抖店罗盘进行数据分析，如图 7-14 所示。

1．实时概览

"实时概览"中可以直观了解当日整场直播成交金额、商品总访客数、商品总点击人数、成交人数、成交订单数等重点数据指标，如图 7-15 所示。

重点要对高峰成交的时间段做记录，看直播的高峰期一般出现在开播后的多长时间，目的有两个：一是方便后期开播时，要在这个时间段卖利润款的产品；二是如果想投付费流量，需要在峰值提前 10 分钟开始投放。

2．核心指标

可以不同时间维度查看各项数据的变化趋势，重点在于对比两个指标的变化趋势，分析前后两天产生明显数据差异的原因。

图 7-14　抖店罗盘页面

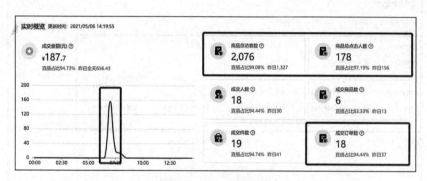

图 7-15　"实时概览"数据

例如,图 7-16 中的 5 号和 6 号,为什么 6 号的商品总访客数高于 5 号,但是 6 号的成交

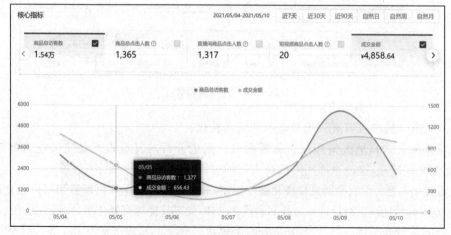

图 7-16　"核心指标"数据

金额却远低于 5 号？

3. 直播间数据分析

直播间数据分析包括分钟级趋势、流量分析、商品分析、用户画像四个部分，如图 7-17 所示。

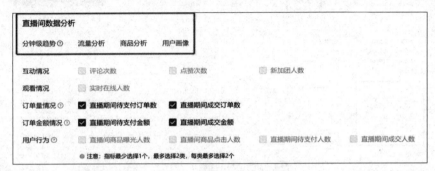

图 7-17　"直播间数据分析"数据

（1）分钟级趋势包括用户行为数据和直播间后台行为数据，通过对比两组数据可以分析出直播间具体是因为什么动作促使用户在直播间产生购买行为，如图 7-18 所示。

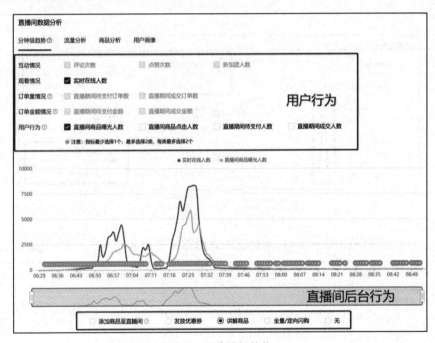

图 7-18　分钟级趋势

（2）流量分析中可以看到流量来源和流量转化。

流量来源分为自然流量和付费流量两种。流量分析的复盘重点是要关注自然推荐的 Feed 流有没有打开，这是直播间形成高人气的关键，如图 7-19 所示。

流量转化则是一个直播间流量转化漏斗模型，通过流量转化漏斗可以看到用户在直播间产生的行为动作，然后可以对应地给直播间做优化动作，提高直播综合转化率，如图 7-20 所示。

直播间流量转化漏斗从上往下分为四个层级：第一层是曝光转化率；第二层是点击转

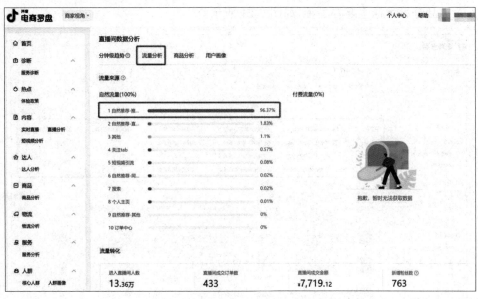

图 7-19 罗盘直播间流量来源

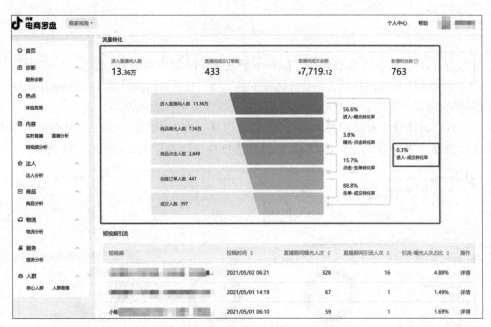

图 7-20 罗盘直播间流量转化漏斗

化率;第三层是生单转化率;第四层是成交转化率。

不同层级转化数据低的主要原因如下。

第一层:低于80%主要是选品问题,要优化选品。

第二层:低于12%主要是图片问题,要优化产品主图。

第三层:低于15%主要是价格或者卖点问题,要降低价格或者优化卖点。

第四层:低于80%主要是收货地址、付款方式开通、犹豫等原因,导致订单超时。

（3）商品分析指标主要有三种，如图 7-21 所示。

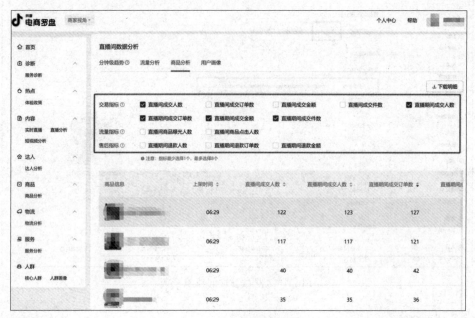

图 7-21　罗盘商品分析

① 交易指标：筛选销售最好的产品在下场直播中增加库存或类似款。

② 流量指标：筛选用户最喜欢的产品在下场直播适当做福利款活动，增加直播间人气。

③ 售后指标：筛选退货率最高的产品，在下场直播中移除该产品。

（4）用户画像分为看播用户和成交用户，可以通过性别、年龄、区域、是否粉丝四个维度对两组用户画像进行对比分析，为下一场的直播投放找到目标人群，如图 7-22 所示。

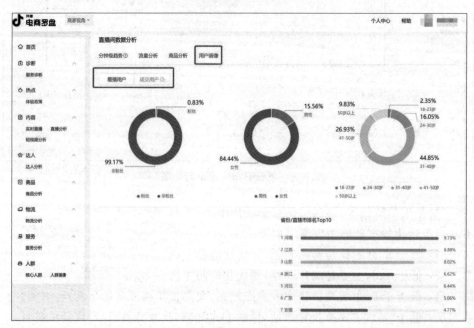

图 7-22　罗盘用户画像

（三）抖音直播间复盘重点关注数据

在进行直播复盘时，要有所侧重，四个重点数据一定要放在第一位：人气峰值和平均在线人数、观众平均停留时长、带货转化率、UV价值。

1. 人气峰值和平均在线人数

人气峰值和平均在线人数决定了直播间的人气，是直播间能否带动货的大前提。一般平均在线人数能稳定在50人左右，直播就有基本的带货能力，能够赚到钱，如图7-23所示。

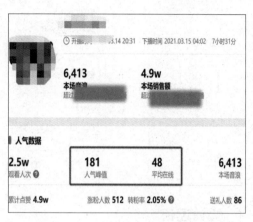

图7-23　人气峰值和平均在线人数

2. 观众平均停留时长

平均停留时长是内容吸引力指标里最重要的一项，停留时长数据越好，说明主播的留人技巧和选品都不错，通常停留时长超过2分钟算不错的数据，超过30秒是一个及格线，如图7-24所示。

3. 带货转化率

$$带货转化率 = 下单人数 / 观看总人数$$

带货转化率可以衡量直播间的真实购买力，也反映主播的带货能力。一般带货转化率达到1％以上算合格，优秀的3％以上，如图7-25所示。

图7-24　观众平均停留时长

图7-25　带货转化率

4. UV价值

UV价值是指单个用户给直播间贡献的价值，这个数值越高，说明用户在这个直播间的付费意愿更强。有些主播的一场UV价值高达30元，说明粉丝消费力极强，销售额肯定高，如图7-26所示。

直播复盘是为了把经验转化为能力，分析每场直播的优点和不足，及时做出策略调整，帮助把下一场直播做得更好。

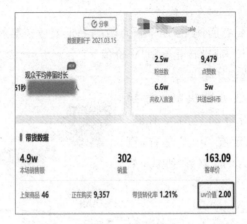

图 7-26   UV 价值

直播速递

抖音平台的罗盘工具

实战训练

名称　单场直播数据复盘

实训背景　实践证明只有通过对直播活动进行全方位的复盘,才能有效提升直播效能,提高直播质量。小张和直播团队的同学通过不断地观察和学习,想要完成一场完整的抖音直播数据复盘,计划全面分析直播活动中存在的问题,并进行优化。

实训要求

(1)在直播平台后台,查询单场直播的推广、运营数据,并填入抖音直播复盘表。

(2)根据数据结果,分析直播内容质量、直播销售效率、直播流量优化、短视频内容优化、单品销售数据等存在的问题并进行全面分析。

任务分析　一场直播活动的效果需要从多个方面进行分析,既要分析直播内容,又要分析转化率,还要分析推广效果和商品销售情况,在分析时要根据数据间的关联关系找出存在的问题和原因。只有系统分析了直播间的运营数据,才能总结经验教训,为下一次直播做好准备。

操作要点

(1)登录抖音罗盘,查看并记录直播数据。并填入抖音直播复盘表(表 7-9)。

(2)根据吸引力直播数据,分析直播内容质量,找到存在的问题,提出优化建议。

(3)根据销售效率指标,分析直播销售效率,找到存在的问题,提出优化建议。

(4)根据直播间流量数据,分析免费流量和付费流量的占比,提出直播流量优化建议。

(5)分析短视频完播率和播放量指标,分析存在的问题,提出内容优化建议。

（6）分析单品销售数据，思考如何优化直播间排品，完成抖音直播复盘表。

任务实施 以小组为单位，按照实训要求填写表7-9。

表 7-9 抖音直播复盘

数据概览	账号		开播日期		开播时长		直播时间段	
	观众总数		付款总人数		付款订单数		销售额	

直播内容质量分析				
直播吸引力指标	关联因素	问题记录	复盘结论	
最高在线人数	流量精准度 选品吸引力 产品展现力 营销活动力 主播引导力			
平均停留时长				
新增粉丝数量				
转粉率				
评论人数				
互动率				

直播销售效率分析				
销售效率指标	关联因素	问题记录	复盘结论	
转化率	流量精准 产品给力 关联销售 直播展示 主播引导			
订单转化率				
客单价				
客单件				
UV价值				

直播流量优化分析				
流量来源	占比	人数	问题记录	复盘结论
视频推荐				
直播推荐				
其他				
关注				
同城				
付费流量总数				
"DOU+"短视频				
"DOU+"直播间				
Feed直播间				
自然流量总数				

续表

短视频内容优化分析									
视频链接	完播率	播放量/获赞/评论/分享	总播放量	视频导流人数	视频点击进入率	分析与建议			

单品销售数据分析								
品名	购物车序号	直播间浏览量	直播间点击量	单品点击率	支付订单数	单品转化率	支付GMV	单品UV价值

任务三　主播能力复盘

　　一场直播活动能否成功,主播绝对是至关重要的角色,优秀的直播间要求主播必须拥有清晰的复盘方向和高效的复盘优化能力。

学习目标

　　知识目标:理解主播能力复盘的概念和重要性;掌握主播艺能复盘中的主播形象、商品展示、发声方式和主播展现的评估要点;理解主播术能复盘中的话术内容复盘和直播节奏复盘的内容和方法。

　　能力目标:能够对主播艺能进行复盘评估,分析主播形象、商品展示、发声方式和主播展现的优劣;具备对主播术能进行复盘评估的能力,评估主播在话术内容中憋流、讲款、互动、成交、留存和共鸣等方面的表现。

　　素养目标:提高对主播职业道德和社会责任的认识,培养其在主播能力复盘中审视自身言行的能力,秉持正确价值观,传递正能量,引导观众形成积极的心态和健康的生活方式。

活动　主播艺能和术能复盘

 活动描述

　　一场直播活动能否成功,主播绝对是至关重要的角色,优秀的直播间要求主播必须拥有清晰的复盘方向和高效的复盘优化能力。许多 GMV 数据优异的直播间都会在直播结束后对主播进行单独复盘,小张同学的直播团队也采用了这个方式,在直播复盘的时候会单独对主播表现进行复盘,主播的复盘重点从艺能和术能两个方面进行分析。

 知识指南

一、主播艺能复盘

艺能复盘涵盖形象复盘、商品展示复盘、发声方式复盘以及主播展现复盘。

(一)主播形象复盘

　　形象复盘旨在识别问题并提出改进方法。主播的形象不仅是外貌和妆容,更重要的是与直播间契合。在进行形象复盘时,可以从以下四个方面来优化主播与直播间的契合度:妆容、发型、着装和气场。

主播艺能复盘

1. 妆容

　　主播的妆容应该优先考虑自己直播间受众人群的接受程度。不同类型的直播间受众人群不同,所以主播的妆容应该与受众人群相匹配。例如,在售卖大牌包包的直播间中,主播可以选择精致或浓艳的妆容,以展现奢华气场;而在以源头工厂为背书的百货类直播间中,主播可以选择淡妆甚至不化妆,以接地气。

2. 发型

　　主播的发型可以直观地代表直播间的风格。根据直播间的风格,主播可以选择不同的发型来展示。例如,卖休闲风的主播可以扎清爽的马尾辫,卖小众个性风的主播可以选择齐耳短发或大波浪,卖嘻哈风的主播可以带点小脏辫,而卖运动风的主播可以戴上发带扎个高马尾。

3. 着装

　　主播的着装应该与直播间的人设相契合。根据直播间所设定的人设,主播应该选择适合的服装来展示。如果是工厂员工人设的主播,可以穿工作服以增加客户的信任感;如果是老板娘人设的主播,应该穿得成熟大气,以更好地引导客户下单;如果是高客单走专家人设的主播,可以选择穿得正式,打造知识分子形象。

4. 气场

　　不同类型的直播间主播展现的气场也是不同的。主播的气场应该与直播间的风格和受众人群相匹配。例如,同样扮演老板娘人设的主播,对于低客单的直播间,主播应该展现大气开朗的气场;对于中客单的直播间,主播应该展现亲切自然的气场;对于高客单的直播间,主播应该展现优雅知性的气场。当然,主播的形象也可以根据直播间的节奏适时调整,例如,在放福利的时候可以更大气一些,在讲品的时候可以更专业一些,在营造场景话术的时候可以更亲切和开朗,在逼单的时候可以使用强势且肯定的语气。

因此,在制定主播形象的方向时,应该从商品受众人群和直播间风格出发,设定主播的人设,并以此为基础来塑造主播的形象。只有与直播间更契合的形象才能给客户带来更舒适的观感和体验,并创造更好的价值。配合恰到好处的商品展示,与直播间契合的形象可以为直播间提供更好的观感。

（二）商品展示复盘

对一个带货直播间而言,商品的展示是至关重要的。

1. 主播站位

主播的站位是直播间中非常重要的一个环节。在服装类直播间中,合理的站位可以有效地展示整体形象和搭配效果,并引导观众产生置身其中的感觉。远景可以用来展示整体形象,中景可以用来正常讲品,并在突出商品细节时可以切换至近景。不同的站位能够带给观众不同的视觉感受,也有助于拉动互动。

2. 商品展示

商品展示的位置也很重要,开播时,主播可以使用高位手势来增强氛围和吸引观众的注意力,从而让直播间充满活力。而在正式讲品时,主播应该展现专业和真诚,将手和商品放在中位,以显示出商品的品质和价值。避免将手和商品放在低位,这样会让商品显得廉价,同时主播本人也会失去吸引力,降低直播间的转化率。

此外,在商品展示方面还有其他值得注意的点。例如,要注重光线和角度的控制,确保商品展示清晰明亮;注意语言描述,用生动具体的词语介绍商品特点和优势;结合场景话术,引导观众产生使用商品的场景想象。

总之,在商品展示复盘中,站位和展示位置都是需要细心调整和优化的关键点。通过合理的站位和展示方式,可以提升直播间的观感和吸引力,增加转化率,并为客户带来更好的购物体验。

3. 商品介绍

商品介绍主要看主播的商品介绍有没有逻辑,每一句话之间有没有前因后果,能不能让客户听得进去。同时商品介绍的话术有没有打到客户的痛点上,能不能取得客户的共鸣,能不能让客户联想到自己收到货,使用商品时的场景,这都是心理赋能。给商品赋予心理赋能,可以大幅拉高商品的点击率、成交率及直播间的停留时长等数据。

（三）发声方式复盘

声音是主播最重要的武器,它不仅能增强感染力,更能保护嗓子,让主播能够持久地进行直播。与其追求好听的声音,更重要的是关注嗓子的健康。如果主播觉得自己的声音听起来不够理想,建议首先让主播释放自己,不要过于压抑,更加自信地说话,自信的主播会有更强的感染力。同时,主播需要注意语速、重音、语调和停顿的运用。即使天生的声音不够好听,主播也可以通过表现出亲切友好的感觉来获得良好的听感。

主播在直播中应该避免大吼大叫,因为这可能违反规定。为了保护嗓子,主播可以学习胸腹式呼吸法,这样可以增加持久力。此外,主播应该经常喝水来润喉,而不是等到嗓子干了才喝水,因为嗓子干了会影响发音。对于频繁讲话的主播来说,定期喝水是保持持续直播的关键。若担心在人多的直播间没有时间喝水,可以尝试留气口的方式讲话,这样不会影响声音质量,反而增加了与观众的互动感和亲和力。此外,合格的中控和场控应准备好对策,在主播喝水时接替发言,以保持流畅的直播节奏。

（四）主播展现复盘

良好的主播形象、合理的商品展示、有吸引力的发声方式再加上详略得体的展现，可以让直播间更具吸引力。

直播间主播展现要求如下。

（1）举手投足有气质：主播的动作应该得体、舒缓而自然，展现出一定的气质和优雅。过于随意或夸张的动作可能会给观众留下不专业的印象。

（2）眼神坚定有气场：主播在镜头前应保持坚定的眼神，展现自信和决心。眼神是与观众建立联系的重要途径之一，它能传递出主播的专注和诚意。

（3）遇事不慌有底气：当遇到突发情况或问题时，主播应保持冷静和从容，展现出有应对能力和解决问题的底气。这种沉稳的表现会增加观众对主播的信任感。

（4）整体观感有自信：主播的整体形象应给人以自信的感觉，包括仪态、服装、妆容等。自信的主播能够更好地吸引观众，并传递积极向上的能量就及时训练调整。

二、主播术能复盘

主播术能复盘包括话术内容复盘、直播节奏复盘。

（一）话术内容复盘

主播技能复盘过程中，可以将直播视为战场，主播则是战场上的战士，主播的艺能相当于战士的体魄，而话术则是其强大的武器，用以掌控整个直播场面。主播的话术不仅需要表现力，更要能建立客户信任、激发情绪并增强信服力，这是提升直播效果的关键。为了精进话术技巧，主播应对以下六个关键方面进行细致复盘：憋流、讲款、互动、成交、留存和共鸣。

1. 憋流

在憋流部分，主播的话术目的是利用高价值的商品和相对低的价格吸引客户的兴趣，创造意向客户并留住他们，在直播间引导他们进行互动。为了使客户愿意进行互动并在直播间停留，主播需要营造随时上架的感觉，而不是一直围绕着憋流品询问客户互动。主播需要表现出自信和感染力，掌控整个场面，让客户感觉主播讲的一切都是为了他们的利益。这样的话术构建可以让客户产生信任感和认同感。

此外，主播应该将憋流品的价格信息前置讲解，遵循利他条件优先的思维，以吸引更多客户进入直播间。

憋流的目的并不仅是留下精准的客户群体，产生互动、停留和成交数据，还包括刺激平台给主播推送更多流量。在转款环节，除了选择适合的商品和运用转款技巧，提前对下一个品进行铺垫也非常重要。如果没有提前培养客户的意向，客户在抢购憋流品后可能会离开直播间，错过了解接下来商品适合他们的机会。因此，在复盘时，除了关注主播的讲解品质，还要检查憋流阶段是否做到了充分的铺垫。如果没有做到，可以优化铺垫的话术，从而获得更好的效果。

总结起来，在复盘时，主播在憋流部分应注意以下要素：营造随时上架的感觉，表现自信和感染力；加快语速，清晰地表达直播内容；前置讲解憋流品的价格信息；提前培养客户对下一个商品的意向，以便顺利转款。通过优化这些话术要素，主播可以提升憋流效果，吸引更多客户并实现更好的转款结果。

2. 讲款

讲款话术的复盘时间相对较长，因为要通过讲述商品特点和优势来吸引客户留在直播间,并产生兴趣和需求感,最终实现成交。下面是一些需要注意的关键点。

(1) 前置优势内容。在讲款过程中,可以将商品的优势内容前置,通过对比暗示接下来的价格非常有竞争力。

(2) 避免过早透露价格。即使客户相对精准地进入直播间,很可能不是来买东西的。因此,在讲款时,不要过早透露价格,特别是对于高价商品。

(3) 引起客户好奇心。如果商品和话术成功引起了客户的兴趣和需求,他们会继续留在直播间。这个时候主播的讲品能力就显得尤为重要。通过讲述痛点、卖点和使用场景,将客户从需求到信任再到成交的销售链路完整呈现。

(4) 讲卖点的逻辑性和层次感。在讲述卖点时,需要注意逻辑性和层次感。可以按照从外到内再到细节的顺序,将商品的价值感层层递进。

3. 互动

为提升直播中的互动数据,主播需从互动的基本逻辑出发,遵循利他原则,优化话术。避免机械性指令,确保话术前后关联,引导客户进行有意义的互动。

首先,是向客户清晰传达互动的价值。在商品推介之前,应先向观众说明参与互动的好处,以此提升他们的兴趣和参与度。

其次,当复盘发现互动数据不理想时,可以采用提到已经互动的客户和与目标互动差距的话术,以促进更好的互动数据。例如,可以点名已经互动过的客户,如小 A 和小 B,说明他们已经扣了个想要,后台人员已为他们准备了两份库存。这样的标杆引导不仅让这些客户对商品产生归属感,也更容易让其他意向客户理解互动的作用。

最后,在设定互动目标时,应避免对已经互动的客户重复使用相同的互动话术,以避免引起他们的反感。可以通过设置目标的方式,自然而然地激发原本不想互动的潜在客户参与,并增加已互动客户再次互动的可能性。例如,还差三位宝贝扣裤子,让主播看到大家真的很喜欢这条裤子,主播将上架它作为给大家的见面礼。

4. 成交

在直播电商中,若发现复盘时的成交数据不理想,或者遇到许多客户下单但不付款的情况,就要调整成交话术。

(1) 建立信任感:客户不付款往往是因为直播间未能建立足够的信任度,导致他们犹豫不决。因此,需要打造信任。在复盘时,请重点回顾主播在服务、反馈、承诺、共情、背书和活动理由六个方面的表述是否到位。

(2) 操作指导:很多客户群体可能不常在直播间购物,当主播提到关注粉丝不要错过叉号链接时,一些客户可能会陷入迷茫,无法正确操作,最终选择离开直播间。为了避免这种情况,场控或助播可以在镜头前展示手机,并演示一遍操作流程,以帮助客户更好地理解并完成购买。

(3) 逼单节奏:主播可以在开价后运用信任话术、突出商品核心卖点和场景话术等方式,来提高客户的下单率。

(4) 共同营造氛围感:助播与主播一起共同营造良好的氛围,这对于激发客户的冲动消费非常关键。大家也可以思考,在开价后团队中是否各司其职,将逼单流程配合到位。

5. 留存

留存时长是直播间成功的重要指标之一,而留存话术的设计和运用对于吸引客户继续停留和参与互动至关重要。下面是一些关于留存话术的建议。

（1）营造惊喜感：在转款环节，主播可以设计一些特别的优惠或福利，让客户觉得购买是一次特别的体验。例如，限时折扣、赠品、抽奖等，这些活动能够给予客户额外的价值，增加他们的购买兴趣，并延长他们在直播间的停留时间。

（2）铺垫下一个商品：在转款前，主播可以对即将介绍的下一个商品进行铺垫，激发客户的好奇心。通过引入故事、特点、使用方法等相关信息，让客户对下一个商品感兴趣并产生期待。这样做可以让购物过程更加流畅，吸引客户继续留在直播间。

（3）营造良好的氛围：直播间的整体氛围对客户的留存也有很大影响。主播可以通过场景布置、音乐选择、情绪控制等方面，给客户带来舒适和愉悦的体验。同时，保持积极的互动和回应客户的留言也是非常重要的，让客户感受到关注和尊重。

（4）设计吸引人的营销活动：除了转款环节，其他的营销活动也可以增加客户的留存时间。例如，抽奖、投票、互动问答等形式的活动，能够激发客户的参与欲望，并让他们更乐意停留在直播间。

6. 共鸣

直播中提到用户痛点容易引发共鸣，痛点分为生理和心理两种类型。以护肤品为例，可以运用以下两种话术引发共鸣。

（1）生理痛点：你是否面对着脸上的红包包、红点点，苦恼不已？如果是的话，请看过来。这种话术直接针对客户的生理问题，让他们产生共鸣。

（2）心理痛点：你是否渴望与闺蜜一起出门逛街时，能够化淡妆甚至素颜都比闺蜜更清爽好看？如果是的话，请看过来。这种话术更深入人心，与客户的心理需求产生共鸣。

主播可以灵活运用这两种痛点话术，使直播间内容更加丰富，并更容易引起客户的共鸣。

（二）直播节奏复盘

如果把直播比作战场，把主播比作战士，把提升主播艺能比作训练战士的身体，把话术比作战士的武器。那么直播节奏就是战士的战斗技巧，面对不同的情况，当然要灵活运用。因此在复盘中直播节奏的复盘非常重要。在假设该直播间各种类型商品都齐全的前提下，可以按照在线人数和互动人数的比例，简单地把直播节奏分为以下四个象限进行学习：在线不高，互动低；在线不高，互动高；在线够高，互动低；在线够高，互动高，如图 7-27 所示。

图 7-27 直播节奏分四个象限

1. 在线不高，互动低

如果直播间的在线人数较少，而且互动也不活跃。首先要检查价值塑造话术是否出现问题，如果是的话，可以重新塑造直播间的商品价值。如果互动效果依然不理想，那么可能是商品本身的问题。这时候可以拿出准备好的福利品，并重点进行互动，甚至点对点与客户沟通，拉升直播间的互动数据和转化数据。在这种情况下，要注意不要吝啬亏货，以数据为导向，刺激直播间的推流。

2. 在线不高,互动高

当直播间的在线人数较少,但互动率很高,就说明意向客户较多且对直播间的信任度较高。在这种情况下,不要急于开价,因为追求高转化率可能会导致客户流失。而是要做好憋单的话术,打足转粉和评论数据,刺激系统推送同类型的精准客户,同时做好对下一款商品的铺垫,给客户以期待,确保开价后客户流失率最低。重点是要拉高直播间的停留数据,提高在线人数。

3. 在线够高,互动低

如果在线人数够高,但互动率很低,那么可能是当前商品缺乏吸引力,客户没有需求。在这种情况下,主播发现问题后应选择快速过款,不要僵硬地按照运营给的节奏模板进行。要灵活变通,快速换款,并做好对下一款商品的预告,引起客户的兴趣,尽量保持在线人数不掉。重点是做好直播间的停留数据,增加在线人数。

4. 在线够高,互动高

在线够高,互动高的情况说明意向客户较多,直播间氛围良好。在讲清楚商品价值和互动数较高的情况下,可以选择精简话术,快速进行销售,让客户一次性产生更多的购买意向,最大化产出。重点是引起共情,增加客户对下一款商品和主播的兴趣,配合优秀的转款话术和价值塑造,提高转化率和转粉率。

吉水"线上扶贫"助农脱贫

实战训练

名称 主播复盘

实训背景 直播中主播的表现如何,直接影响了本场直播的效果,所以直播后通常会对主播单独评价并复盘。李莉是直播团队中的一名新人主播,刚刚上播一周,第一场直播结束后,运营团队就会先对她的正常表现进行打分,并提出优化建议。

实训要求

(1)运营团队完整观看直播过程,并对照抖音直播带货主播下播结案表(表7-11)逐项进行打分。

(2)运营团队指出主播在本场直播中存在的问题并提出优化建议

(3)主播根据运营团队给出的抖音直播带货主播下播结案表,分析自身问题,优化直播脚本和话术,为下次直播做准备。

任务分析 对于主播的复盘需要运营人员和主播本人共同参与,由运营人员先对主播的直播表现进行客观评价,主播再对存在的问题进行优化。在这样不断的复盘中,主播才能进一步提升自己的专业水平,提高直播间效能。

操作要点

（1）运营团队完整观看直播过程，并登录后台查看实时数据和整场数据。

（2）填写抖音直播带货主播下播结案表（表 7-11），从数据维度、基础维度、主播展现力、主播表达力、主播互动力、主播把控力等方面逐项进行打分，分析主播存在的问题和改进建议。

（3）主播认真对照抖音直播带货主播下播结案表的各项评分和改进意见，对自身直播表现进行自查，进一步优化直播脚本和话术，为下次直播做准备。

任务实施 以小组为单位，按照实训要求完成抖音直播带货主播下播结案表，见表 7-10。

表 7-10　抖音直播带货主播下播结案

直播场次		主播姓名	
直播商品		考核人员	
考核点及明细			
评分标准：优秀 5　良好 3　一般 2　较差 0			

维　度	考　核　点	考　核　明　细	评分	批 注
数据维度	观众总数			
	付款总人数			
	付款订单数			
	销售额			
	高光时刻	可以是在线最高或下单最高点		
基础维度	是否按时到达直播间	至少提前 20 分钟到达直播间		
	是否完成规定直播时长	今日直播（ ）小时		
	直播妆容是否恰当	是否匹配今日直播主题		
	直播服饰是否恰当	是否匹配今日直播主题		
	直播前是否检查脚本及活动	是否有核对动作，发现问题及时解决		
主播展现力	是否语速适中，口齿清晰	语速不能过快或者过慢		
	是否情绪饱满，语调有起伏	避免语调平，表达没有激情		
	是否恰当地展示产品	肢体＋动作，能否充分展示产品特性		
	表情及神态是否恰当	严禁出现不恰当表情、垮脸、翻白眼等		
	触犯敏感动作及行为	是否触犯直播间禁止的行为		
主播表达力	对产品本身的介绍	产品说明是否熟悉		
	对产品好处及利益点的介绍	产品介绍话术是否熟悉		
	触犯敏感词	是否触犯直播间禁止的词汇		
	引导购物车点击	每款产品是否有引导动作		
	引导新增粉丝团	整个直播至少要 6 次引导		
	引导直播间点赞	整个直播至少要 6 次引导		
	引导关注主播	整个直播至少要 6 次引导		

续表

维　度	考　核　点	考　核　明　细	评　分	批　注
主播互动力	产品介绍时的互动	每款产品是否有互动动作		
	进行促单时的互动	每款产品是否有互动动作		
	福利发放时的互动	每个福利是否有互动动作		
	活跃气氛时的互动	根据直播间气氛,至少4次主动调节气氛互动		
主播把控力	整场直播节奏不拖沓	按脚本规划时间进行		
	直播脚本的熟悉度	几乎不用提示		
	与团队的配合度	无缝衔接,配合灵活		
	直播间的恶评处理	机智应变,及时屏蔽		
	突发情况的应对	设备故障、上架错误等情况处理		
本场优势及提升建议			总　　分	

价值领航

乡村振兴路上的"思政大课堂"

思考与讨论:

(1) 讨论乡村振兴中年轻人的关键作用。

(2) 结合个人实际情况谈谈你会通过什么方式将自己所学知识应用于乡村振兴。

赛教融合——技能竞赛大比拼

直播复盘是全国职业院校技能大赛直播电商赛项赛的竞赛内容,竞赛规程中要求直播团队能够根据直播后台,分析流量、销售、用户等相关数据,评估直播整体效果;根据数据分析结果,提炼直播及推广的亮点与不足,并以PPT形式形成直播优化方案。

在大赛中直播复盘部分的得分要点是流量、销售、用户等数据分析准确5分,直播及推广亮点与不足提炼准确5分,优化方案设计合理5分。

实际上直播数据的复盘分析可以从以下四个方面进行。

1. 短视频分析

大部分的主播在进行直播前都会通过短视频进行直播预热或者在直播过程中发相关

的短视频对直播带货的产品进行介绍,可以分析粉丝在短视频中的评论,调整选品和侧重点。

2. 弹幕分析

弹幕反映的是用户在直播过程中的积极互动程度以及对直播的喜爱程度,因此,分析老铁的弹幕舆情,并对老铁在直播中的评论进行总结,有助于主播调整下次的直播内容和风格等。

3. 流量分析

流量分析主要是通过对流量的来源和峰值进行分析,来调整短视频的投放和调整相关的引流策略。商家可以通过第三方数据平台的直播粉丝数据(如观众来源数据)来进行流量分析。

4. 转化分析

转化分析主要是分析一场直播的成交量和转化率,以此来调整选品和价格策略。商家可以通过第三方数据平台的直播商品成交量与转化率来进行分析,以此来调整直播商品的选品及价格策略。

书证融通——证书考点大揭秘

对接《互联网营销师国家职业技能标准(2021年版)》对应等级技能要求见表7-11。

表7-11　对接《互联网营销师国家职业技能标准(2021年版)》对应等级技能要求

工　种	工 作 内 容	工种等级	技 能 要 求
直播销售员、视频创推员、平台管理员	7.2复盘	五级	7.2.1 能采集营销数据 7.2.2 能统计营销数据
		四级	7.2.1 能对售前预测数据进行复核 7.2.2 能通过复盘提出营销方案的优化建议
		三级	7.2.1 能制定数据维度和分析标准 7.2.2 能制定数据采集操作流程

注:该表内容来源于《互联网营销师国家职业技能标准(2021年版)》第三部分工作要求。

过关秘籍:掌握直播复盘的三个维度和数据复盘的关键指标,掌握直播复盘的基本方法和步骤。

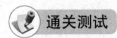 通关测试

一、单项选择题

1. 进行直播复盘时,以下(　　)数据指标是重点关注的。

　A. 直播主播的个人信息　　　　　B. 直播间的背景音乐和特效

　C. 人气峰值和平均在线　　　　　D. 直播时的礼物数量

2. 主播艺能复盘中,形象复盘的重点是(　　)。

　A. 主播的外貌和妆容　　　　　　B. 主播与直播间的契合度

　C. 主播的发声方式　　　　　　　D. 主播的商品展示

3. 主播艺能复盘中，以下（　　）不是其中的一个环节。

　　A. 主播形象复盘　　　　　　　　　　B. 商品展示复盘

　　C. 直播间布局复盘　　　　　　　　　D. 发声方式复盘

4. 以下（　　）是常用的数据复盘指标。

　　A. 直播主播的年龄和性别比例

　　B. 产品的价格和销售额

　　C. 人气数据指标、互动数据指标及转化数据指标

　　D. 直播间的背景音乐和特效

5. 直播复盘的基本步骤不包括（　　）。

　　A. 回顾目标　　　　　B. 描述过程　　　　　C. 分析原因　　　　　D. PPT 汇报

6. （　　）是指直播新增粉丝数/观看人数×100%。

　　A. 平均停留时长　　　　　　　　　　B. 转粉率

　　C. 评论互动率　　　　　　　　　　　D. 观看人次

7. （　　）是指直播间总销售额/总销量。

　　A. 客单价　　　　　B. 平均停留时长　　　　C. 观看人次　　　　　D. 互动率

二、多项选择题

1. 下列（　　）数据指标属于人气数据指标。

　　A. 观看人数　　　　　B. 新增粉丝　　　　　C. 人气峰值　　　　　D. 商品点击次数

2. 在淘宝直播平台上，以下（　　）内容可能导致商品点击次数多，但种草成交金额少。

　　A. 商品口碑问题　　　　　　　　　　B. 商品详情页存在问题

　　C. 商品定价不合理　　　　　　　　　D. 主播推荐力度不足

3. 以下（　　）数据指标属于互动数据指标。

　　A. 点赞　　　　　　　B. 评论　　　　　　　C. 分享　　　　　　　D. 关注

4. 在淘宝直播平台中，转化数据指标主要包括（　　）。

　　A. 商品点击次数　　　　　　　　　　B. 互动行为数据

　　C. 人气峰值　　　　　　　　　　　　D. 种草成交金额

5. 进行直播复盘的过程中，应该参与的角色包括（　　）。

　　A. 选品人员　　　　　B. 运营人员　　　　　C. 主播　　　　　　　D. 场控人员

三、判断题

1. 直播复盘不需要进行数据分析。　　　　　　　　　　　　　　　　　　　　　（　　）

2. 直播复盘有助于防止类似错误在下次直播中再次出现。　　　　　　　　　　　（　　）

3. 互动数据指标与直播间观众粉丝增长无关。　　　　　　　　　　　　　　　　（　　）

4. 商品点击次数多，说明商品吸引力足够。　　　　　　　　　　　　　　　　　（　　）

5. 数据复盘主要通过观看人数、点赞数与分享数来衡量直播效果。　　　　　　　（　　）

参 考 文 献

[1] 黄守峰,黄兰,张瀛.直播电商实战[M].北京：人民邮电出版社,2022.

[2] 徐骏骅,陈有隋,宋文正.直播营销与运营[M].北京：人民邮电出版社,2021.

[3] 彭军,冯子川.直播电商基础[M].重庆：重庆大学出版社,2021.

[4] 郭全中.直播电商：从消费红利到数智创新[M].北京：人民邮电出版社,2020.

[5] 同婉婷.短视频与直播电商实战(慕课版)[M].北京：人民邮电出版社,2022.

[6] 张盈.直播电商基础与实务(慕课版)[M]北京：人民邮电出版社,2023.

[7] 蔡勤,李圆圆.直播营销(慕课版)[M].2版.北京：人民邮电出版社,2021.

[8] 郭黎,王庆春.网络营销(微课版)[M].2版.北京：人民邮电出版社,2023.

[9] 熊布庭,杨猛.短视频与直播营销实务(慕课版)[M].北京：人民邮电出版社,2023.

[10] 苗娜.抖音：短视频与直播运营(慕课版)[M].北京：人民邮电出版社,2023.

[11] 宋俊骥,孔华.网店运营实务[M].北京：人民邮电出版社,2018.

[12] 杨永波.电子商务基础与应用教程[M].北京：人民邮电出版社,2017.

[13] 李海宁.网上开店与创业宝典[M].北京：电子工业出版社,2009.

[14] 刘桓,刘莉萍,赵建伟.网店客服(微课版)[M].北京：人民邮电出版社,2019.

[15] 俞漪,花明.网络客户服务与管理[M].北京：北京理工大学出版社,2020.

[16] 吴军.网店客服：职场菜鸟28天逆袭记[M].北京：电子工业出版社,2021.

[17] 刘涛.深度解析淘宝运营[M].北京：电子工业出版社,2015.

[18] 龙红明.网络客户关系管理[M].成都：西南财经大学出版社,2020.

[19] 聂林海."互联网＋"时代的电子商务[J].中国流通经济,2015(6)：53-57.

[20] 方长平.百年未有之大变局下中国发展战略机遇期的思考[J].教学与研究,2020(12)：57-66.

[21] 黄志,程翔,邓翔.数字经济如何影响我国消费型经济增长水平[J].山西财经大学学报,2022(4)：69-83.

[22] 商务部电子商务和信息化司.中国电子商务报告(2020)[M].北京：中国商务出版社,2021.

[23] 刘武强.互联网3.0时代消费者行为理论创新[J].商业经济研究,2017(21)：47-49.

[24] 徐慧.O2O电商平台研究现状及双边市场特征分析[J].商业经济研究,2017(17)：69-71.

[25] GZB4-01-02-07互联网营销师国家职业技能标准[S].